U0741878

卓越领导力

实战型采购专家
手把手教你做管理

姜　珏　著

中国铁道出版社有限公司
CHINA RAILWAY PUBLISHING HOUSE CO., LTD.

图书在版编目（CIP）数据

卓越领导力：实战型采购专家手把手教你做管理 / 姜珏
著 . —北京：中国铁道出版社有限公司 , 2023.8
ISBN 978-7-113-30190-3

Ⅰ.①卓…　Ⅱ.①姜…　Ⅲ.①采购管理　Ⅳ.① F253

中国国家版本馆 CIP 数据核字 (2023) 第 067284 号

书　　名：卓越领导力：实战型采购专家手把手教你做管理
　　　　　ZHUOYUE LINGDAOLI: SHIZHANXING CAIGOU ZHUANJIA
　　　　　SHOUBASHOU JIAO NI ZUO GUANLI
作　　者：姜　珏

责任编辑：王　佩　　　　　编辑部电话：（010）51873022　　　电子邮箱：505733396@qq.com
封面设计：仙　境
责任校对：苗　丹
责任印制：赵星辰

出版发行：中国铁道出版社有限公司（100054，北京市西城区右安门西街 8 号）
印　　刷：河北京平诚乾印刷有限公司
版　　次：2023 年 8 月第 1 版　　2023 年 8 月第 1 次印刷
开　　本：710 mm×1 000 mm 1/16　印张：16.25　字数：227 千
书　　号：ISBN 978-7-113-30190-3
定　　价：69.80 元

版权所有　侵权必究
凡购买铁道版图书，如有印制质量问题，请与本社读者服务部联系调换。电话：（010）51873174
打击盗版举报电话：（010）63549461

　　随着企业间全球竞争日益激烈，采购管理的重要性愈加凸显。供应市场格局的巨大变化，供应链管理的复杂性也给今天的采购领导者带来了许多挑战。作为一名卓越的采购团队的管理者，需要不断提高和更新管理技能，促进采购业务模式的变革。在这种情况下，领导能力的发挥就显得至关重要。

　　卓越的领导力可以帮助企业建立有效的采购管理流程和机制，改善采购工作效率。它旨在通过提升团队精神、加强采购团队的组织能力、提高采购团队的专业知识等手段，来帮助企业以有效的方式获取所需的原材料、物资和服务，控制有关成本，实现合理的利益最大化，提高企业的采购效能。

　　这是一本专门分享采购领导形象、员工管理、业务管理、战略管理、绩效管理、职业思维及行动探索等核心内容的领导力书籍。姜珏老师在此著作中归纳出一套成熟的采购领导力实践技能体系，手把手教会采购团队的管理者从入门到精通，全方位地提升领导力，实现职场进阶。

　　本书适合管理学者、采购经理及采购从业者，以及对采购业务管理有兴趣的读者阅读，也可作为采购管理教学及培训参考材料。希望读者能够从本书中受益和进步，为推动采购管理的高质量发展、企业发展和实现卓越目标而努力。

　　金　勇

　　西门子智能基础设施集团全球价值采购亚太办负责人兼解决方案集团采购总监，原西门子中国楼宇科技集团 CPO，ISM 美国供应管理协会供应管理专业人士（CPSM）领导力认证讲师，中国物流与采购联合会采购专家委员会委员

认识姜珏老师很多年，知道他一直在采购领域笔耕不辍，已经陆续出版了《我在500强企业做采购：资深采购经理手把手领你入行》《采购谈判：高效赢得谈判的实战指南》《采购与供应链管理：采购人1000天的奇迹》等畅销书。

在这些书中，姜老师使用了很多小故事描述了采购人的成长历程，化枯燥和说教于工作实践中，收获了不少好评。

姜老师不仅具有丰富的采购供应链领域专业知识，他的自律也非常值得敬佩。我关注姜老师的微信公众号"采购实战家专栏"很久，公众号每天推送的文章是我学习的渠道之一。

姜老师这次即将出版的《卓越领导力：实战型采购专家手把手教你做管理》，重点介绍成为卓越采购领导者需要具备的八项技能：员工管理、组织管理、流程管理、业务管理、战略管理、绩效管理、软技能和职业发展。我从自己的管理需要出发拜读了全部章节，对文中的观点非常认同。

例如，在"组织与流程管理"章节中，姜老师提出"建议设置相对独立的物料管理组，无论是放在采购部、IT部还是作为独立的部门，这个物料管理组都要做到专人专管、相对独立。"——这一建议对当下中国企业从单一交易转为战略目标驱动的采购管理转型非常重要。我们在走访国内很多制造业龙头企业时发现，普遍缺乏独立的物料管理部门或者组织，缺乏整个公司统一的物料技术参数规范书。所以我们经常看到企业的采购人员按最低价选择供应商，而不是按产品本身要达到的技术参数规范书来选择供应商，也经常出现一个规格部件有上百个厂牌供应的情况，这些都是因为缺乏独立专业的物料管理组织造成的。在数字化时代，这给企业采购数字化转型带来更大的挑战。

在"采购业务管理"章节，姜老师提出做好采购管理的十一件事，对于确保物料供应，供应商交期来说，这十一件事都非常重要。特别是将企业的采购计划与供应商协同并获得供应商交期承诺，及时掌握供应商发运通知，将收货检验结果反馈给供应商，与供应商 QBR（季度营运会议）和质量专项整改，供应商发票与付款协同。这些都是很多企业采购数字化的重要场景，比如疫情期间很多企业的 QBR 会议通过一些会议软件在线召开，但是会议记录、决议执行没有和企业的供应链协同软件集成或者融合，就容易造成很多"信息孤岛"。

当然，本书的"采购绩效管理""职业发展"等其他章节，对很多有志于从事采购和供应链管理事业的朋友，都有非常多的参考和借鉴意义，期望各位朋友能够从中获得自己想得到的知识养料，在此祝愿姜老师能够为读者朋友们奉献更多佳作！

骆英豪

用友助理总裁

所有采购组织正在面临的三大矛盾与七大差距

毫无疑问，成为卓越的领导者，是每一位积极上进的采购人的梦想。但不是人人都能胜任这个岗位。

因为地位越高，承担的责任就越多，要解决的矛盾也就越尖锐。在访谈了数十位不同行业的采购总监后，笔者总结了采购领导者普遍面临的三大矛盾，如图 1 所示。

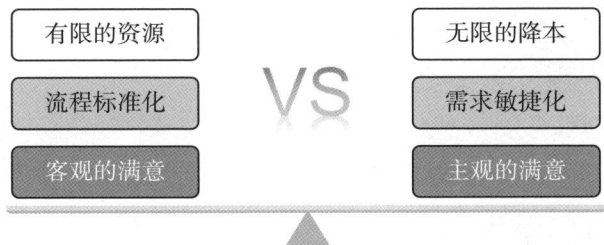

有限的资源	VS	无限的降本
流程标准化		需求敏捷化
客观的满意		主观的满意

图 1　所有采购组织正在面临的三大矛盾

（1）有限的资源与无限的降本。

采购组织的人力和预算有限，但企业对于降本的要求却永无止境。如何利用有限的资源，持续完成降本任务，是众多采购领导者正在面临的第一大矛盾。

（2）流程标准化与需求敏捷化。

出于集中管理的目的，采购组织的流程需要不断标准化，但为了满足客户日益增长的特殊要求，新产品研发和供应链管理却要不断地敏捷化。如何顺应形势，在推进流程标准化的同时兼顾敏捷管理，是众多采购领导者面临的第二大矛盾。

（3）客观的满意与主观的满意。

领导总会主观的表达不满，指出采购管理不尽如人意的地方，但客观来看，与同行业比较，采购组织的表现已经十分优异，如何提升管理者的满意度，客观、公正而又全面地评价采购工作，是众多采购领导者面临的第三大矛盾。

那么，采购领导者应该如何解决这三大矛盾呢？

爱因斯坦曾说过，如果他只有一个小时来解决一个问题，他会花 55 分钟来定义问题，而 5 分钟则是常规解决问题。

也就是说，解决问题的前提，是正确的界定问题。

因此，笔者认为采购领导者需要理清楚自己现在的水平，目标是什么，差距在哪里，只有这样才能正确地界定问题并找到答案。

例如，一家公司的新任总经理在上班的第二天，便把采购部经理请到自己的办公室，笑呵呵地说："我昨天在逛超市时，发现同一品牌的水性笔，超市卖 2 元 / 支，而公司的采购价是 2.5 元 / 支。我想了解一下这是什么原因？"

请问，如果你是这位采购部经理，应该怎么做？

可能有人说，我会赶紧要求采购员逼迫供应商把价格降到 2 元以内，给总经理一个满意的交代。

如果你真的这么做，对不起，作为采购领导者，你已经输了，因为你没有理解总经理的问题是什么。

试想，作为总经理，真的会在乎一支笔的价格吗？

其实，他只是想通过这件事情，了解采购部的价格管理、寻源渠道、供应商的准入机制、审批流程，以及采购领导者的沟通能力、管理能力和思维方式，以便对采购部的整体管理水平作出评判并衡量采购领导者是否称职。

这便是采购组织与内部客户普遍存在的第一个差距，叫作领导者间期望与感知的理解差距。

通过应用经典的能力差距分析模型（7GAP），笔者发现采购组织与内部客户之间普遍存在的七个差距分别是：

（1）领导者间期望与感知的理解差距；

（2）采购组织的绩效指标与内部客户期望的差距；

（3）采购业务的执行与绩效指标的差距；

（4）采购员与内部客户沟通上的差距；

（5）内部客户感知的服务与期望的差距；

（6）采购员的认知差距；

（7）采购组织内部管理的差距。

采购组织 7GAP 差距模型如图 2 所示。

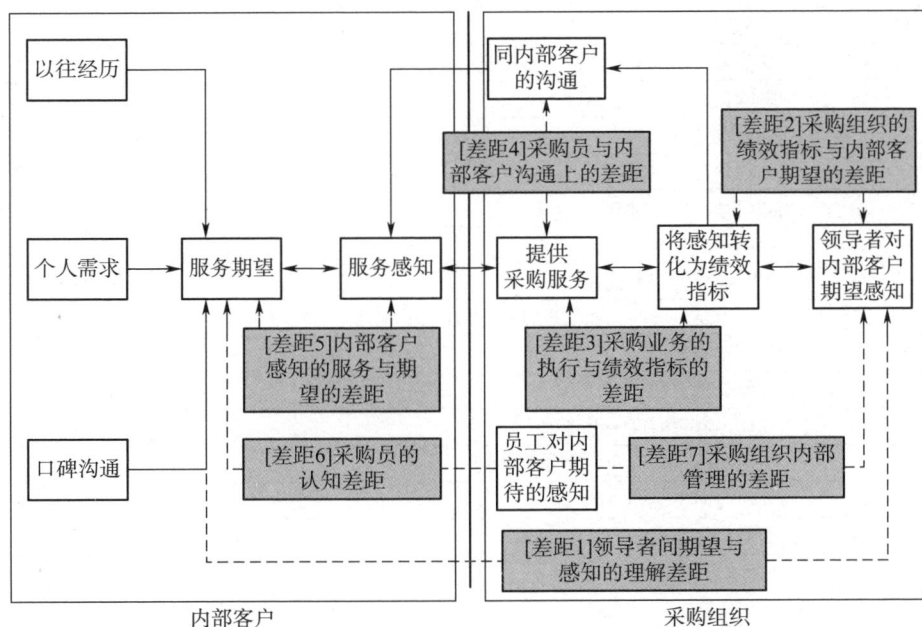

图 2　采购组织的 7GAP 差距模型

沿着这七个差距继续分析，笔者发现在这七个差距背后，真正需要解决的是以下六十个常见问题，分别见表 1。

表前 -1　采购管理中六十个常见问题

序　号	常见问题
1	初为采购领导者的常见困惑有哪些
2	如何高效地主持部门会议
3	采购领导者必备的管理知识有哪些
4	如何有效地指导和支持员工
5	如何做到知人善任
6	采购组织需要什么样的员工
7	如何留住骨干
8	如何激励员工使其自发地投入工作
9	如何快速提升员工的工作能力

续上表

序 号	常见问题
10	如何在面试中正确提问，以便识别优秀员工
11	如何督促员工完成任务
12	采购领导者必知的心理学定律有哪些
13	常见的采购组织架构是什么样的？如何优化
14	如何引进人才并发展员工
15	在管理集团采购中心时，如何进行集中管理
16	采购权和人事权怎么抓
17	如何设计采购流程
18	如何管理物料编码
19	如何做好内控管理
20	如何规避"补单"
21	采购领导者该审批什么
22	对于重要供应商，如何进行评估与选择
23	如何定商定价
24	如何管理合同
25	如何做好供应商关系管理
26	如何与战略供应商共同创造价值
27	如何与研发早期协同
28	如何与供应商开会
29	如何管理采购计划
30	如何备料
31	为何采购部门总在到处救火
32	如何管理紧急采购
33	如何通过品类管理与战略采购持续创造价值
34	采购管理的战略目标是什么
35	如何决策自制与外购
36	如何构建洞悉风险的采购管理机制
37	如何确认外购件的可行性
38	如何规避全球寻源的风险
39	如何实施绿色采购管理
40	数字化转型会给采购组织带来哪些提升
41	采购组织在数字化转型前应做好哪些准备
42	采购人应该如何应对数字化转型带来的职业危机
43	如何合理设置绩效指标
44	为什么研发部门要考核降本指标
45	如何快速提升采购组织的绩效
46	如何分析降本机会并持续降本

续上表

序 号	常见问题
47	如何有效支持研发降本增效
48	如何管理采购预算
49	卓越的采购领导者应具备哪些软技能
50	采购领导者应该如何增加自己的影响力
51	如何帮助采购领导者获得大多数人支持
52	采购领导者应该如何进行向上管理
53	采购领导者应该如何写好年终总结
54	职场的本质是什么
55	采购领导者应该如何找到属于自己的职业目标和人生目标
56	在职场，成功的法则是什么
57	采购领导者应该如何规划自己的职业生涯
58	在做职业选择时，采购领导者应该考虑什么
59	成为卓越采购领导者的十个要点是什么
60	是什么支撑采购领导者坚持学习、坚持进步，从平凡走向卓越

为了有效解决以上的六十个问题，按照"管人、理事、晋升"的次序，笔者将重心放在与之相关的八个方面上，分别是员工管理、组织管理、流程管理、业务管理、战略管理、绩效管理、软技能和职业发展，如图 3 所示。

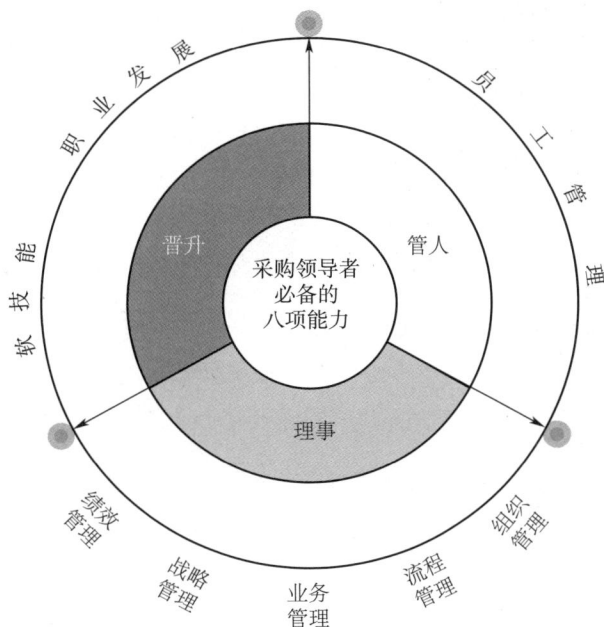

图 3　采购领导者必备的八项能力

本书通过续写专著《采购与供应链管理：采购人 1000 天的奇迹》的故事，以天波公司的新任采购部经理——小明在集团采购总监皮先生的辅导下，对采购领导工作从陌生到熟悉再到卓越的成长历程为主线，穿插介绍采购骨干小李和小崔的不同职业选择与收获，以及采购员小王为不合规行为付出的代价，旨在手把手地教会采购伙伴们如何成长为卓越的采购领导者。

在叙述小明故事的过程中，笔者还采用小贴士和延伸问答等多种方式，分享自己在担任采购总监、采购管理咨询师和高管教练期间所收集的解决采购领导者痛点问题的主要方法和案例，从而潜移默化地教会你一系列卓越采购领导者的必备技能！采购领导者必备的知识技能如图 4 所示。

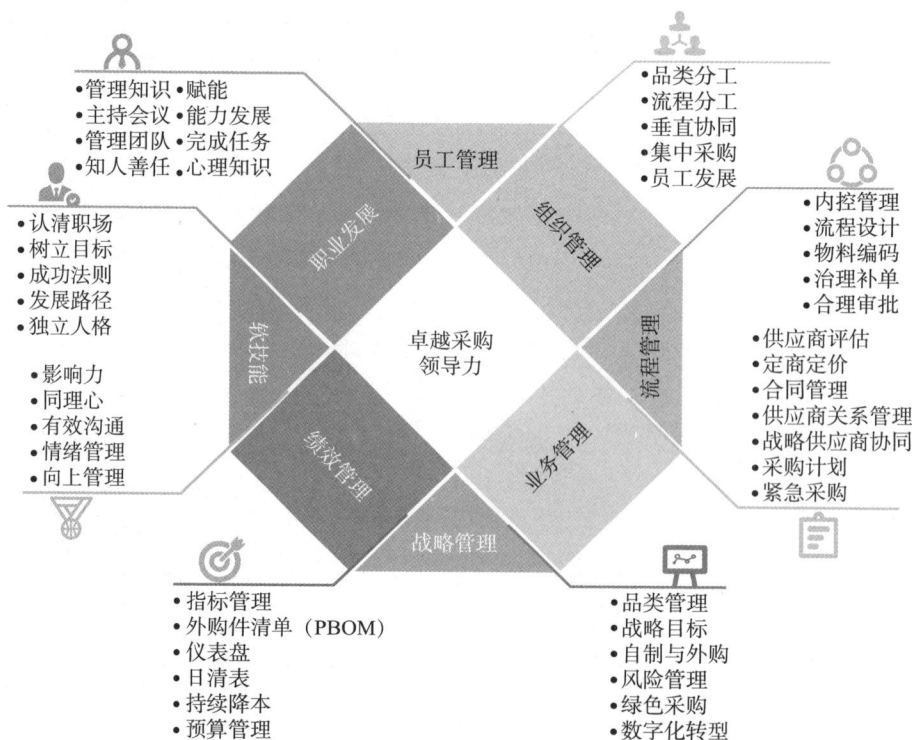

图 4　卓越采购领导者必备的知识技能

本书适合立志成长为卓越采购领导者的采购员、采购主管、采购经理和采购总监阅读。

如果你已经迫不及待地想要提升领导力，那就请和笔者一起开启知识的大门吧。

| 目　录 |

| 第一章 |

员工管理

会不会管人，能不能管好，是企业衡量采购领导者是否称职的最基本要求。

从某种程度上说，如果一名采购领导者善于管人，他就有了管好一切事务的基础。但人是由主观感受构成的复杂综合体，具体表现为每个人的人生观、世界观和价值观都不一样，员工管理的复杂性不言而喻。所以，管人是一门极其深奥的学问。

通过学习本章，采购领导者普遍关心的十二个员工管理问题将得到解答，它们分别是：

（1）初为采购领导者常见的五个困惑有哪些？

（2）如何高效地主持部门会议？

（3）采购领导者必备的管理知识有哪些？

（4）如何有效地指导和支持员工？

（5）如何做到知人善任？

（6）采购组织需要什么样的员工？

（7）如何留住骨干？

（8）如何激励员工自发地投入工作？

（9）如何快速提升员工的工作能力？

（10）如何在面试中正确提问，以便识别优秀员工？

（11）如何督促员工完成任务？

（12）采购领导者必知的心理学定律有哪些？

初为采购领导者的五个困惑

因天波公司的前任采购部经理皮先生升任集团采购总监，经皮总监提名，已经成长为采购专家的小明顺位继任采购部经理。

在上任的第一个月，小明把时间花在熟悉管理工作和参加跨部门会议上，没有时间主动与员工交流。

在这种情况下，不同员工表现出三种截然不同的态度，归结为：

（1）积极主动型，如主动找小明汇报工作，表衷心，希望得到提拔；

（2）沉默寡言型，如个别自认为有资历的员工，不把小明放在眼里；

（3）离心离德型，如个别不认可小明的员工，已经在投简历找工作。

在熟悉管理工作后，回顾不同员工的表现，小明陷入迷茫。有五个问题他始终想不清楚，分别是：

（1）领导者的职责到底是什么？

（2）领导者与员工应该保持怎样的关系？

（3）当员工消极怠工时，领导者应该怎么办？

（4）领导者应该具备什么样的品质？

（5）如何带领团队取得最优业绩？

亲爱的读者朋友们，你的答案会是什么呢？以下是笔者的思考：

1. 领导者的职责到底是什么

卓越的领导者应该事无巨细、亲力亲为，还是给员工明确的流程、方法和工具，以及恰当的授权呢？

如果选择前者，说明你还没有完全从采购专家转换到采购领导者，因为答案是后者。

笔者认为领导者的基本职能，可以用五个字概括，就是"规则制定者"。

2. 领导者与员工应该保持怎样的关系

在一场 50 米跑比赛之前，作为裁判，领导者应该事先假定某位选手会夺冠，允许其抢跑，还是确保每位选手的赛道长度相同，起跑时间一致呢？这道题很简单，相信所有读者都会选对，答案是后者。

领导者应该与员工保持恰当的距离，以便维持规则的公平，让愿意成就自己的员工安心地在赛道上奋力奔跑，给予佼佼者公平的奖励，而不是主观允许一部分与你亲近的人抢跑。如果允许一部分人抢跑，那么这样的采购组织既不能培养人才也不能留住人才，无法营造出公平竞争的环境。

3. 当员工消极怠工时，领导者应该怎么办

作为一名管理者要明白，采购组织不是福利院，而是需要迎合市场竞争和企业发展要求优胜劣汰的工作组织。对于消极怠工或者拒不执行领导者决定的员工，领导者要果断"断、舍、离"，此时，任何形式的包容都是在变相鼓励员工的恶行，员工只会变本加厉。对于无可救药的员工，领导者切不可心慈手软。

4. 领导者应该具备什么样的品质

在工作中，什么样的领导者会受到员工爱戴，什么样的领导者则不受员工欢迎呢？

笔者认为懂得赞美别人、成就别人、尊重别人、诚实守信的领导者最受员工爱戴。这是一个抱团取暖的年代。在这个年代，一个人成不了事，想要成事，一定是一个人领导一群人形成合力的结果，这就如同刘邦和项羽的区别。刘邦放低姿态，处处为下属着想，可以屡败屡战，人心不散，赢得最后的胜利；而项羽居功自傲，吝于封赏，虽有西楚霸王之名，但他打不起败仗，一旦失败，人心就散了，就再也没有翻盘的机会。

5. 如何带领团队取得最优业绩

采购员小静性格温柔，是典型的乖乖女，之前负责管理供应商，结果却被供应商管理。看到这种情况，采购部经理小明有两个选择，一是请她离开，二是让她转岗部门文员。

请问，如果你是小明，会怎么选择呢？

如果选择请她离开，似乎顺理成章，但是这会引发大多数员工的负面情绪，答案是后者。

一个英明的领导者，一定不会对员工抱有不切实际的期待，而是善于利用员工的长处，规避短处。只有把员工视为价值的来源，而不是成本，才能有效调动员工的积极性。

沿着以上五个思路，小明很快从迷茫中走出，初步具备了卓越采购领导者的心智模式。

接下来，小明还将遇到怎样的难题呢？请您继续阅读。

如何高效地主持会议

初为采购领导者的小明开始主持每周一次的部门例会。

虽然小明对此并不陌生，但是很快他发现员工参会的积极性大不如前，会议慢慢变成了自己的独角戏，只有小李等骨干随声附和，大部分员工在简单讲两句之后便低头玩手机。

"世界上最远的距离，就是我站在你面前，你却在玩手机。"在向皮总监汇报工作时，小明有意调侃道。

"你认为发生了什么情况？"皮总监表情严肃，语气坚定。

"我觉得员工不愿意参与，所以只能由我来讲，但这样员工更加认为与己无关，只有个别人表面迎合我。"小明分析道。

"你认为是什么原因呢？"皮总监接着问。

"我搞不清楚。"小明惭愧地低下头。

"假设你知道原因，会是什么呢？"皮总监给出前提条件，鼓励小明积极思考，这是卓越领导者应当具备的提问技巧。

"我不知道如何激励别人，很多时候我对员工的赞美，都不是员工喜欢听的，久而久之，员工就会保持沉默。"

"还有吗？"皮总监继续使用经典的提问技巧。

小明："我强调重要的事情只说一次，但是员工往往记不住。"

皮总监："嗯，还有吗？"

小明："员工偶尔提起他们说过的事情，我却一点印象都没有。"

皮总监："还有吗？"

小明："目前只想到这么多。"

皮总监："已经很好了。那我问你，开会的目的是什么？"一连串启发式提问结束后，皮总监开始通过引导式提问帮助小明思考问题的本质。

小明："上传下达。"

皮总监："不完全正确。"

小明："为什么？"

皮总监："因为你忘了目标。开会是一名采购领导者带领团队完成一个长期目标的节拍器，开会的频次就是节拍。"

小明："有道理。"

皮总监："所以，卓越的采购领导者应该通过会议，少则30分钟、多则1个小时，推进达成目标的进度，具体来讲，要做三件事。"

小明："哪三件？"

皮总监："第一，决策；第二，奖励；第三，问责。"

小明："愿闻其详。"

皮总监："没有决策就没有进展，想要通过会议有所收获，就必须作出决策。至于是采购领导者在倾听员工的发言后作决策，还是由员工投票表决，取决于事情本身。在带领员工达成目标的过程中，领导者一定要让员工认为自己与领导者拥有同样的目标，最好的办法就是让员工知道，他的所有贡献都会得到奖励，他的一切懈怠都会被问责，这样就能把员工的产出与团队的目标捆绑在一起，员工才会重视此事，否则你就是在告诉员工，他的表现无足轻重，他不需要对结果负责。至于奖励，可以简单到你对员工的口头表扬，全员鼓掌，或者送一份小礼物；至于问责，轻则让员工自己反思，提交改进方案，重则警告、转岗或辞退。"

听完皮总监的话，小明恍然大悟。怪不得自己主持会议没有成效，原来三件关键的事情一件都没做。

皮总监并没有想要结束谈话，而是继续侃侃而谈。

皮总监："虽然你已经初步具备了卓越采购领导者的心智，但是仍有不小差距，我来给你讲成为卓越领导者六条法则。"

小明："洗耳恭听。"

皮总监："（1）你要学会接受别人的观点而不发表评论。这样更加容易赢得员工的信任。

"（2）没有完美的领导，只有完美的团队。要让员工认为自己是英雄，而你要做好辅助工作。

"（3）你永远不可能激励别人，因为员工只能自己激励自己。但是你可以引导他们，如询问接下来你打算怎么做？做什么对你最有益处？临了别忘了加上一句'你能行'。

"（4）要想方设法让员工觉得工作有意义。这样员工才会愿意投入。

"（5）重要的事情如果只说一次，等于没说。所以，在每次开会时，都要强调一遍重要的事情。

"（6）要通过会议不断宣传目标，巩固员工的期望，倾听员工的声音，理解每个人眼中的世界，加以适当的支持和辅导，获得员工的承诺，这样才能打造卓越的采购组织。"

"原来是这样，我终于明白了。"小明大彻大悟。

"学以致用，勤加练习啊。"看到小明如获至宝的样子，皮总监笑了。

"在走向卓越采购领导者的道路上，我还得多向您请教！"小明对皮总监的仰慕之情溢于言表。

"都是从实践中摸索出来的。有问题多多交流！你能行！"皮总监总是那么谦虚，临了不忘使用"你能行"给小明做示范。

管理中的手表定律、鲶鱼效应与马太效应

上午，又到了与员工进行一对一沟通的时候，采购员小李走进小明的办公室，把事先准备好的话题拿出来讨论。

小李："经理，部门最近有几位新人入职，大家分管的供应商都有变化，

但问题是，共享盘里的供应商联络表没有更新，其他部门的员工经常找错对应的采购员，就连我们自己都得反复确认，造成了工作的不便。"

听到这里，小明眉头一皱，说："我在一个月前已经给大家发了邮件，里面有最新、最正确的供应商联络表，你没有认真阅读邮件吗？"

小李仔细回忆了一下，好像有那么一封邮件，但是仍然有话要说："经理，你听说过管理中的手表定律吗？"

"什么是手表定律？"小明有点不耐烦了。

小李："手表定律是指，如果人们手中只有一块手表，便能准确地知道现在的时间，但若同时拿着两块不同时间的手表，人们反而不能确定时间。

"现在的采购部，就存在两份供应商联络表，一份是邮件里的，最新、最正确；一份是共享盘里的，是大家习惯查询的地方。我建议，要么删除共享盘里的供应商联络表，告知大家一切看邮件；要么同步更新共享盘里的供应商联络表，保证'两块手表'指示一样的'时间'。"

小明有些迟疑，问："这真的是个问题吗？"

小李双目注视着小明，诚恳地说："大家可能不好意思直接跟你说，但我的确听到抱怨的声音。如果你同意，我可以更新共享盘里的那份文件。"

"原来如此。"小明明白了团队遇到的麻烦，"这是我的职责，我会立即同步更新，谢谢。"

小李离开后，小明坐在座位上思考：手表定律，真是一个极其容易理解又非常实用的定律。在部门管理中，是否还有"两块手表"的问题存在？我要立即排查一下。

快到下班的时候，小明路过皮总监的办公室，敲门进去闲聊了几句。

刚坐到皮总监办公桌对面的椅子上，小明便开口说："今天从小李那里学到了'手表定律'，很受用。但我还有一件事情很困惑，想向您请教。"

"有什么事情，请讲？"看到小明诚心请教，皮总监停下手里的活，聚精会神地听着小明说话。

"你看，我现在既汇报给您，又汇报给总经理。我认为这违反'手表定律'，应该只汇报给一个人。"这是一个敏感话题，小明只敢与皮总监关起门来讨论。

"总经理与我的分工不同，对您的要求也不同，实际上有什么问题吗？"看来，皮总监不接受这是"两块手表"的问题。

这么一问，小明来了兴致，终于可以吐槽了。

小明："当然有问题。例如，在项目采购这个职能的定义上，您和我的看法一致，认为这是一个在产品研发期进行跨部门协同、创造价值的岗位，十分重要；但是总经理认为这是一个汇总产品信息和传达项目要求的岗位，跨部门的协同事宜应该由项目经理来做。而项目经理完全不了解采购部的需求，肯定起不到任何作用。"

"我明白你的意思。但是，还有一个管理学定律，叫作'鲶鱼效应'，你听说过吧？"皮总监点点头，有意缓和语气以便引导小明。

"这个我当然听过，鲶鱼效应是指，因为市场上的活鱼价格昂贵，为了获利，渔民总是千方百计令沙丁鱼活着回到港口，但绝大多数沙丁鱼还是在中途窒息死亡。后来渔民在鱼槽里放进一条鲶鱼，结果沙丁鱼的存活率大大提高。因为沙丁鱼见到鲶鱼'入侵'显得异常'紧张'，四处躲避，加速游动，缺氧的问题便解决了。"

皮总监："所以你应该明白，无论总经理和我谁是'鲶鱼'，一个组织如果只有一条汇报链，时间久了，就会变成一言堂，死水一潭。一旦失去推陈出新的生态环境，公司很快会被市场淘汰，所以在管理上，永远不可能只有一个领导，你明白了吗？"

小明点点头说："有的时候，个人舒服了，企业就要遭殃，这是一个平衡问题，我明白了。"

皮总监："当然，在多个领导管理时，中间的确会有很多重叠之处，甚至不同领导对同一问题会作出不同决策，这就要考验你的说服力和冲突解决能力，以便与多个利益相关方达成一致。如果做不到这一点，你就永远无法成为卓越的采购领导者。"

"嗯。"小明点点头，心想，自己距离卓越采购领导者的要求还很远。

皮总监："最后，我再跟你说一个职场定律——马太效应，即凡有的，还要多给他，叫他有余；没有的，连他所有的也要夺回来。这是职场的价值真理，你每多付出一份努力，多创造一份价值，你所获得的不是成比例的回报，而是成指数的回报，这才符合马太效应（指数回报与比例回报的对比如图1-1所示）。

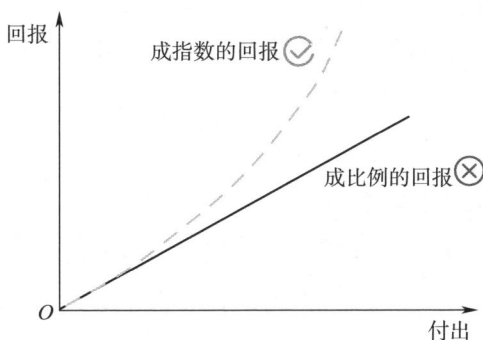

图 1-1　指数回报与比例回报的对比图

"所以，尽管你在管理岗位上会遇到很多挑战，不要灰心，每多进步一点，你将得到更多回报。加油！"

"明白。持续创造价值是职场的核心竞争力，也是我的奋斗目标，我一定全力以赴。"小明表情严肃，牢记于心。

"很好。快要下班了，我们今天就聊到这里吧。"皮总监笑着起身，目送小明离开。

指导与支持

初为采购领导者的小明可谓责任心爆棚，工作事无巨细，结果是虽然自己天天加班，但是部门的工作效率却没有提升，还引发了部分老员工的不满，甚至有人找到皮总监诉苦。

皮总监也意识到这是一个采购领导者必须要平衡好的问题，即如何建设团队，如何适当授权，如何借助团队的力量完成工作任务，而不是自己单打独斗，于是约请小明交谈。

"这段时间体会如何？当领导的滋味不一样吧？"为了活跃气氛，皮总监故意调侃。

"我总觉得很多员工做事不牢靠，怎么说都没用，与其教他们怎么做，不如自己做了。夸张点说，采购部如果只剩下我自己，工作照样运转。"在皮总监面前，小明是个直肠子，说话不绕弯。

"那么，现在从领导者的角度看，你觉得这样的采购部有没有风险呢？"皮总监继续问道。

小明："有！"

皮总监："什么风险？"

小明："如果我不来上班，工作就会停滞不前。"

皮总监："对。所以你要学会领导团队把工作做好，不要做个光杆司令。"

小明："是这样的。"

说到这里，皮总监从抽屉里拿出一摞文件，指着其中的一张表给小明看。"在领导下属时，一般有这样两种行为：

"第一，指导，是由领导者来定义角色并组织行动。领导者决定做什么，何时、何地、由谁做，这种行动通常是单向沟通，有利于控制下属，确定时间进度。

"第二，支持，是由领导者和下属双向沟通。领导者要主动倾听、促进互动，这是领导者鼓励下属参与的行为，通常领导不参与过多的任务细节，由下属掌控，在必要时给予支持。

"基于此，可以把领导风格分为以下四种，见表1-1。

表 1-1　四种领导风格

风　格	特　点
低指导、高支持	鼓励提供建议 积极倾听 员工作出决策 双向沟通和参与 支持冒险 称赞工作 赞美并建立自信
高指导、高支持	提供具体信息 由领导决策 双向谈话 解释个人职责 提问以确认对方是否理解 提问以确认能力水平 肯定小小的进步
低指导、低支持	授权 宏观 员工决策 较少的监督 肯定结果 要求效率 保证可联系的状态
高指导、低支持	提供具体信息 角色定义 单向沟通 由领导决策 密切的监督与问责 循序渐进的指导 保持简洁和具体

"想要成为卓越的领导者，你要针对不同的员工采用不同的领导风格。

"员工类型与领导风格匹配关系，如图 1-2 所示。

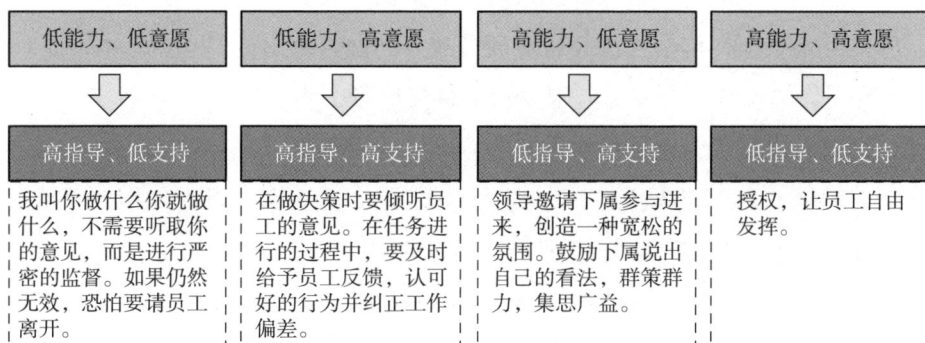

低能力、低意愿	低能力、高意愿	高能力、低意愿	高能力、高意愿
⬇	⬇	⬇	⬇
高指导、低支持	高指导、高支持	低指导、高支持	低指导、低支持
我叫你做什么你就做什么，不需要听取你的意见，而是进行严密的监督。如果仍然无效，恐怕要请员工离开。	在做决策时要倾听员工的意见。在任务进行的过程中，要及时给予员工反馈，认可好的行为并纠正工作偏差。	领导邀请下属参与进来，创造一种宽松的氛围。鼓励下属说出自己的看法，群策群力，集思广益。	授权，让员工自由发挥。

图 1-2　员工类型与领导风格匹配图

"领导风格没有好坏之分，也不是固定的，但领导者不能对所有员工'一视同仁'，也不能所有的事亲力亲为，而是帮助或推动员工做好自己该做的事。"

小明连连点头说："皮总，如果您不跟我讲这些，我可能一直不知道。这四种领导风格对我很有指导意义，我会调整自己的风格，因人而异，把团队建设好，形成合力。"

"很好。这些都是理论知识，仅供参考。你那么聪明，一定会把团队带入正轨，加油！"皮总监对敏而好学的小明充满信心。

知人善任与 DISC 性格分析

随着天波公司业务的快速发展，公司的信息管理系统也在不断完善。因为马上要实施供应商关系管理模块，总经理要求采购部派人参与。

派谁好呢？这是一个小明难以抉择的问题，因为大家都很忙，没有人主动请缨。最后凭借个人关系，小明劝说小李接受了这个任务。

但是生性活泼的小李并不喜欢与数据和流程打交道，很快地，小明接到了财务部和信息技术（IT）部的投诉，说小李根本不干活，耽误了系统实施的进度。

"你觉得应该怪罪谁呢？"这件事也传到了皮总监那里，在小明汇报工作时，皮总监发问。

"是小李不对！"这件事让采购部的颜面尽失，小明打心里埋怨小李。

"可是小李在价格管理和供应商管理方面做得很出色，是采购部的骨干。我不赞同你的说法。"皮总监很少这么直接反驳小明。

"那么，您认为应该怪罪谁？"轮到小明发问。

皮总监直截了当地说："应该是领导者，就是你，因为你用错了人。我给你讲一讲 DISC 性格分析理论，你就能明白。DISC 性格分析理论是一种'人类行为语言'，其理论基础为美国心理学家威廉·莫尔顿·马斯顿博士（Dr. William Mouton Marston）在 1928 年出版的著作《正常人的情绪》

（*The Emotion of Normal People*）。

"它将不同的人按照四种不同的性格分为支配型（Dominance）、影响型（Influence）、稳健型（Steadiness）和服从型（Compliance）（以下简称 DISC），从而帮助领导者了解如何与不同性格的员工相处，并做到知人善任。

"按照内向还是外向，重人还是重事的两个维度，DISC 把四种不同的性格分配在四个不同的象限中，如图 1-3 所示。

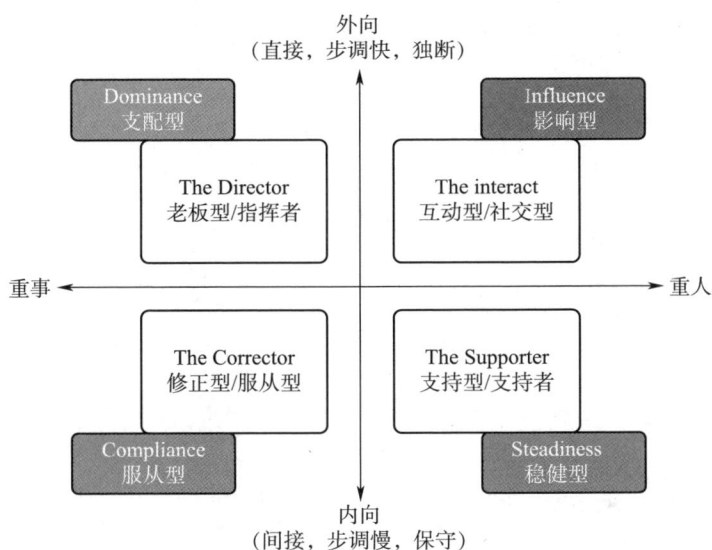

图 1-3　DISC 性格分析原理图

"四种不同性格的典型行为表现见表 1-2。

表 1-2　四种不同性格的人物表现

四种性格	典型行为	优　点	缺　点	代表人物或职业
支配型	语速较快，有把握 语言多为宣布式 经常打断他人 声音较响，经常加强语气 身体向前倾 直接的眼神交流 用手指人 向他人倾斜	强劲、快速果断、清楚坦率、实际独立、积极竞争越强，精力越旺	不易看到别人的需求，只看到自己的需求 固执、易争吵、好斗、说话极易伤害别人 具有强迫性，很容易支配别人，无耐性专横，人际关系差	创业者、拿破仑等

续上表

四种性格	典型行为	优　点	缺　点	代表人物或职业
影响型	喜欢谈论人际关系 肢体语言轻松自如 使用各种手势 容易流露个人感情 面部表情丰富 音量高 微笑、休闲 会用意图明确的手势	冒险创新 追求弹性 突破陈规 想象力强 生动活泼	以自我为中心，独霸主题 爱打断别人的谈话 不注意记忆 喜好多，却不精，缺乏毅力	销售人员
稳健型	语速较慢，有停顿 语言多为条件式 很少打断他人 声音较轻，很少加强语气 身体放松 低声、柔和 面部表情少 小手势 温文尔雅 非情绪化	注重细节 有耐心 平易近人 支持别人 最佳倾听者	不容易兴奋，看似懒惰 拒绝改变，喜欢一成不变 目标感不强 不愿承担责任，回避压力 无主见，不善于做决定	部分教师、护士、公务员等
服从型	音调平平 有距离感 安静 很少或没手势 直接的眼神交流 话语精简	谨慎小心 按部就班 一丝不苟 推理性强 一诺千金	需要事前准备 过于直接 过于面面俱到 过于考虑周全 过多数据 只讲事实 只讲证据	比尔·盖茨及众多的设计工程师、IT工程师等

"面对不同性格特征的员工，采购领导者应该采用与之相适应的方式进行有效沟通，见表1-3。

表1-3　与四种不同性格人物的沟通方式

四种性格	沟通方式
支配型	清楚、明确 说重点 就事论事 有逻辑 事实依据 展示自己的效率和能力

续上表

四种性格	沟通方式
影响型	建立关系、社交 谈话有乐趣 与他的梦想目标有关 给关注 赞美 不时提醒
稳健型	先关心他 聆听、反应 有耐心、轻松 软性表达 引导和推动
服从型	事前准备 直接 面面俱到 考虑周全 数据 事实 证据

　　"关于知人善任，在一个采购组织中，领导者应该把比较重要、有一定难度的工作交给支配型员工，同时为取得优秀业绩的支配型员工搭建快速上升的职业发展通道，否则支配型员工容易因个人的发展要求无法得到满足而另谋高就。

　　"把需要跨部门沟通、需要紧急处理的任务交给影响型员工，因为影响型员工善于和不熟悉的人快速建立合作关系，在事情紧急时影响型员工会更快地分泌肾上腺素，使得自己处于亢奋状态，有可能完成在别人看来不可能完成的紧急任务。

　　"把日常比较烦琐的工作交给稳健型员工，并时时关心稳健型员工的感受。稳健型员工一般不会提出较高的要求，也不会轻易离岗辞职，会起到稳定人心的作用。

　　"把数据处理，如信息管理系统实施、采购支出分析等工作交给服从型员工，让合适的人做合适的事。

　　"一定要珍惜与你性格不同的人，如果两个人的方法总是一致，相当于只有一个方法；而如果两个人都有各自的方法，互相交换就会产生两个方法，从而提高采购部的问题解决能力，弥补领导者的某些短板。

"由此可见，领导者要尊重他人，倾听员工的不同意见甚至是批评的声音，不要试图改变他人，只有了解自己、理解他人、善用他人，才能又快又好地完成任务。借用《道德经》中的一句话：'知人者智，自知者明。胜人者有力，自胜者强。'学习 DISC 性格分析的最终目的是改变自己而非改变他人。"

小明："按照分析结果，小李这么外向的人应该是影响型员工，刚好与服从型员工具有相反的特质，怪不得他根本无法处理那些数据整理工作。如果早知道 DISC 理论，我就安排别人了，可能部门的文员小静会比小李更适合。因为小静是稳健型员工，比影响型员工更接近服从型员工。"

"没错，你终于学会知人善任了。"皮总监的眼中充满慈祥，他相信一名卓越的采购领导者正在破茧而出。

能力与脾气

这几天的清晨，人们总能看到蒙蒙雾霾和点点小雨。

没有灿烂的阳光，人们便不愿在路上多做停留，而是行色匆匆。

看到自己的头发湿了，衣服湿了，鞋子也湿了，走路来到公司的小明心情不大好。

"为什么还不签合同？"项目经理的投诉信令本就心情不好的小明火冒三丈，立即把采购员小王叫到自己的办公室质问起来。

"我在等第二家供应商报价。"小王理直气壮地说。

"什么第二家？你要知道，在这个行业里，能满足我们 QCD（Quality 质量、Cost 成本、Delivery 交期，简称 QCD）要求的供应商仅此一家，就连皮总监每年都要到供应商那里拜访，足见双方的战略关系有多紧密，你找的哪门子第二家供应商？"

"我就是看不惯他们吃定我们的样子，不换掉他们绝不罢休。"小王拿供应商的服务态度当幌子，背后的意思是，必须要等自己开发的供应商的报价。

小明虽然心中不悦，但是不想直接否定小王的想法，于是接着问："那跟我说说这个第二家的情况？"

小王："这是一家 ABS 机加工厂……"

未等小王说完，小明立即打断，说："停！我们要买的是吸塑外壳，你联系 ABS 机加工厂干什么？"

小王："据我调查，ABS 机加工可以替代吸塑外壳，有一些同行在用。"小王振振有词。

小明眉头一皱，紧接着问："好，我再问你三个问题，你要如实回答：

"（1）ABS 机加工对比吸塑的优势在哪里？是成本吗？

"（2）设计人员知道吗？他们会考虑 ABS 机加工吗？

"（3）你在发图纸之前，按照流程与供应商签署保密协议了吗？"

小王："（1）ABS 机加工的成本不占优势，但是我们可以多一个选择，制衡现有供应商；

"（2）设计人员还不知道这件事；

"（3）我还没来得及签署保密协议，事后补上。"

看来，小王还没有意识到自己闯祸了。

小明："没有成本优势的第二家有什么制衡意义？现在整个项目因为外壳的合同没签，都等在那里，每天的'人吃马喂'都是费用，再等下去没有意义。我建议立即签署合同，你想做的事后续可以慢慢研究，没有人会阻止你，好吧？"

小明显然已经开始责备小王了，但讲话仍然留有余地。

小王："我就是看不惯他们，我肯定不签，要签就你签吧。"小王仍然执迷不悟，甚至不把新上任的小明放在眼里。

请小王离开之后，小明立即赶往人力资源经理的办公室，把小王的言行复述了一遍，商讨如何处理。

"就凭他不按流程（没签保密协议）给供应商发图纸，就构成了违规行为，足够开除的条件了。"人力资源部经理小赵在查阅员工手册之后答复。

"好，剩下的事交由你来处理。在小王的离职协议中，最好不要体现开除字样，给他留一条后路。"虽然情分已尽，但小明不想斩尽杀绝。

小赵："我们人力资源部会尽力说服小王，但是也要看小王是否愿意配合，如果索要高额赔偿金，还是要写明开除原因的。"

"看他自己的想法吧。接下来我更关心如何招到更好的员工。"小明的注意力开始转移。

小赵："你到底想要什么样的员工呢？怎么衡量这个'更好'呢？"毕竟招聘员工和评价员工都是人力资源的专业，所以问题也很犀利。

小明一下子卡住了，仿佛喉咙里噎了一根鱼刺，憋在那里说不出话来。

小赵见状，赶紧解释："简单来讲，一个部门里会有四种人，分别是：

"（1）有能力，没脾气；

"（2）有能力，有脾气：

"（3）没能力，没脾气；

"（4）没能力，有脾气。

"能力与脾气的关系，如图 1-4 所示。

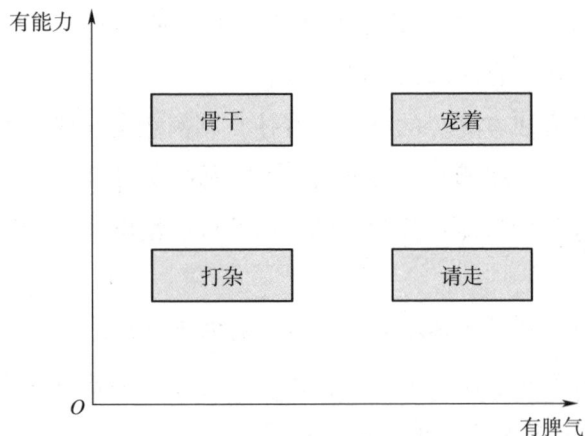

图 1-4 能力与脾气关系图

"其中，第一种人是部门的骨干；第二种人需要部门经理宠着；第三种人适合打杂；第四种人，就是小王这样的，没能力还有脾气，就要请走。你看采购部需要哪一种人？"

对照这个理论，小明想到，现在采购部里能力强、没脾气的典型是小李，是骨干，将来可能成为采购部接班人，再多一个这样的人就安排不下了。有几个解决问题能力强的老采购员是有脾气的，也的确需要宠着；打杂的倒是有几个以家庭为重的采购员，对系统熟悉，干活也麻利，但是稍有难度的任务就得向他请示，目前没有必要招聘这样的人。那么，部门还需要的，是有能力但是可以有脾气的员工来接替小王，向项目交付最好的结果。想清楚后，小明便说给人力资源经理听。

小赵："和我对采购部的观察一致，这样的话，招人也会更加容易，而不是总要完美的人选，一来很难招，二来留不住。"小赵点头表示赞同。

故事到此结束。

通过这则故事，笔者想要提醒读者朋友们，除了知人善任，采购领导者的用人标准也应该按照部门的实际需要来定，以使不同类型的员工各得其所为基础，而不是一味要求招聘最优秀的员工，或者抱怨人力资源部不给力。

如何留住骨干

小崔是与小明同年加入天波公司采购部的应届毕业生。相比于谦虚谨慎、刻苦钻研的小明，小崔也是一个责任心很强的年轻人，只是小崔做事急躁，情绪都写在脸上，事情常常做得又快又好，但是却把同事得罪了，出力不讨好。

小崔的性格特点小明很了解，他的缺点在小明眼里不算什么。

由于年龄相仿，小明跟小崔的私人关系非常好，可以说是无话不说的朋友，只是最近小明负责整个部门的事务，无暇顾及小崔，但是小明认为，两个人的心灵一直是彼此相通的。

在这种情况下，小崔突然递交的辞职信让小明大吃一惊，甚至伤心欲绝。

"你怎么不早点说啊？如果是工资的问题，给我一个争取的机会啊？"

小明拉着小崔的手，内心十分不舍，几乎要哭出来。

"小明，我知道你对我好，但是一来外面给我涨了 50% 的工资，二来我需要向上发展的机会。我不想一直待在天波公司，我想看看外面的世界。"小崔的回答很诚恳，直截了当地说明了离职的缘由。

"既然你已经决定，我也没法挽留你。你要记得咱们的情分，天波公司随时欢迎你回来。你在别的公司赚多少钱，这里只多不少，这是我给你的永远的承诺。"事已至此，小明只能送上最后的祝福。

小崔离开经理办公室后，恰巧小李进来汇报工作。小明心里实在难受，便把小崔的事情向小李诉说一遍。

"小崔走后，这一摊子事还得我亲自扛一阵子，又要重新培养骨干，唉！"小明叹息。

"经理，你不知道外边的行情，我可以给你看微信聊天记录，其实这次猎头挖人，是给我和小崔都打过电话的，所以我很了解情况。如果我愿意以相同的条件离开，早就走了。但我觉得你和皮总监都是值得信赖的人，跟着你们一定会有更好的发展。"说着，小李找了几条猎头的私信给小明看。

"既然小崔走了，部门不能再失去小李。我现在就去找皮总监商量给你加薪，你的工资会比小崔在新公司拿到的只多不少。你回去等消息吧。"小明下了很大的决心，立即赶往皮总监的办公室。

看到小明急匆匆地走进来，皮总监赶忙放下手中的事务，关切地问："什么事这么急啊？"

小明先把小崔的离职原因说了一下。

"这也是没有办法，小崔毕竟年轻，想法多，想走就走吧。"皮总监安慰道。

"也许是因祸得福，其实这次猎头也有联系小李，但是小李拒绝了，所以我想立即给小李申请加薪 50%，留住骨干。"小明这才表明来意。

"这让我有些为难啊，你知道公司的加薪上限是 15%，即使是年度优秀员工也不能突破这条线。"皮总监皱起眉头。

"皮总，小李可是咱们的人啊。猎头用高出 50% 的薪水挖他都不走，不给他加薪就是示弱，会让员工心寒，而且您也知道，部门只有这两名骨干，现在就剩一名了。"小明据理力争。

"对，不能让员工心寒。天波公司此刻正处于高速发展期，需要更多的骨干。这样，我跟人力资源经理商量一个方案，原则是给到小李的加薪只多不少，你看行吗？"

"非常感谢领导支持！"小明说道。

很快，决定下来了，给小李涨薪 60%，比猎头给出的还多 10%。小李自然感恩戴德，并主动承担起小崔的部分工作，减轻小明的负担。

而小明这边，则悟出一个道理，就是对于团队中的骨干，必须要保证有市场竞争力的薪资，否则一不小心就有可能被挖走，到时给部门造成的损失，可能远远大于增加的薪资。

因此，领导者要经常找骨干谈心，倾听骨干的心声，主动为其谋福利，这样才能上下同心。

小贴士　亡羊补牢，为时晚矣

如前文所述，骨干离职，会让很多采购领导者痛心不已。不仅如此，还可能引发管理者对采购领导者的问责。因此，领导者必须重视骨干、留住骨干。

有的读者会问："说了半天，到底什么是骨干？如何定义谁是骨干？"

骨干就是当领导需要业绩时，说"我能完成"；当领导遇到问题时，说"我能解决"；当新员工需要培养时，说"我能带"的那个人。

一句话，骨干就是能够给企业创造价值，带来利益，维护企业的形象，能够相互成就的那个人。所以你说，骨干重要不重要？

笔者在职业生涯的早期，作为某五百强企业采购部的骨干，就经历过一次令人啼笑皆非的离职，值得所有采购领导者深思。

当时笔者在一家五百强外企做着采购员，过着朝九晚五的生活。突然，一个副总级别的领导找到笔者，让笔者主管某个重要项目的项目采购工作，询问我的意愿。

笔者认为展示自己才能的机会到了。

于是，在接下来的几个月里，笔者加了很多班，解决了很多悬而未决的问题，赢得了公司方方面面的认可。

期间，在项目快要结束的时候，笔者想了解公司副总怎么安排笔者的岗位。副总的回答让笔者惊诧万分，他让笔者继续回到原来的岗位。至于是否升迁，要等到项目结束以后。

笔者虽然嘴上说可以，但是心里很不舒服。

说来也巧，就在几天之后，又有两个新项目启动，负责这些项目的采购员都立即获得升迁，只有笔者的升迁需要等到项目结束。笔者心里隐约觉得副总的承诺不靠谱，于是更新简历，挂到网上。

期间，副总几次找笔者谈话，一直强调会兑现承诺，但是又提到笔者的直属领导近期会有变动，需要等待新任领导就位再做决定。直觉告诉笔者，绝不能相信副总的话。

就在项目行将结束之时，有一家外企的人力资源管理者找到笔者，谈了职位和薪水，其实职位并不高，薪水也不多，但是笔者觉得这是一个更匹配的发展机会，而且对方的领导很有个人魅力，拥有去中心化、开门见山、重视承诺等特质，与迟疑不决的副总相形见绌，这是笔者下定决心、毅然辞职的主要原因。

就在笔者提交辞呈的当天，副总彻底慌了，立即表态，只要笔者肯留下，当天就升职加薪，薪酬至少有30%的涨幅（比新公司开出的工资略高），问我愿不愿意考虑。

这个结果笔者早就预料到了，心想，早干吗去了？在几个月前，你就应该立即为我升职加薪，而不是当一名骨干已经拿到一个心仪的机会时，再亡羊补牢，为时晚矣。

这件事情对所有领导者来说都是一个很好的教训，尤其是当两家公司提供相似的职位和薪资时，对于骨干来说，就是在选领导，谁更有能力、更有魅力，员工就更愿意追随谁。

卓越的领导者应该意识到，职场的本质就是价值的交换。对于能够创造价值的员工，领导者应该快封多赏，让其在别的公司无法获得这么大的利益，员工自然就不会走，这样团队才能比较稳定。

因此，笔者再次强调，领导者对于骨干的封赏一定要快、要大方，尤其在当你发现骨干出现以下征兆时：

（1）工作效率下降；

（2）不愿承接新业务；

（3）开始清空桌面；

（4）找各种理由拒绝加班；

（5）频繁接打电话；

（6）眼神迷离，不愿与你对视；

（7）传出关于他将离职的消息。

这时你就应该立即找骨干谈心，及时消除其个人的负面情绪，尽早兑现承诺。

当然，当你已经拼尽全力做了一切，却仍然无法留住骨干，就随其去吧，只要不给自己留有遗憾就好。

赋　能

初为采购部经理的小明，工作勤勤恳恳，一丝不苟，但是他时刻以对自己的严格要求来要求下属，导致有些员工难以适应，开始产生负面情绪，甚至消极怠工。面对这种情况，小明颇为为难，不知所措，于是向皮总监求教。

"这是很多初为领导者的人经常遇到的问题，就是如何驱动员工自发地做好工作。"皮总监点点头，表示理解。

皮总监："有两种力量能够驱动人，一种是内驱力，另一种是外驱力。内驱力是指一个人自发完成工作的动力。外驱力是指通过外部刺激来推动人工作的动力。

"外驱力适合用来管理体力劳动者，如建筑工、装修工、外卖员等，可以通过计时计件等措施，让员工多劳多得。而对于脑力劳动者，如管理价格和供应商的采购者，他们需要有强大的内驱力才能把工作做到极致。

"可见，作为采购领导者，学习增加员工内驱力的方法十分必要。"

"要怎么学呢？"小明挠挠头，不解地问。

皮总监："有四点你要想清楚。第一，员工为什么要工作；第二，员工为什么没有内驱力；第三，你会表扬员工吗；第四，你给员工的目标是什么？"

"原来与下属沟通不是怎么想就怎么说，还要了解下属的想法和价值观，再结合部门的资源，因势利导，这里面的讲究可真多。"小明恍然大悟。

"讲究多着呢，慢慢你就知道了，哈哈。"看着小明那傻得可爱的样子，皮总监笑道。

1. 员工为什么要工作

员工工作的目的，随着社会的发展而变化。在物质困乏的年代，工作是为了生存；在物质丰富的年代，工作是为了实现个人价值。

而当今时代的特点是，每个人都有自己的价值观，对成功有着不同的评价标准。生活方式愈加多元化，脑力劳动者大量增加。

2. 员工为什么没有内驱力

有些员工之所以没有内驱力，是因为他没有信念。

员工为什么没有信念？原因有三：

（1）被迫者心态，例如认为自己没有选择；

（2）期望太极端，例如认为工作应该兼顾个人爱好；

（3）有条件才行动，例如只有老板给我加薪，我才认真工作。

那么，领导者应该如何帮助员工消除这些心理障碍呢？

（1）员工有被迫者心态是因为员工认为自己没有主动选择的权利。领导者应该让员工意识到"所有的一切都是我选择的结果"，与其每天被动上班，不如接受自己的选择，从现在开始掌握自己的命运，取得更好的结果。

（2）对工作期望太极端的员工，其心态往往有一点完美主义。领导者要给员工讲清楚工作只是一个人获取生活所需的方式,降低他的期望值。

(3)那些有条件才行动的员工,其心理上往往有一些负面情绪,其实就是不想行动。即使领导者满足了员工所提的条件,员工往往还会提出新的条件,所以满足条件并不是解决问题的方法。对于这类员工,领导者的重点是找到令其产生负面情绪的原因,如果是与公司或者工作有关,需要进行调整以化解他的负面情绪。

3. 你会表扬员工吗

调查显示,有 80% 的领导者认为自己会表扬员工,而只有 20% 的员工认为自己真正被表扬过,这是为什么呢?

这是因为很多领导者的表扬是以自我为中心,从自己的角度去评价员工的,员工认为领导者只是在表达自己的想法,根本听不进去。

有的领导者经常说:"我对你的表现很满意。"

员工内心独白:"我本来就表现很好,还用你说?"

因此,当领导者从自己的角度出发去表扬员工时,员工有时会认为这是一种压迫,仿佛自己活在领导者的世界里,或者只是把它当作一种恭维,不会放在心里。那么,领导者应该如何正确表扬员工呢?

答案是,领导者要学会去中心化,把中心转移到员工,完成从"我"到"你"的转变,而完成转变的核心理念就是"你影响了我",可以通过以下四个步骤实现,如图 1-5 所示。

说感受 ⇨ 讲细节 ⇨ 做对比 ⇨ 会提问

图 1-5 表扬员工的四个步骤

4. 你给员工的目标是什么

懂得如何表扬员工固然重要,但激发员工内驱力最核心的方法是建立员工的目标感,只要员工有了清晰的目标,才能自发地向着目标前进。应该怎么做呢?

领导者需要使用"职业天平"。

职业天平，顾名思义，就是由两个维度来左右员工的目标感，这两个维度分别是价值和意义。职业天平的内涵，如图1-6所示。

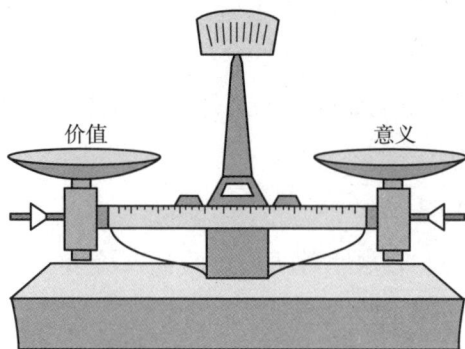

图 1-6　职业天平示意图

价值是指通过工作，员工会让自己得到什么，例如奖金和升职。

意义是指通过工作，员工会让别人得到什么，例如对自然环境的保护、对生活质量的提升、让更多有需要的人用得起某种产品等。

当公司能够给员工带来很大的价值时，领导者可以适当强调，例如通过给员工加薪、升职来增加员工的内驱力。

当公司不能提供有竞争力的价值时，领导者要多强调工作的意义。例如笔者曾见过有的民企老板对员工说，你不是在为我工作，而是在为民族工作，我们一定要依靠吃苦耐劳的精神打败所有的外国公司，帮助民族崛起。有些员工会认同这种说法，认为意义大于价值，从而产生内驱力。

所以，当领导者对工作赋予了正确的意义，给了员工使命感，员工就会产生很强的内驱力。

除了赋能，想要有效激励员工，采购领导者还应该了解员工对领导者的真实期待。如何知晓？请您阅读小贴士：员工对领导者的期待是什么。

小贴士　员工对领导者的期待是什么

有人说，卓越的领导者应该身先士卒，而不是高高在上，如图 1-7 所示。

图 1-7　领导者表现示意图

笔者认为，这是对领导者所扮演的角色的最大误解。

有的领导者之所以纠结于这个问题，是因为过于关注自我，而忘记了时代的变化。

现如今，一些家庭的物质较为丰富，员工更加关注自己的想法和感受。此时，领导者如果还把关注点放在自己身上，就是夜郎自大，自讨没趣，这时应该关注员工对你的真实期待。

2021 年，笔者在微信公众号"采购实战家专栏"所做的问卷调查显示，员工对领导者的期待主要有以下八条：

（1）争取良好的待遇；

（2）争取发展的空间；

（3）从领导那获得提升（知识、阅历、处事能力）；

（4）指导员工解决难题；

（5）协调和提供资源；

（6）在员工遭遇挫折时，给员工打气；

（7）给予方向性的指导，合理协调分工、统筹工作计划，让下属明明白白干活；

（8）维持公平。

想要做好以上八条，领导者需要具备精深的专业知识和卓越的领导力，这也是本书帮你解决的主要问题。

由此可见，领导者要及时更新自己的思维方式，满足员工的期待，才能带领团队获得更好的成绩。

岗位技能差异分析

虽然赋能有一定的效果，可以驱动部分员工自发地做好工作，但是部门内仍有能力不足、态度不好的老员工存在，这些员工还自我感觉良好，善于找借口为自己的不作为开脱。

"有些老员工真是无可救药，不能留，时间长了会把新员工带坏。"在汇报工作时，小明向皮总监抱怨。

"这的确是个问题。现在公司计划上市，需要采购部拿出更好的业绩，不能再让后进的员工拖后腿。你有什么想法吗？"在肯定小明的说法之后，皮总监反问。

"我想给每个采购岗位定义岗位技能并打分，将之与员工的能力做比较，客观地体现技能差距，再因人而异地采取补救措施。"

"这是一个好办法，我建议你找人力资源部聊聊，他们可能会有更专业的做法。你千万不要既做球员又做裁判，让员工觉得你在有意为难他们，懂吗？"

小明："谢谢提醒。"

很快，小明和人力资源部一起做了如下表格，命名为岗位技能差异分析表，见表1-4。

表 1-4　岗位技能差异分析表示例

计分项目	工作能力		语言能力			采购技能					软技能			领导力		
岗位要求	工作能力	合计	中文	英文	合计	寻源	询价	谈判	品类管理	合计	沟通	协作	合计	管理	培训	合计
采购员岗位要求	1	1	5	3	8	2	3	2	0	7	3	4	7	0	0	0
采购员甲	1	1	4	4	8	2	2	2	0	6	4	5	9	0	0	0
采购员乙	4	4	3	1	4	3	3	3	1	10	2	2	4	0	0	0
采购主管岗位要求	3	3	5	4	9	4	4	4	3	15	4	5	9	3	3	6
采购主管丙	2	2	5	5	10	5	4	4	3	16	5	5	10	3	3	6
采购主管丁	4	4	5	4	9	4	3	3	3	13	4	4	8	3	2	5

说明：

1）分数从 0~5，其中 0 为最低，5 为最高。

2）跟岗位要求相差 1 分为浅灰，相差 2 分及以上为深灰。

3）浅灰项需要采购经理监督员工自学提升，深灰项需要采购经理和人力资源经理研究提升方案，比如报名外训等。

4）对于经过培训仍然无法达到岗位要求的员工，公司可以酌情转岗、降级或辞退该员工（依法支付赔偿金）。

他们按照工作经验、语言能力、采购技能、软技能和领导力等维度给不同岗位的采购人员打分，分数范围从 0~5，每个数字背后都对应着不同的技能水平。如果采购员的技能与岗位要求相差一分，则需要员工自行制订改进计划，自我提升；如果相差两分及以上，则需要人力资源部经理与小明一起研究提升方案，如报名外训；如果无法与员工达成一致或者提升无果，部门有可能对员工进行转岗或辞退。

该管理方法一经推出，立即引发了员工的热议，尤其是绩效较差的老员工，他们担心丢掉饭碗，一改之前松散的状态，在工作中开始积极表现，并努力创造价值。

部门里唱反调的人没有了，小明终于可以把更多精力放在业务本身。

那么在现实工作中，采购领导者该如何制订适用于你的采购组织的岗位技能差异分析表呢？请您阅读小贴士：某 500 强企业采购组织的岗位技能差异分析表。

小贴士　某 500 强企业采购组织的岗位技能差异分析表

在此感谢某 500 强企业的领导和学员们的集体智慧。

经过一天的研讨，笔者一起为该企业的采购组织编制了岗位技能差异分析表，见表 1-5。

表 1-5　某 500 强企业的采购工程师岗位技能差异分析表

岗位要求	工作经验	学历要求	职业道德	语言能力		采购策划						采购实施										
				中文	英语	成本意识	法律知识	系统思维	质量意识	风险管理	技术能力	供应商资源开发	行业熟知	谈判	成本分析	合规意识	制度流程	信息化系统操作熟练	办公软件应用	文本能力	文档管理	合同管理
采购工程师	4	3	5	3	1	5	4	4	4	3	2	4	4	5	5	5	4	4	4	4	3	4

岗位要求	工作经验	学历要求	职业道德	采购实施		软技能									管理能力						
				付款管理	到货管理	商务礼仪	执行力	抗压能力	理解能力	同理心	情绪管理	有效沟通	说服能力	企业文化	供应商关系管理	品类管理	项目管理	降本管理	供应链管理	教练能力	向上管理
采购工程师	4	3	5	5	4	3	5	5	4	4	4	4	4	4	4	4	4	4	4	4	4

该表的编制过程可以概括为以下四个步骤：

1. 建立并维护采购管理技能库

可以参考笔者整理的采购管理战略全景图，如图1-8所示，但请不要局限于此。

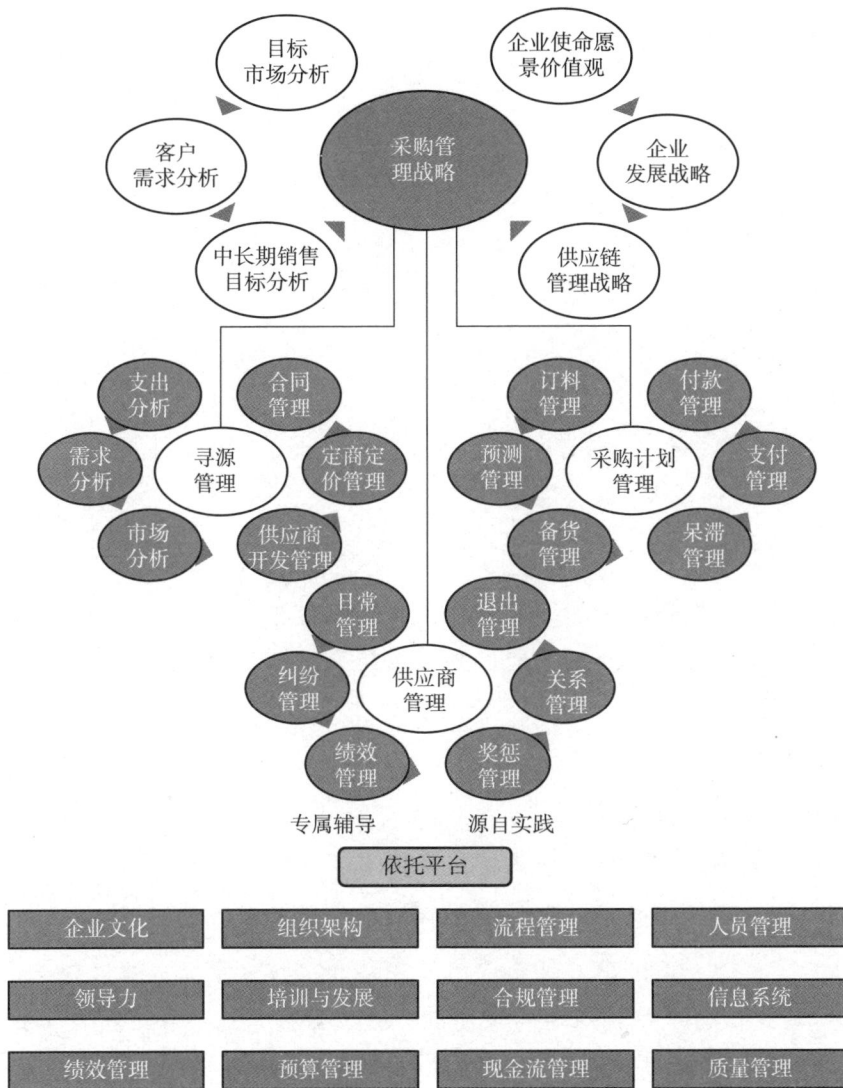

图1-8 采购管理战略全景图

2.梳理岗位的职责和工作流程，选取所需技能

3.对技能分数赋予意义，这里举例说明

（1）对于熟练程度由浅入深的技能，如中文、英文、谈判等，从0~5分意味着：

0——不会

1——初学

2——基础

3——一般

4——熟练

5——精通

（2）对于可量化的技能，如工作年限，从0~5分意味着：

0——0~1年

1——1~2年

2——2~3年

3——3~4年

4——4~5年

5——5年以上

（3）对于可具体化的技能，如技术能力，从0~5分意味着：

0——没有

1——读图

2——读图、懂标准

3——读图、懂标准、熟悉使用环境

4——读图、懂标准、熟悉使用环境、知道验收方法

5——读图、懂标准、熟悉使用环境、知道验收方法、会设计

4.按0~5分决定岗位所需技能的分数，再由采购领导者给员工打分

如果你的采购组织也要制订岗位技能差异分析表，可以参照以上示例来做。

除了使用岗位技能差异分析表来帮助员工找到差距、提升技能，想要

打造一支精明强干的采购团队，采购领导者还可以通过面试来招聘优秀员工，具体怎么做请您继续阅读小贴士：如何通过面试识别优秀员工。

小贴士　如何通过面试识别优秀员工

当面试一名应聘者时，你会提问什么问题？

很多人可能会问："你为什么从上一家公司离职""你想要多少工资"。如果你也这样问，可能是在逼着应聘者撒谎。

因为应聘者已经想要离开上一家公司，一定是发生了令其不愉快或者不满意的事情，而应聘者是不会愿意吐露这些的。

同样的，关于工资的期望值，很多应聘者会往高说，甚至伪造薪资。可见，如何通过面试识别优秀员工是每一位采购领导者走向卓越的必修课。

想要做好，首先要明确岗位要求，其次分析需要考量什么，最后评判应聘者是否优秀。

通常来讲，我们需要考量以下三点，分别是：

（1）动机，应聘者来这里想要获得什么？是价值、意义还是其他？

（2）能力和潜力，是否能满足岗位要求或者是否有潜力在短期内快速提升？

（3）期望，应聘者的要求或条件是什么？

如果把面试分为初面、二面和终面这三轮，在初面时，采购领导者要着重考察应聘者的工作经验和谈吐，判断与你是否合拍，与岗位要求是否匹配，这种方式可以快速识别能力不足的人，通常10~15分钟即可完成。

在二面时，你要重点考察这个人的职业素养，其家庭或者生活的状况是否符合公司或岗位现阶段的要求，是否有现成的供应商资源可以立即为公司创造价值，这些都是在简历上看不到的信息，你要用各种方式进行提问，但是，你不要问应聘者的主观想法，而是问其做过什么。因为在面试中，一个人说过什么不重要，做过什么才重要。应聘者是怎么做的？什么逻辑？克服了什么困难？以及在这个过程中呈现的勇气和个性，才是你看重的。所以采购领导者要这样提问："你做了什么？受到什么挫折？怎么克服的？怎么提升绩效的？"只有这样才能考察出一个人真正的能力。

在终面时，考察的重点要从能力和潜力转移到动机和期望。你千万不要问应聘者为什么想来这家公司，否则你又是在逼着应聘者说谎，而要这样问："如果你能来这家公司工作，你想要获得什么？"以此来考察对方的真实动机。如果对方回答："我打算做三年，学会战略采购管理。"你千万不要因为对方只打算工作三年而生气，反而应该高兴，起码这名应聘者有明确动机，至于三年之后怎么办，这就要看公司提供的价值和意义是否能够满足对方的期望。

至于对方的要求或条件，如果公司可以给，你就帮忙争取，尽量满足，而不要一味打压。因为如果对方的能力和潜力已经得到认可，又有明确的动机，那么，你为什么不去满足对方的期望，让应聘者全力以赴地工作呢？

如何确保员工完成任务

如何确保员工将任务落实到位，是小明近期的工作痛点。

往往在自己三番五次强调任务的重要性之后，有的员工还是拿不出像样的结果，迫使自己又想走回亲力亲为的老路。

看到小明身处困境，皮总监再次伸出援手，约请小明谈心："员工工作不到位，你认为是谁的责任？"

"是我领导不力，但我不知道应该怎么做，才能让所有员工负起责任。"这一次，小明真的束手无措了。

皮总监："其实员工无法把任务落实到位只是表面现象，背后有三点是领导者需要做到的事情，分别是：

（1）能力与意愿；

（2）指标与量化；

（3）复述与留存。"

"怎么理解？"小明满脸疑惑。

皮总监："之前讲过，作为领导者，要识别员工的能力与意愿。对于既有能力又有意愿的员工，领导者应该怎么样？"

小明："信任、放手、授权。"

皮总监："没错！这是最容易判断的情况。那么，对于有能力却没意愿的员工呢？"

小明："我会与之谈心，试图激发他的工作热情。"

皮总监："对！要通过赋能帮助员工找到工作的动力，提升意愿。那么，对于没能力又没意愿的员工呢？"

小明："我不能指望他们办成什么事，但得时时盯着，要求他们事事汇报。"

皮总监："是的。那么，对于没能力但有意愿的员工呢？"

小明："在做事之前，我会培训他们，提升他们的能力。"

皮总监："很好！但是，解决好员工的能力与意愿就能把任务落实到位吗？"

小明："应该不够。"

皮总监："对。此时需要做好第二件事，将你想要的结果量化，以指标的形式体现出来。例如，在接下来的一个月内完成 3% 的降本指标，否则员工的理解可能与你不一致，不是忙别的事情就是结果不理想。"

小明："这个我也知道，但是仍然无法保证员工能把我的意思落实到位。"

皮总监："没错，这是由于沟通的漏斗理论造成的。沟通的漏斗理论是指，在你脑中 100% 的意思，你只能表达出来 60%~80%，而对方只能听懂 30%~40%，所以就会出现在你看来对方落实不到位的情况。

"为了规避沟通的漏斗原理（图 1-9），最好的办法是让员工复述你的要求，确保理解到位。你可以让员工把任务写下来，用手机拍照，做好记录，作为将来奖励或问责的依据。相信把这三步做到位，员工对任务的完成度将得到显著提升。"

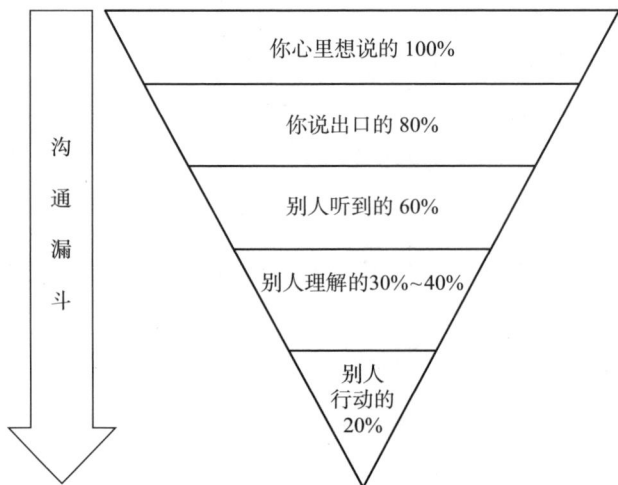

图 1-9　沟通漏斗原理图

小明："嗯，我记住了，依次是：

（1）分清员工的能力与意愿，并采取相应的措施；

（2）将想要的结果指标化，使其易于沟通和理解；

（3）让员工复述任务和指标，并留存证据。"

这套方法，虽然大多数员工在刚开始时需要适应，但是执行一段时间之后，整个采购部的工作效率和效果将得到显著提升，是经过实践证明行之有效的。

那么，除了以上提及的方法，还有哪些方法可以帮助采购领导者带领员工更好地完成任务呢？请您阅读小贴士：领导者必知的十个简单易用的心理学定律。

小贴士　领导者必知的十个简单易用的心理学定律

想要做好员工管理，领导者要学会聪明地影响他人，其中心理学的知识必不可少。以下是十个超级实用的心理学定律。

（1）白熊效应。

现在请你不要在脑海中想象一只白色的熊，结果却是……没错，你脑中现在浮现的就是白色的熊，这就是白熊效应，也叫作反弹效应，是指越是提醒自己不要做的事，反而越会去做。

所以领导者不能一味地对员工讲不要做什么，而是应该告诉员工要做什么，意义何在。一旦诱发白熊效应，员工反而会更想尝试。

（2）孕妇效应。

我们在路上看到一名孕妇的概率本来是一个偶然事件，但是当你怀孕了（或你的家人怀孕了），你会发现经常能看到孕妇。再比如你开了一辆奔驰车，会发现街上跑的全是奔驰车，这就是孕妇效应。孕妇效应是指一个偶然事件，会因为你的关注而成为一个普遍事件。

所以领导者在对员工做出评价时，要依托客观数据，不能主观臆断，要努力摆脱孕妇效应。

（3）蔡加尼克效应。

在纸上画一个圆，但不要画完整，留下一个缺口。当人们看到一个不完整的圆时，会有把它画完整的冲动。蔡加尼克效应说明人类有一种有始有终的内在驱动力。

所以领导者在推动工作或项目时，要把任务做成进度条。当员工看到进度条尚未完成时，会产生尽快完成它的冲动。

（4）异性效应。

俗话说，男女搭配，干活不累，意指在集体完成一项任务时，有两性参与会比同性参与产生更加积极的影响，体现为表现更加主动，心情更加愉悦。

（5）安慰剂效应。

当员工面对多项任务和多重压力时，内心会趋于崩溃。此时，领导者约请员工谈心，请员工理性表达自己的不满，会让员工觉得领导者是在乎自己的，会帮助减轻自己的工作负担。虽然事实上是，工作任务并不会减少，但员工的心理却得到了安慰，这就是典型的安慰剂效应。

（6）三明治效应。

三明治效应的目的是让员工愉快的接受领导的批评。

例如，在你指出员工存在的问题时，首先应该表扬员工，"你最近工作非常努力，我都看在眼里"。之后再说出你希望他更正的问题。最后再次表扬他的工作态度，这就是三明治效应。

（7）小狗效应。

当一个小朋友在宠物店与一只小狗玩了一会，店家会说，拿回家玩几天再送回来，而通过几天的相处，小狗已经融入新的家庭，不可能被退回，这就是小狗效应或试用效应。

该效应提醒领导者在面试新员工时一定要慎重，很多时候，新员工一旦入职，开始融入团队，即便有试用期，也很难再做更换。

（8）登门槛效应。

如果你请别人帮你一个大忙，大概率会被拒绝。但是你请别人先帮自己一个小忙，再让对方帮你一个大忙，成功的概率就会大很多，原因是人们会在内心评估自己，保持前后一致。

在工作中，领导者想要员工承担更大的任务或者职责，可以先从小的任务或项目着手，再承担大的任务或项目。

（9）旁观者效应。

心理学家将"三个和尚没水喝"的现象称为旁观者效应，是指随着旁观者数量增加，责任被分散了，提供帮助的可能性会更小，就是典型的三个和尚没水喝的道理。

所以，领导者在做员工的职责划分时，一定要仔细推演，避免出现盲区或重叠。否则在出现问题时，有的员工就会袖手旁观。

（10）吊桥效应。

有一个恋爱实验，A组男女在一个很高又摇摇晃晃的吊桥上见面，B组男女在正常的场合见面。结果显示，A组中男孩喜欢上女孩的比例竟然是B组的七倍，因为在环境恶劣时，人会紧张，心跳加速，和恋爱心动的感觉相似，所以人们会认为自己喜欢上了对方。

因此，领导者一定要善于营造恰当的氛围，并时刻注意自己的言行举止和仪容仪表，通过环境和仪式感令员工对你产生好感。例如，在自己的办公室安放温馨而又明亮的灯，在办公桌上摆放精致的花瓶和美丽的鲜花，再喷洒淡淡的香薰，增加员工与你沟通时的愉悦感，这样更加容易说服员工接受你的任务。

复盘总结

本章主要围绕员工管理这一主题分别介绍了采购领导者应该扮演的角色，有效主持会议以便达成目标的方法，管理中的手表定律、鲶鱼效应与马太效应，如何指导与支持员工工作，如何通过 DISC 性格分析做到知人善任，为什么要主动给骨干员工谋福利，如何通过赋能激励员工，如何搭建岗位技能差异分析表并指导员工提升工作技能，如何在面试中识别优秀员工，如何确保员工完成任务，以及领导者必知的十个心理学定律，目的是帮助采购领导者在追求卓越的道路上迈过第一道坎——如何把人管好。

接下来，您将学到搭建一个卓越的采购组织必备的组织架构和流程管理知识，请您继续阅读第二章。

组织与流程管理

不断完善组织架构与流程管理是采购领导者带领团队不断适应企业发展要求的必经之路。

提起组织架构，人们往往会想到设置岗位和界定职责，道理远没有这么简单。因为一个优秀的组织架构就是一个优秀的管理系统，往往可以兼顾效率和合规，能够在覆盖全部工作职能的同时避免出现权力过大的问题。

同样的，提起流程管理，人们往往想到的是规章制度，但是这已经不符合绝大多数企业的发展需要了。因为一套好的流程应当更好地解决岗位间的协同问题并兼顾工作效率，而不好的流程不是过于简单，无法有效指导岗位间的协同，就是过于烦琐，牺牲了工作效率。

一句话总结，组织解决分工问题，流程解决协同问题。

因此在本章，笔者将介绍一系列最新的实践方法，指导采购领导者不断完善采购组织的架构与流程。

通过学习本章，采购领导者普遍关心的九个组织架构与流程管理问题将得到解答，它们分别是：

（1）常见的采购组织架构是什么样的？如何优化？

（2）如何引进人才并发展员工？

（3）在管理集团采购中心时，如何进行集中管理？

（4）采购权和人事权怎么抓？

（5）如何设计采购流程？

（6）如何管理物料编码？

（7）如何做好内控管理？

（8）如何规避"补单"？

（9）采购领导者该审批什么？

如何三步优化采购组织

已经在采购部经理岗位上工作半年多的小明，最近一直在思考一个问题，就是当前的组织架构是否合理。

在他看来，相对于天波公司的业务需要和团队的建设发展，当前的组织架构已经在拖后腿。

自从采购部成立以来，部门的组织架构就没变动过，只是随着业务量的增加而增加人员，用一句话概括，采购部的组织架构一直在按照品类分工，如图 2-1 所示。

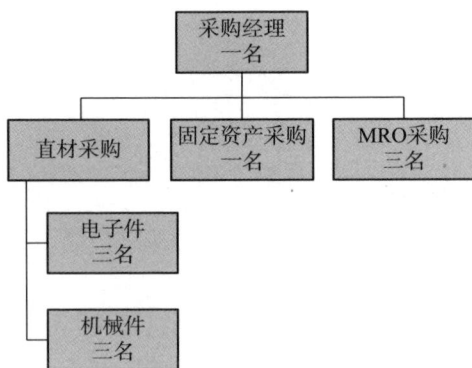

图 2-1　按品类分工的采购组织示意图

按品类分工的好处是，新的采购员到岗后可以快速掌握所管理的品类，因为他负责一个品类从寻源到交付的整个过程，这使他能够快速对接需求部门，而且可以有力地管理供应商以保障供应。

但是这种组织架构的缺点是，采购员的权限过大且信息不够透明，就像在第一章中因不合规问题被开除的采购员小王，如果小明不亲自过问，还不知道他在未签署保密协议的情况下向新供应商发送图纸。很明显，在这种组织架构下，领导者会过度依赖采购员解决问题，因而容易失去控制，日久容易滋生腐败。

时间久了，小明发现采购部如一潭死水，无法持续完成绩效。在这个时候，小明决定要优化组织架构。

为了杜绝按品类分工带来的管理问题和贪腐隐患，小明需要在品类管理的基础上，将部分采购流程打开，由专人负责关键流程，如图 2-2 所示。

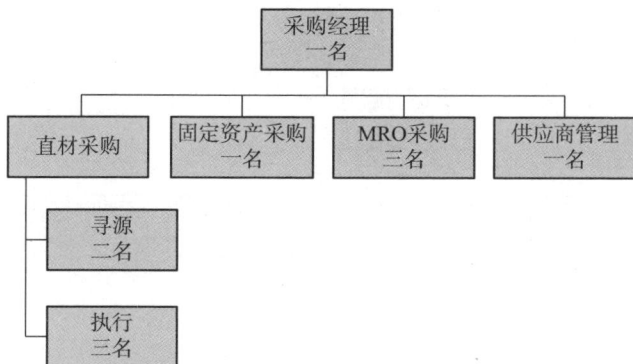

```
                    ┌──────────┐
                    │ 采购经理  │
                    │   一名    │
                    └────┬─────┘
        ┌────────────┬────┴──────┬────────────┐
   ┌────┴────┐  ┌────┴────┐  ┌───┴───┐   ┌────┴────┐
   │ 直材采购 │  │固定资产采购│ │MRO采购│   │供应商管理│
   │         │  │   一名    │ │  三名 │   │   一名   │
   └────┬────┘  └─────────┘  └───────┘   └─────────┘
        │
   ┌────┴────┐
   │  寻源    │
   │  二名    │
   └────┬────┘
        │
   ┌────┴────┐
   │  执行    │
   │  三名    │
   └─────────┘
```

图 2-2   按流程分工的采购组织示意图

其中，小明将直材的采购流程分为寻源和执行两部分（有的企业会将招标流程单独分出来成立招标办），并分别安排专人负责，互不干涉，同时由专人负责所有供应商的管理工作，包括准入管理、绩效管理、奖惩管理、纠纷处理和供应商的退出。实施该组织架构的前提是，公司拥有较为完善的信息管理系统支持流程间的数据流动和审批工作。

对于固定资产和 MRO 采购流程，因其工作特点是与使用部门深度协作，满足预算和使用部门的满意度即可，所以仍由采购员负责寻源和执行，无须进行流程拆分。

在实施了一段时间之后，小明发现按流程分工的好处如下：

（1）合规化管理；

（2）采购过程清晰透明；

（3）领导者可以在各流程间设置审批环节，掌控工作；

（4）确保拿到最低价。

但是这种组织架构的缺点如下：

（1）以最低价中标为导向而没有关注总成本；

（2）缺乏长期规划，没有采购战略。

时间久了，小明发现采购员过于关注日常业务，而不重视与战略供应商的协同，对价值贡献的力度不够，降本增效难以为继。在这个时候，小明决定增加战略采购岗位推动与战略供应商的协同，如图2-3所示。

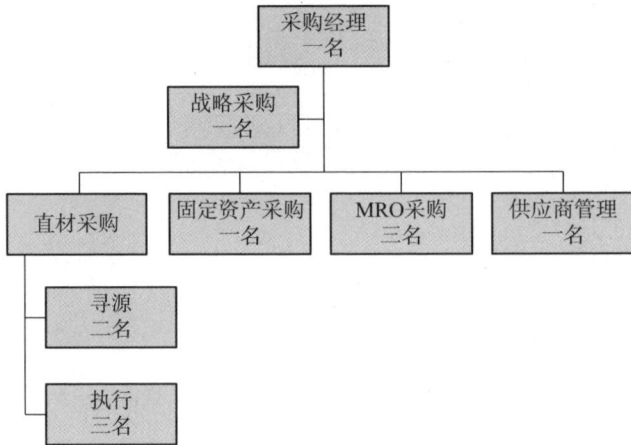

图 2-3　战略协同的采购组织示意图

战略协同是指在天波公司与战略供应商之间，引入深度协同的做法，例如：

（1）天波公司派遣专家团队到供应商现场指导精益生产；

（2）要求供应商在公司周边建厂，以符合VMI（合作性策略）的管理要求，帮助工厂降低库存，减少管理成本；

（3）邀请供应商早期介入新产品设计，双方共享降本成果等。

战略协同的好处如下：

（1）可以与供应商密切协作；

（2）鼓励供应商参与产品研发；

（3）整合甲乙双方的优质资源，取长补短。

实施的难点如下：

（1）天波公司要有行业专家，才能正确指导供应商降本增效；

（2）天波公司要有足够大的采购量和足够好的信用，才能吸引战略供应商提供资源。

通过对组织架构进行从品类分工到流程分工再到战略协同的三步优化，小明成功地整合了公司内外部的优质资源，实现了与其他部门和供应商的高度协同，带来了持续有效的降本业绩和行业领先的管理水平，赢得了总经理和皮总监的一致认可。

延伸问答 来到新公司，发现员工能力不行，我该怎么办

学员问：姜老师，我年后刚刚换了一家公司，入职一个月，发现员工的能力不行。请问，我该怎么办？

笔者答：这是一个采购领导者在换工作后普遍遇到的问题。因为新官上任，需要立即做出成绩，以彰显自己的价值，消除所有质疑的声音，但是，当发现员工创造价值的能力很弱时，难免会有这种疑问。

笔者认为，答案并不唯一。

其实，无论你想怎么做，核心是让老板看到你的价值。

例如，很多人的第一想法，是把没能力、没潜力、没态度的员工直接更换，但是你的老板可能会想，这么做，你的领导力体现在哪里？请你来是把团队带好，不是开除一名低工资低绩效的员工，再去招聘一名高工资的员工，这在老板眼里往往体现不出价值。

而且有的老板会想，"为什么我带这个团队时，这个人还能用，怎么换成是你就不能用了？到底是员工有问题，还是你有问题？"

一旦开除员工，会给公司造成不良的社会影响，并且还会打击大多数员工的积极性，是一种不良的企业文化，是下策。那么，问题又回到原点，采购领导者应该怎么办呢？

（1）你要分析问题的本质，思考矛盾出现在哪里。

（2）为什么你会觉得员工不专业？

这是因为你太专业了。之所以你想更换员工，是因为你想实现采购工作的专业化管理。

除了把与岗位要求不匹配的员工换掉，能不能改变组织架构呢？为什么不通过改变组织架构，让匹配的人去做匹配的事情呢？

但是问题又来了，怎么改变组织架构？

笔者的建议是将采购流程打开，一个人只负责一段，而不是从供应商开发、谈判、合同管理、订单下发、追料、供应商绩效管理到请款全都由一个人端到端的对某个品类负责，因为这会造成以下两个问题：

（1）有的人供应商开发的能力不足，谈判不专业，与其他部门沟通不畅，很容易遭到其他部门的投诉；

（2）优质的资源却被浪费在后端的订单、追料、请款等日常事务上。

将采购流程打开即可解决以上两个问题，最简单的方法就是将供应商开发、谈判、合同管理、供应商绩效管理工作交给能力较强的采购负责，将订单、追料、请款这些日常工作交给能力较弱的采购负责，把好钢用在刀刃上！

将采购流程打开的另一个好处是，提升效率。如果一名采购员什么事都管、什么会都参加，就可能首尾不能兼顾，反而耽误工作。

但是，想要打开采购流程，有两个前提条件：

（1）有一定的业务量；

（2）有一定的人员。

如果采购部管理的业务太少，恐怕难以打开流程，只能继续维持端到端的管理。

打开采购流程以后，相信绝大多数采购员都能被更好地利用起来，老板也会看到你的价值。如果仍有一两个采购员消极怠工、不听指挥，在输出价值之后，采购领导者可以让个别员工调岗。

总之，方法总比问题多！

当你发现很多下属的能力不足时，打开流程、调整组织架构是上策；尽量避免直接换人，这是下策。

为了提升团队的专业能力，除了调整组织架构，采购领导者还应该搭建人才引进与员工发展的机制，这里请您继续阅读小贴士：采购组织的人才引进与员工发展。

小贴士　采购组织的人才引进与员工发展

想要打造卓越的采购组织，如何引进专业人才，如何发展员工技能是摆在众多采购领导者面前的难题。

有的企业只会一味地从外部引进人才，结果造成水土不服，看不到效果；有的企业只从内部提拔，结果导致"近亲繁殖"，欠缺跟上形势、解决问题的能力；还有的企业以为依靠"传、帮、带"就能打造一支专业的采购队伍，不愿意投入更多资源，殊不知这些做法都有失偏颇。

想要做好采购组织的人才引进与员工发展，采购领导者需要搭建框架，建立机制才行。

具体来说，采购领导者要梳理清楚以下三件事：

（1）从哪里获得什么样的人才；

（2）以何种方式培养人才；

（3）不同职级的员工需要学习什么专业技能。

关于"从哪里获得什么样的人才"这个问题，相信很多读者第一时间会想到外部招聘。

外部招聘分为两种，一种是校园招聘，一种是社会招聘。对于采购组织内诸如采购助理之类的初级岗位，采购领导者可以考虑校园招聘。校园招聘的优势是选拔素质高、学习能力强的大学生或研究生融入企业，可以作为储备干部培养，适合大型企业；校园招聘的劣势是初入社会的大学生或研究生可能追求多，离职率高。社会招聘的优势是选拔经验和技能与岗位要求相匹配的人，上手快，可能会带来先进的实践经验和方法；社会招聘的劣势是有经验的人可能难以融入企业文化，如果招聘的是较高的职位，还可能打破采购组织现有的人才梯队导致其他员工的不满或离职。

因此，除了外部招聘，很多企业会鼓励内部选拔，包括部门内轮岗、部门/公司间调配和内部晋升等方式，它的优势是给员工更多选择，增加员工的技能和看问题的视角，给员工更多职业发展选择，但它的劣势是无法弥补内部整体能力的不足。因此，很多公司在一些较为高阶的管理岗位或专家岗位上，会采取外部招聘与内部选拔同时进行的方式，让内外部的候选人一起面试，决策者共同打分，给予内外部候选人公平的竞争机会。

关于"以何种方式培养人才"这个问题，很多大型企业会从以下四个方面入手：

（1）师傅带徒弟。即给每一位新入职的员工分配一个师傅，从熟悉组织和人员、教授工作技能等方面加以辅导，帮助员工快速成长。

（2）轮岗机制。很多采购组织会规定员工在某一岗位上待2~3年后必须要轮岗，以便培养复合型人才，同时防止腐败发生。

（3）平台化课程。很多采购组织会外购或内化一些采购专业课程，要求不同职级的员工学习。

（4）内部交流。有的采购组织会定期召开优秀实践分享会，将新的问题场景和有效的解决方法加以总结，形成学习资料或课程，甚至培养内部培训师。

那么，不同职级的采购人到底应该学什么呢？

经过笔者整理，从专业、专家、领导到转型，采购人应该学习的内容，见表2-1。

表2-1　不同职级的采购人的学习内容

职　级	学习内容
专　业	商业道德 跨境贸易 会计入门 商务礼仪 演讲与表达 采购物料/服务专业知识 PPT 与 Excel 询价与成本分析 采购谈判 合同管理 寻源管理 供应商生命周期管理 采购计划管理 自我管理 职业规划与发展 高效能人士的七个好习惯

续上表

职 级	学习内容
专 家	品类管理 降本管理 采购需求管理 采购可持续发展 采购风险管理 采购早期介入管理 采购数字化转型 项目管理
领 导	领导力 影响力 情绪管理 绩效管理 员工管理 向上管理 工商管理 财务管理
转 型	供应链管理

以上分类，相信不同的采购领导者会有不同的看法，笔者仅抛砖引玉。

最后笔者想说，人才引进与员工发展不是一朝一夕的事情，也没有短平快的方法，需要采购领导者搭建有深度、有广度的框架，从企业获取资源，从多个维度为员工搭桥修路，才能逐渐让企业和员工见到效果，才能强有力地支撑业务发展。

如何管理集团采购

很多首席执行官（CEO）和集团采购总监都困惑于如何管理集团采购，到底是应该放权给各分公司或是事业部自行管理（分散管理），还是应该收权到集团采购中心统一管理（集中管理），抑或是各管一部分？

想要厘清这个问题，首先需要明确，集团采购管理的目的是什么？

从集团层面看，集团采购管理的目的是实现对采购业务的"强管控、强执行和强合规"，即集团能够对供应商准入、定商定价、合同管理、供应商的绩效管理等关键流程直接管控，集团的决策能够在基层执行到位，整个采购业务受控且合规。

想要实现"强管控、强执行和强合规"，需要从三个维度进行集中管理。人们通常想到的第一个维度，是指通过对同一类物料或同一类供应商或同一类供应市场，从时间、空间、数量、品类、供应商、频次、趋势、机制、战略等维度进行分析，找到分公司或事业部的持续降低总成本的机会；第二个维度是指集团公司所有的采购类支出，包括所有的实物和服务，都应该逐步集中到集团采购中心统一管理，将供应商与需求方完全分离，保证合规、不留死角；第三个维度是指采购人员，无论是在总部还是在分公司或事业部，人事权都应该集中到集团采购中心，由集团采购中心负责采购人员的招聘、管理和考核，在分公司的采购人员可以被视为集团采购中心派驻。

集中采购还可以帮助集团采购中心搭建相对统一的采购流程来管理各分公司或事业部的采购业务。由于存在多层级的管理，集中采购管理更加透明，容易做到合规化管理。但是由于管理的层级较多，涉及的方面较多，工作的复杂度较高，集中采购管理往往需要依赖强大的信息管理系统支撑。

相反，分散采购管理的组织特点是各自为政，各组织间的联动往往由共同利益驱使。各分公司或事业部容易形成各自的采购组织架构和管理流程，分公司或事业部间最多只会共享价格和供应商，往往容易取得一次性的降本，但是不易持续降本。分散采购的好处是灵活，并不特别依赖强大的信息管理系统。

综上，集中采购管理与分散采购管理的区别，如图 2-4 所示。

环节	集中采购管理	分散采购管理
组织	统一管理绩效驱动	各自为政利益驱动
流程	统一的流程阳光化采购	各自的流程价格和供应商的共享
绩效	可持续降本	一次性降本
信息化	依赖ERP系统	可以不依赖

图 2-4　集中采购管理与分散采购管理的区别

两者管理上的本质差别，如图 2-5 所示，集中采购有主管部门，分散采购犹如散沙。

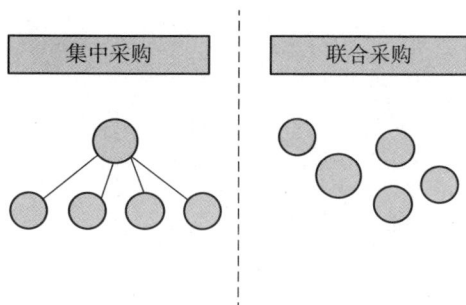

图 2-5　集中采购管理与分散采购管理的本质差别

在组织架构和人员专业能力满足要求的前提下，集中采购管理可以通过品类管理、同类物料相互替代和多维度集中的方式不断找到降本机会，持续降本。

而受限于组织松散，分散采购管理只适用于复杂度较低的同物料采购量整合或同供应商统谈降本，降本绩效难以持续。集中采购管理与分散采购管理对比，如图 2-6 所示。

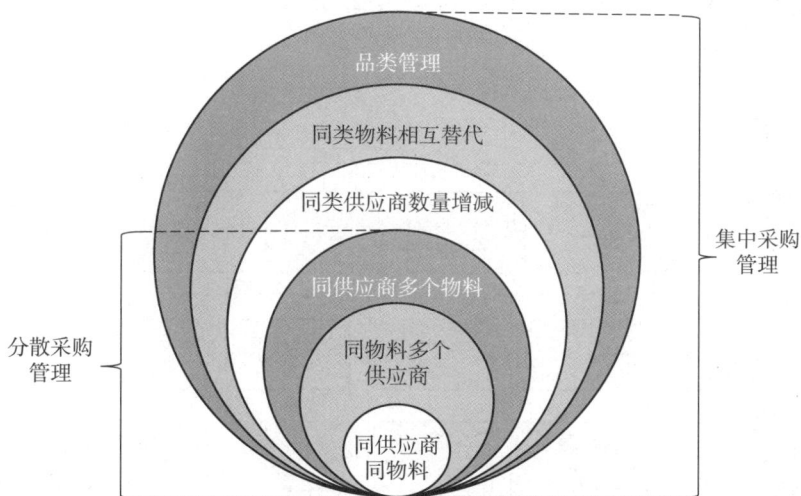

图 2-6　集中采购管理与分散采购管理对比

从采购管理价值链的角度看，相比于分散采购管理，集中采购管理还有着合规管理、供应商管理、数字化转型、物料标准化、品类管理、风险管理等更多创造价值的机会，如图 2-7 所示。

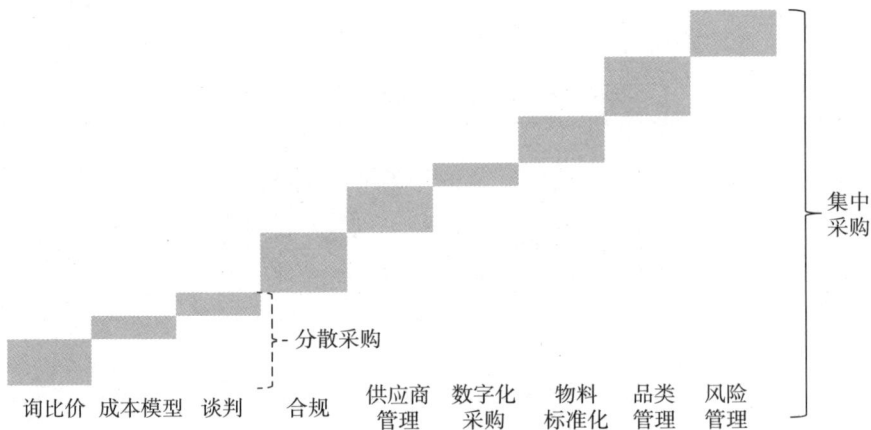

图 2-7　采购管理价值链

因此，在具备正确条件和能力的前提下，集团采购中心应搭建高度集中的采购管理架构，不断地从品类和人员的维度集中，才有可能持续创造价值，获得更多降本业绩。

图 2-8 是笔者为某集团采购中心设计的集中采购管理的组织架构，因不同集团采购中心的组织架构往往大相径庭，该组织架构仅供参考。

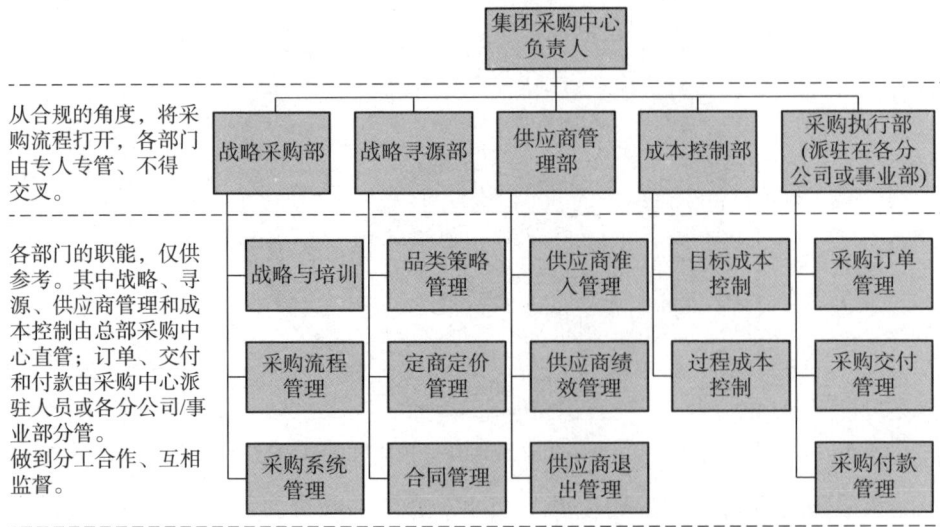

图 2-8　某集团采购中心的组织架构

总结下来，集团采购管理的方向是实现"四化"，即集中化（组织、品类、人员）、专业化（品类管理）、标准化（统一的流程）和数字化（统一的信息管理平台）。集中化解决范围问题，专业化解决能力问题，标准化解决业务问题，数字化解决管控问题。只有通过"四化"，集团领导和集团采购中心才能实现"强管控、强执行和强合规"的战略目标。随着集中度的不断增加，采购部门能够创造的价值将越来越大，集团采购中心和采购领导者的地位将不断提升。

集采失败错在哪

在执行集中采购变革的过程中，容易出现哪些问题呢？某公司采购经理老王离职后并不急于找工作，而是自驾游了一趟长白山，过了一段自由自在的生活。

但是"皇帝不急太监急"，家里人看着老王"不务正业"，都很焦急，甚至帮着老王在外面打听工作机会。"采购不像其他岗位，好的机会本就可遇而不可求，还是等等吧。"对于这个"好"字，不同人会有不同理解，老王自己也不太清楚如何定义，只是觉得工资要高，还要管人。

人生无法预测，"好"机会说来就来。年前，就在很多上班族筹划如何欢欢喜喜过大年之际，百无聊赖的老王在网上看到了这样一条招聘信息"年薪百万急聘采购总监！"这可不是一个小数目，要知道，采购这行的薪资普遍不高。于是抱着试试看的想法，老王拨通了对方人力资源经理的电话。

对方反馈，他要既懂业务又会做组织变革的干部！

刚好年过四十二岁的老王，从经验、阅历到技能都卡在了及格线上，就连人力资源经理也暗暗称奇。说老王优秀吧，整个沟通下来并没发现有何亮点；说他不够优秀吧，却条条要求都及格，还是请大老板定夺吧。

"我这就请示老板，你等消息吧。"人力资源经理回复道。

"要等到年后了吧。"老王心想，起码过个无忧无虑的春节。

"不一定，如果老板有空，一会就能给你打电话。"

"哦，好。"老王答道。

过了半个小时，老王的手机铃声响了，是一个未知号码，估计是对方老板打来的，老王赶紧接起。在简单的寒暄之后，老板直接问老王对企业数字化转型的看法。

老王："数字化转型势在必行，它会给企业带来很多改变。例如，不再需要所有人面对面沟通，企业的财务及资产的可视化程度更高，是高层对公司业务进行强管控的有力工具。"

"很好！"老板快人快语，立即对老王产生好感。

"说说这个岗位，集团采购总监，如果让你负责几个集采大项目，为集团降本，你想怎么做？"老板讲话非常干练，直奔主题。

"我会从支出大小对品类排序，寻找潜在节约大且较为容易的品类开始集采。"老王对方法论了熟于胸。

老板："嗯，我没管理过采购，专业方法不如你。年后最快何时上班？"

老王："初七。"

就这样，老王拿到了这个机会，一切都顺利得出乎常理。老王隐隐预感到，事情不可能这么简单。

就在老王入职后的第一次干部大会上，老板亲自发言，强调今年就要从集采开始抓，先做出一个样，之后各职能都要统一管理，成立采购共享服务中心、物流共享服务中心、销售共享服务中心等新型组织，以适应集团的发展需要。下面的领导干部自然都举双手赞成，一片团结祥和的景象。

见过世面的老王努力保持冷静，心想，先做几个集采项目试试水，看看阻力有多大。

很快，他发现集团下属的某个事业部一直只用一家快递公司，价格非常贵，于是老王找了另一家快递公司报价，再经过谈判，价格比现有的快递公司低了40%。很快老王直接以集团的名义签了框架协议，要求事业部优先使用这家快递公司。之后，一切都静悄悄的，没有人说同意或者不同意，也没有执行，静得仿佛老王根本就不存在。当老王反应过来这是怎样一个局面时，立即气急败坏地拨通事业部领导的电话，质问为什么不用便宜的快递。

"他们慢，耽误工作效率。"这么简单的问题，事业部领导当然知道如何回答。

"但是，能省 40% 的快递费！"老王大声强调降本。

"40% 才多少？一年省个几万块？我们多卖一台设备就赚回来了，换快速还不够耽误事儿的。"事业部领导已经不耐烦了。

"我要找老板评理！"说罢，老王粗暴地挂断电话，也不平复一下情绪，直接面见老板。

"就省几万块？"老板显然对这个降本项目不感兴趣，在听完老王讲述事业部领导的态度之后，老板认为就为了这么点钱得罪事业部领导不值得。

"这事你办得对，但是事业部也有他的道理。我看，这事就到此为止吧。我所说的集采，是指一年能节约几百万元的大项目，起码要把你的工资省出来，你再找找看。"

既然老板下了定论，老王只能垂头丧气地回到办公室，仔细分析集团的支出情况。占最大头的是大宗原材料，这是老板赖以起家的业务，老板极为重视，自己做不了什么；土建和装修也没有多少业务，因为集团已经步入成熟期；看来看去还是 MRO 那些杂七杂八的东西，有的事业部已经成立了 MRO 集采中心，有的事业部把 MRO 采购交由行政部管理，而且不同事业部都在用不同的品牌和供应商，这一块显然有很多"文章"可做。

经过支出分析，老王决定对劳保用品下手，因为很明显是，不同事业部购买相同手套的价格不一，最高差价能达到一倍以上。这一次，老王学聪明了，不自己另找供应商，而是直接把价格最低的供应商请过来，以集团名义签了大合同，再要求各事业部向这家供应商购买。

一个月后，正当老王认为万无一失，准备邀功之时，供应商却打来电话，要求终止合同，只给之前那家事业部供货就好。这把老王搞蒙了，哪有白给业务不要之理？

"为什么呀？"老王诧异地问。

"其他事业部下单量太小，下单频次还高，都不够送货费的，干得多赔得多。现在这个事业部采购量大，每次进货多，所以价格做得下来。"

老王只能再次放弃。

虽然老王没有向老板提及此事，但是很多人在等着老王出丑，这件事自然很快传到老板的耳朵里。

"老王啊，请坐。"一天下午，老板请老王来到办公室喝茶。

"你现在有几名下属？"老板关切地问。

"两名。分别是跑腿的小王和写文件的小张。"

"哦，我看这样吧，把他们都调到事业部锻炼锻炼。你这呢，搞一些赋能项目，给各事业部做一做培训，讲讲课，怎么样？"

"可是培训解决不了集采问题啊？"老王还是没有理解老板的意图。

"集采将来再说吧。既然我把你招进来，就要对你负责，明白吗？"老板说着两头话，老王心里却渐渐明白了。

老王心想：是想让我走人？

老板："我还是希望能够看到你的价值，但是现在还没想好如何使用你。"老板露出痛苦的表情，貌似在挽留老王，又仿佛在主动承担责任，但其实买单的人只能是老王自己。

老王垂头丧气地回到办公室，开始清理物品，晚上回家后左思右想，自己到底做错了什么？

上边这个案例，笔者认为：他遇到的问题非常典型，但是不算严重，笔者曾见到有的采购总监甚至遭到人身威胁。老王没有意识到，搞集采就是动既得利益者的奶酪，因此，除了唯一的受益者——老板，没有人会主动支持你。而老板之所以自己做不了，往往是因为他自己已经被架空了，失去了权利。

笔者认为这个权利是指，财务权、采购权和人事权。

对照一下，你会发现，在事业部面前，老王一无财务权，二无采购权，三无人事权，他怎么可能驾驭得了？而且他又没有深入到各事业部，没有与事业部领导保持沟通，没有倾听他们的声音，没有解决他们的问题，人家自然不会把你放在眼里。时间久了，老板看到你无法胜任岗位工作，自然想要换人。

延伸问答　想要掌控大局，采购权和人事权怎么抓

学员问："我是分公司的采购经理，要调到总部工作一年，这一年的工作时间分配是五加五，也就是说，50% 为总部服务，50% 管理分公司的采购业务。请问，对于分公司的采购业务我该如何取舍？"

笔者反问："你是怎么想的？"

学员说："抓供应商管理。"

笔者笑了一下，说："如果你的目的是掌控大局，那不建议抓供应商管理，应该把供应商管理放给代管人。你要想一下，作为采购经理，你有什么权利？

"答案是采购权和人事权。

"采购权怎么抓？答案是抓供应商的准入与选择，这是打蛇打七寸的关键要害。

"人事权怎么抓？答案是抓人员的选用、绩效和晋升。

"至于采购日常的业务管理和供应商管理，应该先放出去，将来回来时，一并收回就行了。"

亲爱的读者朋友们，你明白其中的道理了吗？

采购内控与流程设计

这几天小明过得挺轻松，一切步入了正轨，自己的工作节奏也慢了下来。

就在小明盘算下班后去哪吃饭的时候，手机铃声突然响了起来。

是皮总监打来的，一定有什么着急的事情，小明心想，于是赶忙接听。

"这几天忙不忙？"皮总监在电话那头客气地询问。

小明："基本能在工作时间内完成，偶尔加点班。"

皮总监："不错，我刚才接到通知，天波公司明天要做全面内审，包括采购部，你要好好准备。"

小明心想，自己一直在抓业务，忽视了采购部的文件管理，这刚好是一个学习机会。

"好啊，我可以学到很多东西。"小明直言不讳。

"我相信你的管理水平，重点是内审员要什么记录，你就提供什么，应该没有问题。"皮总监说得好像小明把采购部管理得天衣无缝似的。

"应该没问题。"小明虽然嘴上迎合，但是心里没底，因为他很清楚，部门内有些员工根本就不按要求做事，不出问题才怪。

第二天，内审开始了。

"小明，请您说说采购部都有哪些程序文件？"内审员非常专业，按照既定的流程开始审核。

"你问这个干什么？"小明有些不解。

"你是采购部的领导者，应该知道部门依据什么程序文件来管理。"内审员颇有些不悦。

"哦哦，我们有供应商管理手册和供应商准入制度。"小明仅凭日常工作中经常使用的程序文件作答。

"你说得很对。能给我介绍一下它们的内容吗？"内审员在不动声色地考察小明。

小明："供应商管理手册包含供应商的绩效考核、奖惩与退出等管理办法，而供应商准入制度包含供应商的寻源、准入和审批等管理办法。"

"非常好，那么请问，采购部的合格供应商名录保存在哪里？"内审员其实已经察觉到小明并不十分熟悉程序文件，所以继续追问。

"这个我不清楚。"小明不敢乱说。"是采购部的文员小静在维护，如果需要的话我找她要。"小明想要弥补这个失误。

"不必了,这是一份受控文件,意味着发布的版本已经保存在公司的文件管理系统中。"内审员说道。

"哦,知道了。"小明不好意思地说。

"接下来就要检查记录是否规范。首先,我还得向您请教,采购部都有哪些记录文件?"内审员讲话虽然客气,但是绵里藏针。

"这个我知道,有以下记录文件:

"保密协议、供应商自评表、供应商的 ISO 证书、质量协议、供应商准入批准表、图纸发放记录、订单、合同、首件检验报告、供应商审核报告、审核问题关闭记录。"

毕竟是负责签字的领导,小明对记录文件非常熟悉。

"这次回答得很完整。那么,接下来我要抽查了……"内审员继续说道。

半天的内审很快过去,由于记录填写不规范等问题,采购部被抓了个现行。在管理会上,小明只能表态说虚心接受内审结果,立即开始整改。

此事过后,小明非常自责,认为是自己把内审搞砸了,没脸见皮总监。

看到小明精神萎靡,皮总监主动找到小明谈心,说:"这次内审,我对你的表现最满意。"

"捅了这么大的篓子,您不骂我就行了。"小明心想,皮总监真会开玩笑。

"绝对没有,我是这么看的,在内审时尽量多地暴露问题,要比在外审时被发现强上百倍,只是你平时只抓业务,疏于管理,才导致这么多记录有问题,需要采取措施了。记住,规避审计出现问题的唯一方法就是自查,是该让相应的采购员动起来了。"皮总监语重心长地说。

"谢谢领导信任,我也想把问题彻底解决。顺便,我还想把文件的电子化存档做起来,收集和管理纸质文件太过烦琐。"

"很好的想法。不能打倒你的,终将使你强大。"皮总监开始引经据典了。

想要顺利通过内审，采购领导者应当善于设计和优化流程，以便正确指导采购业务。如何做到呢？请您阅读小贴士：如何设计采购流程。

小贴士　如何设计采购流程

提起流程，很多人会觉得枯燥乏味。

可能有人认为："做了这么多年采购工作，知道怎么干活！"

没错，如果你知道这个活怎么干，最多只需要一个操作手册或者工作说明书用来指导新人，的确不需要流程。那么，流程是用来做什么的呢？

流程是用来解决组织间的协同问题的，它规定了在一个有次序的工作流中，谁先做什么，谁后做什么，谁审批什么以及流程的输入和输出各是什么。

原则上讲，如果一项工作没有让三个不同岗位的人感到困扰，就不应该把它作为流程，而应该做成操作手册；但是如果这项工作需要有人审批，就要做成正式的流程文件。

可见，流程有六个基本点，分别如下：

（1）有先后次序；

（2）至少三个不同岗位；

（3）相同的任务目标和产出；

（4）往往需要审批；

（5）具有普遍性；

（6）随着组织发展不断优化。

流程存在的四个意义如下：

（1）建立跨部门协作的规则；

（2）提升工作效率；

（3）防范工作风险；

（4）与信息系统对接，实现无纸化办公。

如果你需要制作一份完整的采购管理流程，应该如何入手呢？

在动手画流程图之前，首先需要明确企业的愿景和战略，以及采购组织的发展战略和组织架构，因为流程是企业战略落地的工具。如果没有企业战略，流程要落地什么呢？这样的流程，其实就是哪个部门强势哪个部门说了算，流程中到处都是部门墙和审批链，是典型的伪流程。

一个好的流程，应该是一个兼顾工作效率、审批效率和部门间协同的工具。流程不是为某个部门服务的，也不是为某个领导服务的，而是为企业服务，最终为客户服务。

一般来讲，采购管理的流程框架应该包括四个管理板块（管理采购计划、管理供应商全生命周期、管理采购执行和管理采购战略）及若干子流程，如图 2-9 所示。

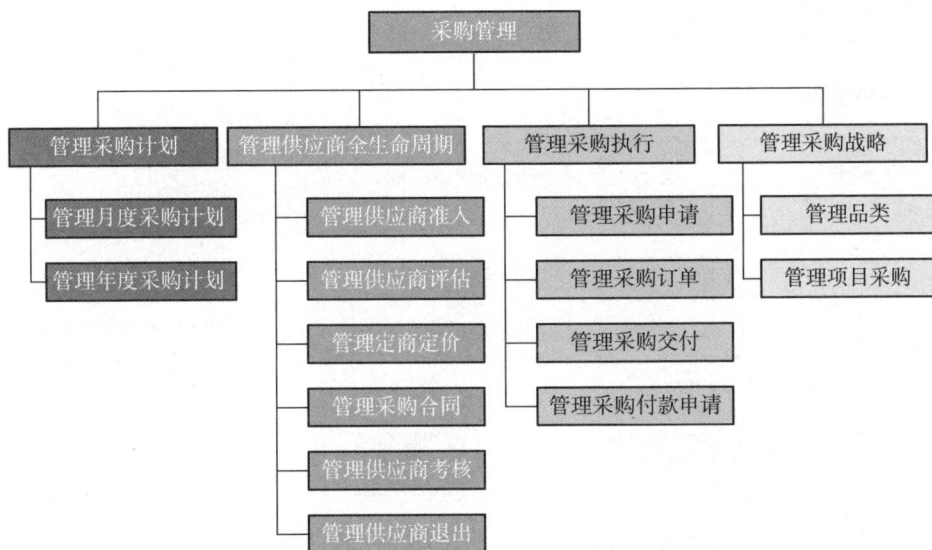

图 2-9　采购管理流程框架示例

注意：世界上没有通用的采购流程。由于组织架构和业务场景不同，公司间的采购流程往往大相径庭。所以大家一定要动手设计适用于自己公司的流程，千万不要照搬其他公司的流程，否则会引起水土不服。

在搭建好流程框架之后，接下来要画出流程地图。

什么是流程地图？

流程地图是明确流程之间输入输出关系的图表，体现采购管理流程在公司所有流程中所在的序列，如图 2-10 所示。

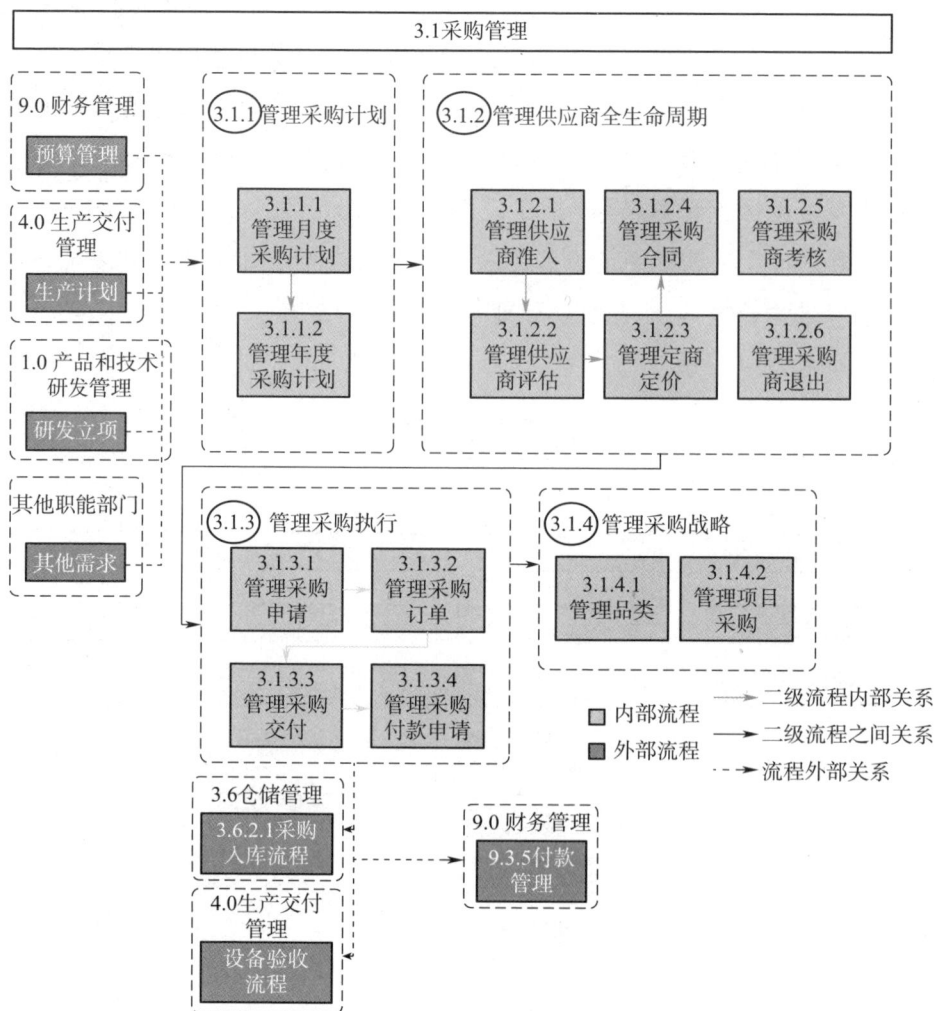

图 2-10　采购管理流程地图示例

之后，最关键的工作来了，为每一个执行层级的流程画出流程图，以便指导业务，如图 2-11 所示。

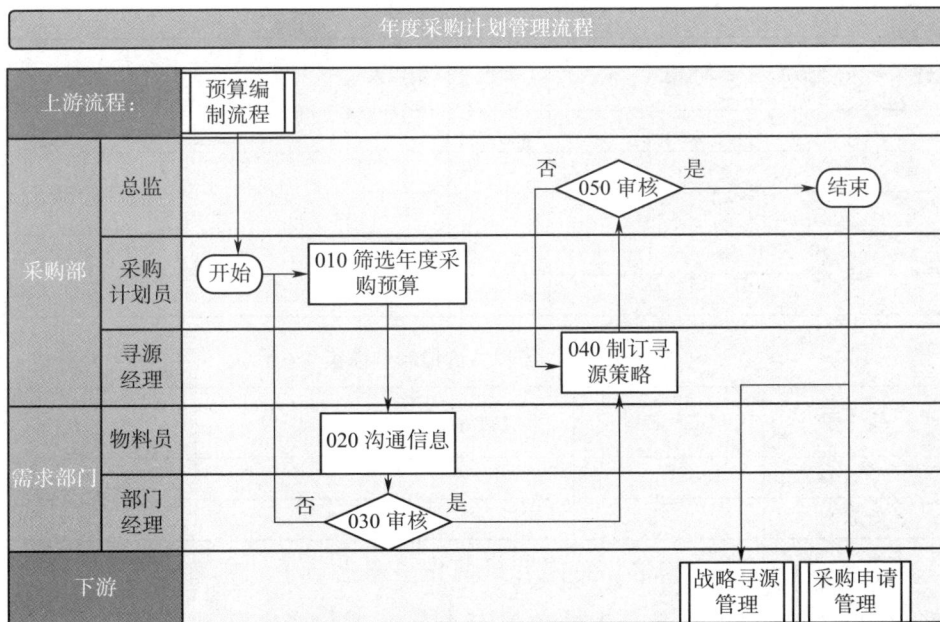

图 2-11 流程图示例

最后为每个执行层级的流程写明相关责任人、相关职责、每段流程的描述、输入与输出和关键控制点等基本信息，具体见表 2-2、表 2-3、表 2-4。

表 2-2 流程档案模板

流程名称		版 本		生效日期	
流程负责人（BPO）		流程编码			
适用范围					
流程描述		流程目的			
上游流程名称		下游流程名称			
流程输入		流程输出			
关键控制点（KCP）					

表 2-3　流程说明模板

序　号	活动	活动描述	输入	输出	负责人	相关业务规则／工具模板	相关系统

表 2-4　流程关键控制点模板

编　号	KCP 名称	控制目标	风　险	备　注
KCP01				
KCP02				

　　学会这套方法，相信你一定可以制作出承上启下、完整无误，既能够满足客户需要又能够兼顾工作效率与合规管理的采购管理流程，为采购组织走向卓越打下坚实的基础。

延伸问答　为什么流程总是滞后于业务

　　学员问："姜老师，我们公司的流程总是晚于业务需要发布，实际情况是定期补流程文件和记录来应付外审而已。长期如此，员工在做业务时不再看流程，流程文件成为摆设，应该怎么办呢？"

　　笔者答："想要找到答案，需要问五个为什么——

　　"（1）为什么员工做业务不看流程？因为流程严重滞后业务需要。

　　"（2）为什么流程严重滞后于业务需要？因为当出现新的业务场景，员工需要新的流程时，找不到相应的组织新建或优化流程。

　　"（3）为什么员工可以不按流程做业务？因为没有监督。

　　"（4）为什么没有组织负责新建或优化流程，监督流程执行？因为公司的首席执行官（CEO）过于重视业务结果，反而轻视流程管理，没有组建管理流程的组织和管理流程的流程。

　　"（5）为什么CEO轻视流程管理？因为他缺乏管理知识，不会管理流程。

　　"因此，一家公司想要实现流程指导业务的目标，首先要改变CEO的思维，着手组建类似流程管理中心这类专门管理流程的组织，对流程的管理（新建流程或优化流程）直接汇报给CEO；其次制定管理流程评审、发布、监管、仲裁、培训的流程，再推动各部门按照流程管理业务，才能解决流程与实际业务的矛盾；最后，各职能部门要有各自流程的负责人，一般是由职能部门的一把手兼任，但更重要的是要设立流程专家岗，作为流程管理部门与职能管理部门的衔接和桥梁。因为很多职能部门的一把手不重视流程管理或者没有时间管得很细致，这就需要请各职能部门的流程专家代劳，将流程与业务有效衔接并监控执行的情况和效果，定期向流程中心反馈。

　　"可见，一个公司只有从改变CEO对于流程管理的认知开始，搭建自上而下的管理流程的组织和流程，并监督执行、定期贯彻宣传和培训，才能把全公司的流程及时更新、拉通，确保落地，这样才能解决流程滞后于业务的顽疾。"

延伸问答　流程会影响工作的灵活性吗

　　学员问："现阶段我们不需要流程，因为产品还没量产，流程会影响工作的灵活性。"

　　笔者答："你可能把流程和制度搞混了。如果把流程比喻为承载业务的水道，那么制度就是保护水道的堤坝，也就是说，流程承载业务，让业务高效完成；制度约束员工，让业务不跑偏。例如，员工手册规定了员工行为和奖惩，是制度，用来规范员工行为；而供应商开发是流程，用来承载供应商寻源业务。一句话总结，流程管事，制度管人。

　　"即使在产品研发期，公司只要发生采购业务，完成这个业务的步骤就是流程，只不过是你没有写出来罢了。流程与工作的灵活性毫不冲突，好的流程甚至可以增加工作的灵活性，只要你把所有业务场景都嵌入流程。例如，在定价时，很多公司只会考虑招标或询比价流程，但是在实际工作中却存在很多紧急采购行为，那么，为什么不按照工作场景把快速询价与快速审批也写入流程呢？再例如，在做各项审批时，是不是可以兼顾资源与风险，合理设置审批呢？”

笔者建议在学习先进的流程理念之后，好好优化流程，只有规则在前，才能麻烦在后。

延伸问答　流程与个人能力的关系是怎样的

学员问："姜老师，应该怎么理解流程与个人能力的关系？"

笔者答："两者此消彼长。就拿谈判来说，外企往往制定流程，将供应商分类并采取不同的策略，重点关注如何与战略供应商通过长期合作创造长期价值，却容易对瓶颈供应商妥协让步，无法实现短期利益最大化；而民企往往关注如何在每一家供应商的每一个订单上实现最大化的节降，重视短期利益最大化，对采购员的谈判能力要求很高。因此，笔者经常看到一个有趣的现象，就是外企的人到了民企之后不会干活，民企的人到了外企之后不会管理，背后的原因就是如果流程强大，企业对员工个人能力的要求就不高；如果流程不行，就需要强大的个人能力来弥补管理水平的不足。

"一家企业在发展的过程中，一定是先靠能力、后靠流程，在公司规模小时，要依靠个人能力管理业务；在公司规模大时，要依靠流程管理业务。好的流程一定是专业、标准和可复制的，只有这样的流程，才能有力支撑业务的运营管理、数字化管理，从而支撑企业发展。"

小贴士　如何管理物料编码

在走访了几十家企业之后，笔者发现，对于大部分企业来说，物料编码都是一个大问题。

问题的表象是一物多码、一码多物或有物无码，问题的背后是编码规则不明和数据管理混乱，问题的根源是领导层的不专业和不重视，造成的麻烦是部分品类无法集中采购，浪费库位，耽误需求部门使用等。因此，需要好好定义物料编码规则，做好物料数据管理。

首先，物料编码没有统一的规则。各家公司需要根据自己的财务要求、业务要求以及人员分工详细讨论，制定适合自己公司的编码规则。例如，有的公司会将品类分为大类（依据财务科目）、中类（依据品类层级）和小类（依据品类层级），如从原材料（大类）到半导体（中类）再到芯片（小类），再加上至少 6 位数字作为流水码，制定物料编码规则。

除了物料编码规则，公司还要对物料命名并对物料属性进行描述，才能识别物料。例如，对于铜板，需要统计型号、厚度、尺寸、含铜量、铜箔类型和单位（张）等。物料编码规则如图 2-12 所示。

大 类	中 类	小 类	六位代码	命 名	描 述

图 2-12　物料编码规则示意

其实，想要管好物料编码，难的不是编码规则，而是管理方法。最令公司纠结的问题是由谁来管，由采购部管的好处是熟悉品类，有利于实施品类管理，难处是没有额外人手，难以做到专人专管；由信息部（IT）管的好处是熟悉系统架构和主数据，可以从成品、半成品、原材料等更多维度维护数据，难处是不接触业务。为了取长补短，笔者建议公司要设置相对独立的物料管理组，无论是放在采购部、IT 部还是作为独立的部门，这个物料管理组都要做到专人专管、相对独立。

在由谁管的问题解决之后，公司需要建立物料管理流程，包括物料申请（当使用部门认为这是一个新物料时），重复性检查（此为关键环节，需要检查者熟悉物料并且工作细致，再由申请部门领导和物料管理组组长共同复核），创建物料，维护信息，分配到负责的采购员，发布到信息管理系统（ERP），通知申请部门，形成管理闭环，如图 2-13 所示。

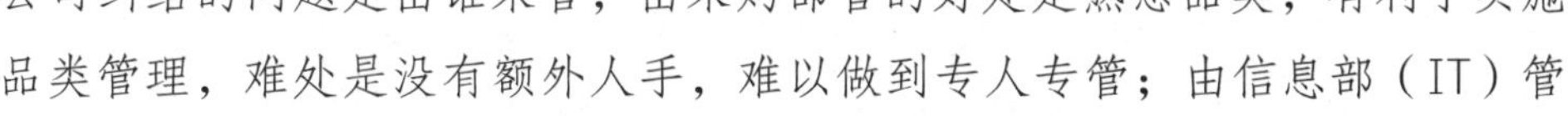

新物料申请　重复性检查　创建物料　维护信息　分配采购员　发布到 ERP　通知申请部门　结束

图 2-13　物料管理流程

关于物料编码的内容就讲到这里，道理不复杂，关键是重视程度、管理水平和执行程度。

在解决了物料编码问题之后，我们再回到内控管理话题，关于这个话题请您继续阅读小贴士：如何科学地做好采购内控管理。

小贴士　如何科学地做好采购内控管理

"我们公司的采购最好干了，收入高还不受监控。"

以上是笔者参与过的一次采购合规管理咨询，在向其他部门收集对采购部合规水平的评价时，一位部门领导的看法。

关于"不受监控"的说法，笔者认为这涉及组织和流程的合规性。于是便有了以下对话。

"不受监控是指？"笔者深挖信息。

"他们与供应商的议价过程不透明，没有其他部门在场。"这位领导振振有词。

笔者更加疑惑了，接着问："可是，其他部门在场有什么用呢？既然采购部已经规定，每次议价至少会派两个人参与，符合 four eyes principe（是指在与供应商的重要访问和谈判中，至少要有两个人参与，以便相互监督。）。而且，如果有其他部门，如需求部门参与，一旦出现贪腐问题就说不清了，因为需求部门也可能与供应商有着不清不楚的关系。"

这位领导听了笔者的说辞，有些赌气地说："身正不怕影斜，我就想知道采购部到底怕什么？"

笔者赶紧解释说："这不是怕不怕的问题，而是如何有效监控的问题。请问，相关部门参与议价，除了增加管理费用，能给企业带来什么价值？即使采购与供应商有不正当关系，你们参与议价能看出来吗？可能人家早就沟通好了，议价只是走个过程，你们能找到什么证据呢？"

这位领导把笔者的话听进去了，想了一会，无奈地说："是老板要求我们这么做的。之前出现过采购员贪腐的问题，导致老板不再信任采购部，所以要求其他部门监控采购部。"

笔者点了点头，说："目的没错，采购工作一定要受到监控，否则什么乱子都能出，但是，这不能靠人治，而要靠法治。你们老板除了要求相关部门的负责人参与采购议价的过程，还要求你们审批采购合同。那么，你在审批采购合同时，会把所有的合同条款从头到尾仔细读一遍吗？一旦合同出问题，你负什么责？"

"哈哈，我们公司从来都是谁干活谁负责。"对方爽朗地笑了。

"哈哈，看来在你们公司领导的性价比最高。"笔者也笑了。

聊到这里，不知有多少读者感同身受。没错，以上描写的场景，就是绝大多数企业对采购的监控方法，不但低效，甚至无效。

要知道，采购的内控可不是这么管的。采购的内控管理重点是事事有规定，事事有监督，必须邀请相关部门共同决策，决策的过程和结果必须公开透明。

这就对采购领导者的管理能力提出了极大的挑战。一方面采购领导者要争取高层的充分授权，确保采购战略能够贯彻到底，打造一支强执行力的采购团队，甚至能够推动其他部门执行采购战略以便形成合力，决不允许"上有政策、下有对策"的现象出现；另一方面，采购领导者要通过科学的内控管理令高层及相关部门放心，其理论基础是，只有在强监控的情况下，采购领导者才能拥有强执行的权利，才能通过强执行来获得最高的业绩，从而不断提升采购部的地位，否则采购部不是因为没有权利而地位低下，就是因为不受监控而流言四起。

可见，想要同时做到强执行与强监控，采购管理者需要做到科学的内控管理。

怎么做到呢？请记住，内控管理一定要打组合拳。

经过调研，笔者总结以下五点，供采购领导者参考：

（1）采购部内部要做到多级分权。例如从总监→经理→主管→采购员，每个级别都要有清晰的权责利，不是管理者受益，员工背锅，而是管理者有错管理者担责，基层员工可以向公司独立的内控部门告发管理者的违规行为，真正做到相互监督。

（2）规定到细节，坚决零容忍。例如，采购员不得接受供应商的吃饭邀请，只能接受带有供应商标志（logo）的礼品且价值不得高于200元；

不得在未签署保密协议的情况下向供应商发送图纸等。一旦发现违规行为，必须坚决执行零容忍政策，立即开除，决不允许讨价还价。

（3）按不相容原则梳理岗位职责。不相容原则的目的是防止任何人在一个组织中在犯下错误的同时能够掩盖错误，因此，提出采购需求的岗位、定商定价的岗位、下发订单的岗位、验收入库的岗位和付款的岗位都应该由完全不同的人来担任。在采购组织内部，采购领导者可以继续将供应商开发、询价或招标、下单、供应商绩效考核的职能拆分给不同的人负责，保证过程公开透明。

（4）要组成采购委员会。在关键决策点（如供应商的评估与选择、供应商的绩效考核、供应商的退出等），由多个内部相关方共同决策，而不是采购部自行决定，但是，采购部作为代表公司与供应商进行商务交流的唯一授权窗口，在交流的过程中不应允许其他部门参与，否则一旦出现不合规的问题无法分清责任。

（5）建立多级审查制度。采购部内部既要定期对采购部的组织、流程和记录自查，确保合规，又要监督其他部门在与供应商往来时的合规性；公司的内控部要定期对各部门（包括采购部）进行全面审查；外审机构每年也要对采购部进行全面审查。

采购组织内控管理金字塔，如图 2-14 所示。

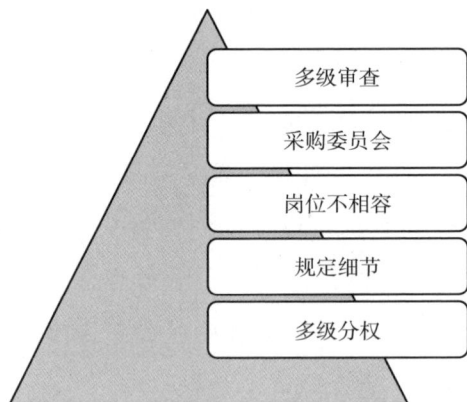

图 2-14　采购组织内控管理金字塔

要知道，在各级审查中发现的任何采购管理违规问题，采购领导者都难辞其咎，因此，内控管理是一件采购领导者无论怎么强调都不过分的事情。只有做好以上五点，采购领导者才能让老板放心、相关部门满意、员工服气，用科学的内控管理换取强执行的权利，从而为企业创造更多价值，提升采购部的地位，获得更大的职业发展空间。

但是在一些企业中，需求部门私自定商定价的违规现象非常严重，应该如何治理呢？这个问题请您阅读小贴士：如何治理"补单"乱象。

小贴士　如何治理"补单"乱象

很多采购领导者都碰到过这个问题，就是供应商突然上门要求支付某项费用，而采购员却毫不知情，但是经核实，该费用确实发生过且后续仍需与该供应商合作，采购员只能不情不愿地办理付款，这种没有订单及合同便履行交付的行为称之为"补单"。

在多数补单场景中，采购部仅作为一个走流程的工具部门，没有发挥应有的需求管理、定商定价、合同管理等作用。如果补单频繁发生，公司有着极大的合规风险，详解如下。

1. 补单场景 [①]

经总结，根据不同原因，补单可分为以下四类：

第一类，因采购被绕过而补单，即使用方事前未获得采购授权便私自与供应商谈价并让其交付，等供应商做到一半或者做完了才告知采购有此需求并让采购付款，这时交付行为已经发生，采购非常被动，通常只能妥协，这种补单的合规风险最高，在合规管理不完善的公司中频繁发生。

第二类，因需求变更而补单，即在原有订单或合同的履行过程中，需求发生了变更，工作又不能停，采购员或需求方需要让供应商先做事、后定价、再补单，如工程类的施工变更，这种补单合规风险较高。

第三类，因审批流程太长而补单。有的公司审批流程太长导致无法满足需求时间，采购员需要先通知供应商备货，等走完内部流程再补签合同，该类需求经过了采购的定商定价，事前有明确的量价约定，只是缺一个

---

① 本文来自采购实战家写作班优秀学员罗婉莹女士的文章"如何应对采购补单"。

正式合同，总体合规风险可控。

第四类，因品类客观特性事前无法确认交付数量而补单，例如去实验室做产品整改测试，只有测完了才知道实际测了多少个小时；再例如话费服务，只有实际打完电话才知道用了多少分钟。这类需求通常仅能在事前确认好单价，要等到交付完才能知道实际用量，故需事后补单，可能产生预算超支或使用数量造假等问题，合规风险仅次于第一类。

2. 补单的合规风险规避

从以上分析中，可以看到四种补单发生的原因和合规风险各不相同，如采购绕过补单是人为原因导致的风险最高，客观补单是品类特性导致的风险其次，订单变更和审批流程太长则两种原因皆有，风险相对可控，针对不同的补单类别我列出了不同的解决方案。

针对采购绕过补单，首先应当通过管理制度禁止该行为，违反者将被问责，轻则通报批评、扣除当月绩效，重则解除劳动合同；其次，还需要对供应商宣导，只有收到采购员的邮件或订单合同才可以启动采购，任何需求如未经过采购发出，采购有权不支付此费用。

针对需求变更补单，一方面应合理约束需求变动的频率并约定任何变动都需要同步告知采购员并经过评审确认才可以实施（可以根据变动金额大小上升至不同的管理人员审批），变更后的需求须形成书面文档记录，避免事后无法追溯；另一方面采购员可以谈定一些灵活的商务条款，提前与供应商在合同中约定后续变更发生时的处理方案，如：一定比例的变动不加收费用、让供应商事先给出高频变动项目的收费清单及标准等。

针对审批链太长补单，一方面应尽可能缩短合同审批时效，减少因审批链过长，让供应商先做的情况；另一方面在合同审批时效已无法再优化时，采购员如果要通知供应商先启动项目后补单，必须先保证内部审批人（如采购经理、业务方部门经理）事先已同意该补单行为（一定要获得补单项目价格、中标者等关键定商信息的书面审批确认），这样可以避免事后争议。此外，即使采购提前通知供应商启动了项目，也不建议在没有订单或合同的情况下让供应商交付。

针对客观补单，首先采购部应当梳理此类特性的业务有哪些，对可能涉及的客观补单品类及整体金额做到心中有数。其次应协调使用部门和供应商建立交付数量的确认机制，在供应商交付端和使用部门验收端分别做约束，规避补单数量事后难以核查、验收数量造假等问题。交付端的约束体现在每次补单交付完成需留下书面的交付确认记录，包括但不限于交付确认单、交付记录表等，如果是现场交付，需要使用方当天签字确认交付数量，签字确认内容需涵盖甲乙方、项目名称、交付时间、数量、确认人、交付物等关键信息。验收端的约束主要有：权责分离（使用人与验收人分开）、验收数量增加确认（大金额项目需要使用部门高层级领导对实际数量做审批）、定期抽查数量真实性。最后采购部应当定期复盘此类业务发生的金额及数量，避免补单数量失控，费用超出预算。

我认为采购的价值不应仅仅体现在公司经营成本和费用的节约上，也应体现在合规管理的保驾护航上。如果你的公司也有"补单"乱相，不妨参考以上方法进行治理。

延伸问答　审批时考虑的重要事项是什么

学员问："姜老师，在采购管理中，什么该审，什么该放，令我十分纠结。如果不审，放心不下；但是如果什么都审，浪费时间，耽误进度，自己还会承担过多责任。"

笔者答："想要解决这个问题，首先需要理解，领导者为什么要做审核。答案是，控制风险。那么在审核时，又在牺牲什么呢？

"答案是，效率、管理费和机会成本（是指领导者如果把审核的时间用来做降本增效的事情，可以为公司创造更多收益）。

"因此，审不审、谁来审，就取决于所审核内容的潜在风险与投入成本的大小。问题又来了，如何衡量潜在风险与投入成本呢？很简单，用采购金额来衡量。

因此，很多外企会按照年度采购金额进行分级授权，用来审批定价和采购合同，见表 2-5（某些企业也可能不下放审批权）。

表 2-5 按年度采购金额分级审批示例

职 位	年采购金额（元）
采购总监	≥ 500 000
采购经理	50 000~500 000
采购主管	5 000~50 000
采购员	<5 000

还有的公司出于完全杜绝潜在风险的目的，要求需求部门、法务部门和财务部门负责人都参与审批，笔者对这种做法的有效性持怀疑态度，只是提醒，如果一定要这么做，建议通过信息管理系统实现并行审批，提升审批效率，否则容易出现审批周期大于交货周期、审批成本大于采购价值的尴尬局面。"

复盘总结

本章主要围绕优化采购组织构架三步法、集团集中采购管理办法和采购内控与流程设计方法展开讲解，手把手地教会读者朋友管理采购组织与流程的方法，以便更快更好地适应企业发展需要，提升采购组织地位，获得更大的职业发展空间。

接下来，将介绍所有采购领导者都十分重视的知识——如何做好采购业务管理。

| 第三章 |

采购业务管理

带领团队管好采购业务是公司对采购领导者提出的最基本的要求，但是如何管好业务，赢得上级的认可，却是很多采购领导者面临的痛点问题。

一般来讲，采购业务管理包含寻源管理、供应商管理和采购计划管理三部分，涉及日常工作中的所有业务场景。由于绝大多数业务场景及解决办法已在专著《我在500强企业做采购：资深采购经理手把手领你入行》、《采购谈判：高效赢得谈判的实战指南》和《采购与供应链管理：采购人1000天的奇迹》中详细介绍，在本章，笔者只针对关键业务介绍最具实践性的高阶管控方法，从而有效提升采购领导者解决业务痛点的能力，以便赢得上级的认可。

通过学习本章，采购领导者普遍关心的11个采购业务管理问题将得到解答，它们分别是：

（1）对于重要供应商，如何进行评估与选择？

（2）如何定商定价？

（3）如何管理合同？

（4）如何做好供应商关系管理？

（5）如何与战略供应商共同创造价值？

（6）如何与研发早期协同？

（7）如何与供应商开会？

（8）如何管理采购计划？

（9）如何备料？

（10）为何采购总在到处救火？

（11）如何管理紧急采购？

供应商的评估与选择

采购人员在寻源的过程中，最为关键的业务环节是供应商的评估与选择，其理论依据是，如果采购部在第一时间选择合适的供应商做合适的业务，后续管理会非常轻松，否则就会产生牛鞭效应，即问题会在供应链中逐级放大，甚至可能导致供应链的断裂。

明白了这个道理，在看到采购员小李拿着一张比价表，像往常一样推荐价格最低的供应商时，小明心里满是疑惑。

"这家供应商一定会生产出合格品吗？"小明提出自己的疑虑。

"供应商说可以，而且这家供应商通过了质量审核。"小李觉得问题不大。

"我们要选择总成本最优的供应商而不是价格最低的，同时要识别供应商的风险并制订规避措施，否则我绝不同意。"小明的态度很坚决。

只见小李眨了眨眼睛，愣在那里，想了一会儿才说："可是，要怎么做到呢？"

小明也一愣，心想，这的确挺复杂的。于是对小李说："你先回去，我想一想，看来需要做个流程来指导业务。"

静下心来，小明仔细梳理评估一家供应商需要综合考虑的因素。

经过几天的归纳总结，小明梳理的供应商评估因素如图 3-1 所示。

只要把这些因素揉在一起，逐条打分并分配合理的权重，就能计算出一个总分，代表某一供应商的总成本。

于是，小明再次找到小李，完完整整地说出自己的想法。

"这下我明白你的意思了。"小李恍然大悟。

"很好，小李。接下来，你就把这份比价表转换成供应商的评估与选择表，做好之后发给我看一下。"小明趁机给小李布置任务。

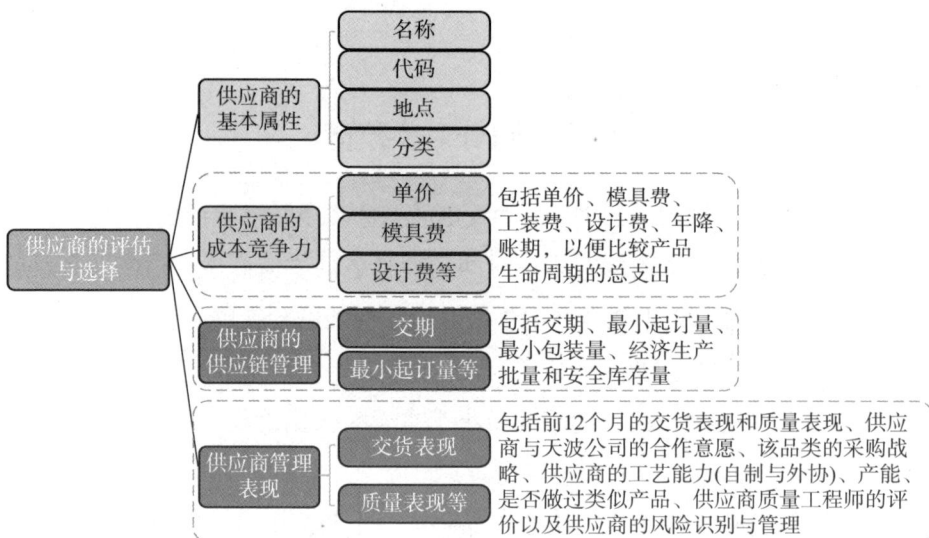

图 3-1　供应商评估因素示意图

两天后，当小明打开电子邮箱时，有这样一份报告映入眼帘，具体见表 3-1。

表 3-1　供应商的评估与选择

采购员	小李	日　期	2023 年 2 月 23 日
零件信息			
料号	1544321	版本	01
名称	转接底座	描述	用来固定医疗床的碳钢焊接底座
关键要求	（1）要求有欧标焊工证 （2）焊接样品需要第三方检测		
项目信息			
子系统	医疗床	量产时间	2024 年 5 月 1 日
项目名称	猎豹	生命周期（年）	10
年采购量（个）	1 000		

续上表

供应商信息			
名称	成功精密（苏州）有限公司	代码	10345
分类	已认证	地点	苏州
成本			
单价（元）	43 750	模具费（元）	266 000
工装费（元）	168 000	设计费（元）	0
年降	3×3%	总支出（元）	430 215 318.8
账期（天）	60		
供应链管理			
交期（天）	60	最小起订量（个）	10
最小包装量（个）	10	经济生产批量（个）	30
安全库存量（个）	100		
供应商管理			
交货表现	95	质量表现	96
合作意愿	发展/核心/躁扰/盘剥	品类战略	发展/维持/退出
工艺能力	自制：钣金+焊接 外协：无	产能	富余
类似产品	有	质量工程师的评价	（1）质量体系完善 （2）骨干稳定 （3）有能力做出合格品
风险识别与措施	风险：无认可的焊工证 措施：立即派人学习，一个月拿证		

备注：在实际使用中，往往把考核内容放入 Excel 表中，为各项指标加入权重，进行多家供应商的对比，使用离散法打分，依据风险可控程度与总分数选择总成本最优的供应商。

　　由于图书的篇幅有限，以下仅提供部分内容作为示例，供读者参考，见表 3-2。

表 3-2 多家供应商对比表示例

零件信息	项目信息	供应商信息			成本（65%）						账期（天）（5%）	供应链管理（10%）	供应商管理（25%）	合计
		名称	代码	分类	单价（元）	模具费（元）	工装费（元）	设计费（元）	年降	总支出（60%）				
……	……	成功精密（苏州）有限公司	10345	已认证	¥43 750.00	¥266 000.00	¥168 000.00	0	3×3%	¥430 215 318.80	60	……	……	95%
……	……	佳华精密（无锡）有限公司	无	未认证	¥48 000.00	¥120 000.00	¥120 000.00	0	3×3%	¥446 381 328.00	60	……	……	92%

这样一张表格，如同一块补丁，将供应商的开发流程和供应商的绩效考核结果结结实实地衔接在一起，既排查了供应风险，又选择了最优价值，可谓寻源管理的重中之重。

读到这里，有的读者会问，供应商的评估与选择的通用性很强，但是，有没有更加精准的，可以识别某一品类的最佳供应商的方法呢？

想要知道答案，请您阅读小贴士：如何通过相关性分析识别供应商选择的关键指标。

小贴士　如何通过相关性分析识别供应商选择的关键指标

什么是相关性分析？相关性分析是将不同指标的相关程度量化的方法。接下来，笔者通过一个直材寻源的案例，把它讲细说透。

假设，你需要开发一家主力供应商，并希望它具备以下优势：

（1）成本低；

（2）新产品导入能力强；

（3）质量管理优异。

但是，怎么知道一家新供应商这些方面做得好不好呢？你在初次拜访一家新供应商时，往往会获得以下信息：

（1）员工数量；

（2）工程师数量；

（3）主要市场和客户；

（4）主要产品；

（5）加工设备清单；

（6）外协工艺；

（7）检验设备清单；

（8）以往三年的销售额；

（9）英语能力（外企客户很看重）；

（10）质量体系认证；

（11）未来两年的发展计划和投资计划。

那么，这些信息与你关心的成本低、新产品导入能力强、质量管理优异有何关联呢？笔者建议可以通过一张表把他们罗列在一起，见表 3-3。

表 3-3　相关性分析表模板

相关性分析	员工数量	工程师数量	主要产品	加工设备清单	外协工艺	检验设备清单	以往三年的销售额	英语读图能力	质量体系认证	未来两年的发展计划和投资计划
成本低										
新产品导入能力强										
质量管理优异										
总　分										

如何使用这张表呢？我们需要通过一定的分数体现横向指标与纵向指标的相关性。

例如：0 分代表毫不相关；1 分代表弱相关；3 分代表强相关；7 分代表完全相关。

说明：不同相关程度的数值可以经由跨部门小组讨论达成一致。

接下来，小组成员需要评估指标的相关性，并将分数填入表格，见表 3-4。

表 3-4　相关性分析表示例

相关性分析	员工数量	工程师数量	主要产品	加工设备清单	外协工艺	检验设备清单	以往三年的销售额	英语读图能力	质量体系认证	未来两年的发展计划和投资计划
成本低										
新产品导入能力强										
质量管理优异										
总　分										

可见，总分在 10 分以上的指标共有五项，意味着与我们关心的结果关联较大，分别是：工程师数量；主要产品；加工工艺设备；英语读图能力；质量体系认证；

接下来，评审小组再针对这五项指标定义对应的关键指标，分别如下：

（1）工程师数量。供应商需要至少调拨三名工艺工程师、三名质量工程师和一名研发工程师专门负责导入我司的新产品。

（2）主要产品。供应商的主要在制品的工艺要求需要达到我司新产品的工艺要求。

（3）加工工艺设备。供应商要有焊接、机加和装配的能力，这些工艺不允许外协。

（4）英语读图能力。工程师能够读懂图纸要求，写英文邮件，至少有一位技术人员可以用英语流利地介绍方案。

（5）质量体系认证。至少要有完善的新产品控制计划和变更管理流程。

如果供应商不具备以上任一要求，原则上不能进入报价环节，因为他们没有完全符合甲方的关键要求。

经过这样的梳理，评价供应商的关键指标是不是明确而又有效了呢？

显然，相比通用的供应商评估与选择，这套相关性分析方法可以更有针对性地帮你选择最合适的供应商。

在学习了相关性分析方法之后，接下来将介绍决定采购价格和管理采购合同的方法，请您继续阅读小贴士：定商定价与合同管理。

小贴士　定商定价与合同管理

笔者曾给一家央企做过咨询。该企业的问题是很难与供应商发展长期合作关系。

亲爱的读者朋友们，你能猜到问题出在哪里吗？没错，就是招标！

招标是政府和央企定商定价的强制手段，目的是保证公费支出的公平、公正和公开，确保公共资源不被私用或滥用，根据《中华人民共和国招标投标法》（简称《招投标法》）的规定，该企业现行的招标制度或者招标法有三个弊端，分别是：

（1）周期长。

从资料准备(图纸、规格、工作范围、评价方法)到实施招标(多轮招标)再到定商定价（层层审批），每个环节的时间都难以保障，因此总周期可能会拉得很长。

（2）价格高。

供应商需要耗费可观的管理成本（人力、时间）来应对招标，其结果就是中标价格往往比市场价格还高。

（3）被动性。

因为招标受到《招投标法》的约束，而招标法不仅约束供应商，还约束甲方，以便保证公平、公正和公开，所以一旦进行招标，采购可能会处于被动地位，尤其当遇到耍赖的供应商时。

因此，招标只适用于这类特殊性质的企业和一些供应商选择较多的大宗原材料、土建、服务或设备，而不适用于所有的采购品类，即在大额采购且供应商选择较多时，采购组织可以选用招标来定商定价。

那么问题来了，对于采购额较大但独家供应的情况，采购组织应该如何定商定价呢？

答案是，可以使用应该成本模型，自行测算产品的成本与合理价格，以便在与供应商谈判时知己知彼，不落下风，即在大额采购且独家供应时，采购组织的定商定价策略可以是应该成本分析＋谈判。

除了以上两种情况，还有两种情况需要思考，即面对小额采购（80/20原则）和可选供应商的多寡，采购组织应该制订什么样的定商定价策略。

为了兼顾公平性和管理成本，采购组织不应再实施招标，而是应该拾起老本行——询比价！

询比价，顾名思义，适用于有多家供应商可选的情况，比较不同供应商的报价，获得最优价格。即在小额采购且多家供应时，采购组织的定商定价策略应该是询比价。

最后一种情况，在小额采购且独家供应时，采购组织的定商定价策略又是什么呢？答案是快速询价、快速审批，以便兼顾风险和效率。

综上，如果把采购支出的高低和供应难度的大小作为两个维度，就可以画出以下四个象限，如图3-2所示。这样，不同品类的定商定价策略便一目了然。

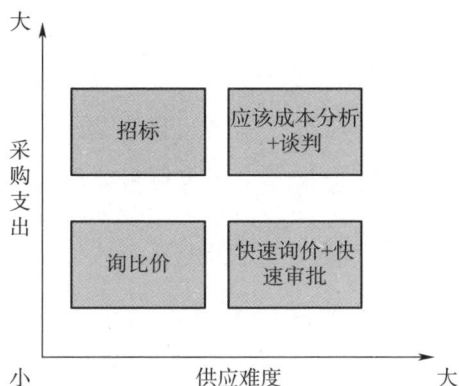

图 3-2　不同品类的定商定价策略

对于不同品类，除了定商定价策略，还要配套相应的合同管理。在这里，我们需要根据供应商的配合度和订料频次，分别采用框架协议（适合供应商配合度较高且订料频次较高的情况）、单独订单或单独合同（适合一单一议价（如价格波动频繁的大宗商品）、供应商配合度低（不同意签署框架协议，如半导体）或采购频次低的情况，其中对于风险较低的品类，采购可以直接向供应商下发采购订单；对于风险较高的品类，采购要与供应商签署采购合同之后再下发订单。

把合同管理考虑进去，不同品类的定商定价策略则变为如图 3-3 所示的内容。

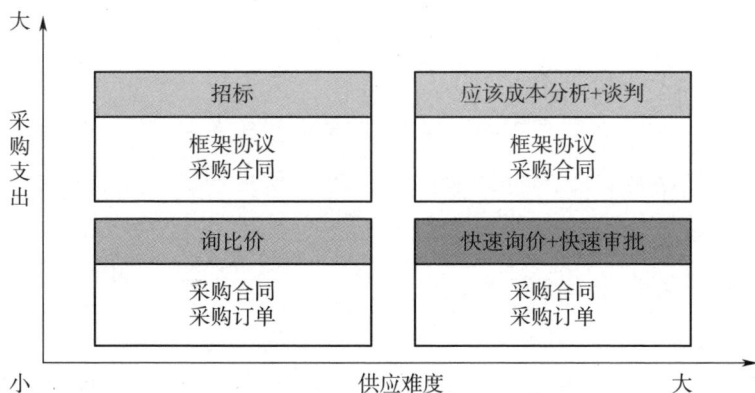

图 3-3　不同品类的定商定价策略与合同管理

当然，在现实中，不同行业不同企业的定商定价模式会有很大差异。

例如，对于高速扩张且利润率较高的企业，即使在购买大型土建时，也会选用询比价替代招标，以便快速完成交付，保障企业高速发展。因此，笔者建议采购领导者要活学活用，不要生搬硬套。

除了上文提及的几种定价模式，还有哪些定价模式值得我们学习呢？请您继续阅读小贴士：九种定价模式。

小贴士　九种定价模式

毫无疑问，采购的定价模式不仅决定了企业的成本竞争力，还决定了新品上市的速度，是采购业务管理的重中之重，因此，我们有必要在上文的基础上，详细梳理所有定价模式。

想要梳理清楚，需要思考，定价的主导者是谁，即由谁来定价。

有的读者会说，这还用问吗？就是采购啊。

这么说并不全面，因为在实际工作中，有一类特殊的供应商叫"客户指定供应商"，这类供应商根本不是采购选的，而是客户选的。对于客户指定供应商，如果采用招标、询比价等定价模式必然无效。供应商的一句话："不跟你谈"，就能把采购打发走。

请您继续发散思考，除了客户指定供应商，还有哪些供应商不是采购选的呢？

笔者认为还有三类，分别是与甲方共享或独有某个知识产权的供应商（无法切换）、集团入股的供应商（一家亲）和联合销售的供应商（利益绑定），在这些供应商面前，采购没有太多话语权。

那么，采购应该如何对这四类供应商（客户指定、知识产权、集团入股和联合销售）定价呢？

笔者认为有以下三个选择，分别是：

（1）比价。

比价是指与市场上类似物或者历史价格比较,确认供应商的价格是否公平。

（2）成本分析。

成本分析是指通过市场调查或逆向工程等手段，从侧面估算供应商的材料费、人工费、加工费、研发费、管理费和利润等，以便评估供应商的价格合理性。

（3）单一源谈判。

单一源谈判是指通过收集与分析供应商和产品的资料，制订与实施谈判策略，以便获得公平的价格和条款。

当然，在以上四类强势供应商面前，你无法指望这三种定价模式（比价、成本分析和谈判）起到决定性的作用，只能借此验证价格的公平合理性，适当维护甲方的利益。

那么，采购对于自己有话语权的供应商，又有哪些定价模式可选呢？

同样也有三个选择，分别是：

（1）招投标。

招投标适用于不急于采购且金额较大的情况，用来获得最低价格或最优总成本。

（2）反向竞价。

反向竞价适用于规格明确且供应商数量众多的情况，用来获得最低价格。

（3）询比价（含快速询价）。

询比价适用于急于采购的情况，如果金额较大就用询比价，如果金额较小就用快速询价。

当然，除了以上提及的六种定价模式，还有三种定价模式需要提及，分别如下：

（1）目录式采购，即MRO Maintenance维护、Repair维修、Operation运行，简称MRO物资网上超市，通过信任供应商的目录商品的定价来简化审批，节省管理费并提高采购效率；

（2）竞争性磋商，即在有两家及以上可选供应商的情况下，通过磋商选择最满意的供应商，往往适用于需要供应商提出建议或解决方案且时间较为充足的情况；

（3）竞争性谈判，即在有两家及以上可选供应商的情况下，通过谈判选择最优供应商，往往适用于选择条件较为清楚且时间较为紧张的情况，也可在招投标和询比价后使用。

亲爱的读者朋友们，学完这九种定价模式（比价、成本分析、单一源谈判、招投标、反向竞价、询比价（含快速询价）、目录式采购、竞争性磋商、竞争性谈判），下次定价时，你知道该用哪种模式了吗？

采购对供应商的九种定价模式，如图3-4所示。

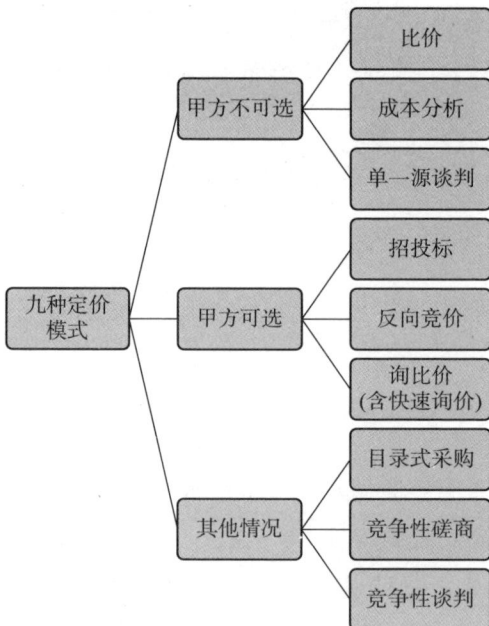

图3-4 九种定价模式

介绍完定价模式，再来介绍采购合同管理方法，请您继续阅读小贴士：采购合同生命周期管理。

小贴士 采购合同生命周期管理

请您想一想，身边都有哪些合同？

很多人会想到劳动合同、保险合同，其实最简单的合同就是车票，只要给你一张车票，就代表了一个契约，对方需要在约定的时间内将你送达约定的地点。可见，合同无处不在。

那么，我们为什么需要合同？合同都有哪些职能呢？

有一个形象的比喻叫作合同铁三角，是指合同的三个主要职能，即锁定价格、定义标的物和带来保障，如图3-5所示。绝大多数合同都有价格，合同的主要目的是锁定价格；之后合同需要定义标的物，是购买一个商品还是一个服务呢？最后合同要规定相关的保障，如质保、赔偿、补救、终止等，这些就是合同的最基本职能。

锁定价格   带来保障
（质保、赔偿、补救、
终止、排他等）

定义标的物

图3-5　合同铁三角

那么在采购工作中，合同都是怎么应用的呢？如图3-6所示。

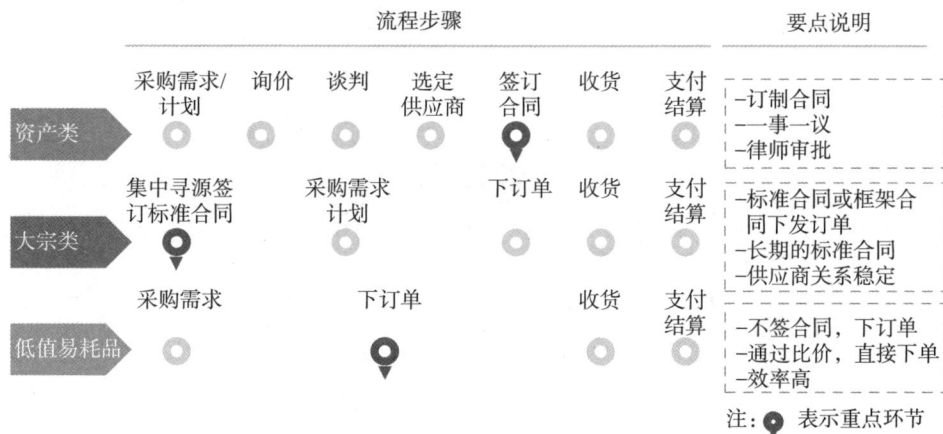

| 流程步骤 | | | | | | | 要点说明 |

资产类：采购需求/计划　询价　谈判　选定供应商　签订合同　收货　支付结算
- 订制合同
- 一事一议
- 律师审批

大宗类：集中寻源签订标准合同　采购需求计划　下订单　收货　支付结算
- 标准合同或框架合同下发订单
- 长期的标准合同
- 供应商关系稳定

低值易耗品：采购需求　下订单　收货　支付结算
- 不签合同，下订单
- 通过比价，直接下单
- 效率高

注：📍表示重点环节

图3-6　采购工作中的合同应用

除了寻源时需要用到的保密协议，在采购工作中，按照品类划分，不同品类会用到不同类型的合同。例如，资产类的合同，因为很少重复购买且金额较大，所以往往采用订制合同，一事一议，需要律师来审批；大宗原材料往往采用集中采购招标，一般需要签署标准合同或者框架合同，再通过标准合同或框架合同下发订单，适用于供应商关系比较稳定的情况；低值易耗品，可以不签合同，直接下订单。

合同签署后，就要进入合同生命周期管理。我们首先要想到的重要事项，应该是维护合同模板，并对模板分类，因此，合同模板的起草、分类和使用都要进行管理。

第二件重要事项是完善和更新合同及附件。比如有的时候你与供应商签了一份合同及附件，后来你公司的合同模板或者附件变更了，就需要与供应商签署补充协议，更新合同及附件；或者当你发现某个合同中的某个附件漏签了，就需要有个补签的过程。

怎么监控呢？笔者建议应该建立一个台账，记录与每一家供应商签署的合同及附件的版本、签署日期、到期时间等。

除了台账，还要建立合同的签订、修改、撤销和终止的审批流程，尤其在合同将要到期前，采购一定要提前采取行动，决定是否续约，如果不续约，需要提前做好业务转移或终止的准备。

最后，合同到期后，建议将原文件保存至少两年以上。

采购合同生命周期管理的内容，如图3-7所示。

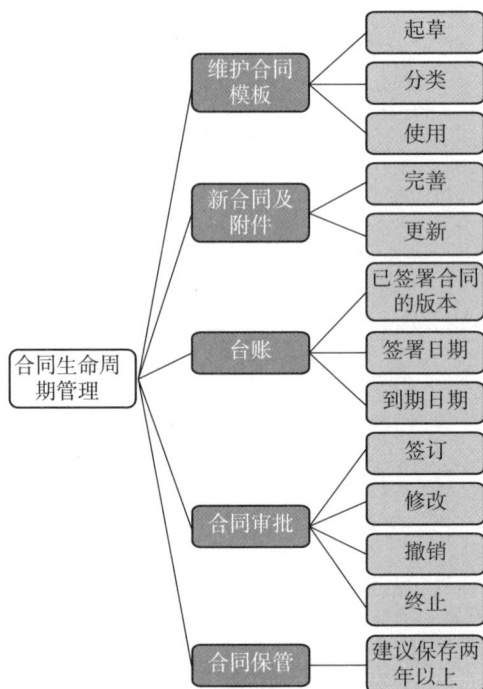

图 3-7 采购合同生命周期管理的内容

供应商关系管理

在建立了供应商的评估与选择、定商定价、合同管理等寻源管理的关键机制之后，小明在思考采购部在供应商关系管理方面存在的问题。

"我们其实一直都没有好好梳理与供应商的关系。"在小李汇报工作时，小明说出自己的想法，想要听听小李的意见。

小李立即明白小明的意思，想了一下，愁眉苦脸地说："其实有经验的采购员都知道与什么样的供应商发展什么样的关系，但是没有形成统一的管理方法，这可怎么办呢？"

"嗯，我们现在就来探讨一下。"说完，小明起身来到办公室墙上挂的白板旁边，拿起一支油性笔，继续说，"小李，按照品类的价值大小和风险大小，卡拉杰克模型将甲方与供应商的关系分为四类，分别是战略型、瓶颈型、杠杆型和非关键型。

"那么，天波公司与这四类供应商分别是什么关系呢？我认为是这样的。"说着，小明在白板上画了这样一张表（见表3-5）。

表3-5　卡拉杰克模型中的供应商关系

分　析	战　略	瓶　颈	杠　杆	非关键
特征	持续创造价值的能力 与高层关系密切 选择较少 切换成本高	唯一源 供不应求 供应商有话语权 无法直接切换	供应充足 甲方有话语权 供应商创造价值的能力有限 切换成本低	双方互不依赖 供应充足 供应商不创造价值 切换成本极低
关系	长期合作 积极寻找合作项目	甲方被动 重新定义需求，谋求切换	中长期合作 不时施压	短中期合作 效率优先

接着，结合卡拉杰克模型，小明又在白板上画了这样一张图（如图3-8所示），充分说明针对不同类型的供应商，天波公司应该采取什么样的合作方式。

小李看着小明画的图表，连连点头说："领导分析得很到位，但是我有一个问题，我们应该采取什么方法给所有供应商分类呢？难不成是让所有采购员依据个人认知分类？"

小明点点头说："这是一个好问题，做好供应商关系管理的难点是如何对供应商进行正确的分类。常用的方法有两个，分别是定性法和定量定性法。

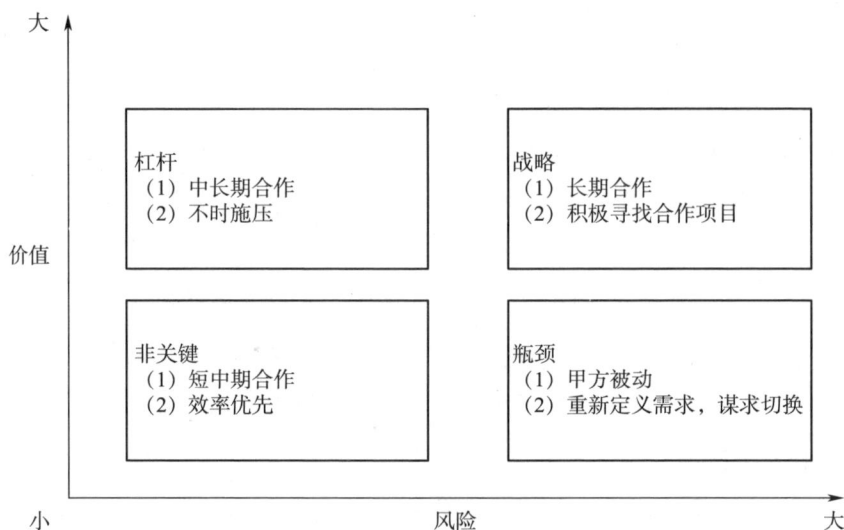

图 3-8　供应商关系管理图

"定性法，是指如果一家公司的体量不大（如年采购额在十亿元以下），对供应商话语权不强，在这种情况下，可以由采购领导者和熟悉业务的骨干坐在一起，凭借经验和感知对供应商分类。在做出一版分类后，交给采购员执行相关的供应商关系管理策略，再定期收集反馈，重新对供应商分类。定性法的好处在于快捷，占用资源少，适合体量较小的公司；坏处是受主观因素影响较大，会造成分类不正确。

"定量定性法，对于业务比较稳定且对供应商的话语权较强的大公司来说，定性法显然不符合公司的合规要求，采购管理者需要设定规则，由对口的采购员与供应商共同评分，完成对供应商的分类。对供应商的评估要素及内容，如图 3-9 所示。

"采购领导者可以给不同的要素分配权重，再让采购员按照不同的关联程度打分，其中分数最高的供应商为战略供应商，其次分别为瓶颈供应商、杠杆供应商和非关键供应商。例如，90~100分为战略供应商，70~89分为瓶颈供应商，50~69分为杠杆供应商，1~49分为非关键供应商。供应商定量分类评分示例见表3-6。

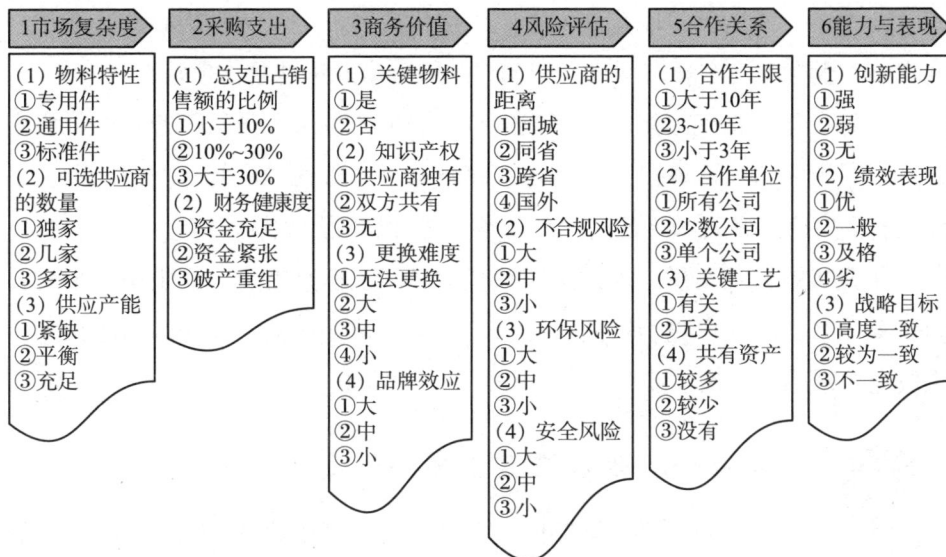

图3-9　供应商分类评估示例

表3-6　供应商定量分类评分示例

打分要素	总　分	得　分
市场复杂度	20	15
采购支出	25	10
商务价值	15	10
风险评估	10	10
合作关系	10	10
能力与表现	20	20
合计	100	75
分类		瓶颈供应商

"这样打分相对公允，但也会有错判的时候，需要由采购领导者和业务骨干再根据实际业务的感知对结果进行微调，完成第一版供应商分类；再定

期重新打分，对供应商重新分类。这就是定量定性法，优点是更加合规、更加准确，缺点是规则不易制定而且需要不断优化。

"现在天波公司每年有几十亿元的采购额，在多数供应商面前比较有话语权，而且合规要求越来越高，我认为应该采用定量定性法给供应商分类，你觉得呢？"在介绍完供应商分类的方法之后，小明说出了自己的想法。

小李："我同意。以前我们一直没给供应商分类，就是担心无法通过合规审核，现在有了定量定性法，我们在内审外审时都能拿出依据了。"

"好。接下来就用画在白板上的打分表请各位采购员给所管理的供应商打分。下周你和我再根据打分结果一起敲定第一版的供应商分类。"小明坚信这套供应商关系管理方法必将使采购业务运转更加顺畅，使天波公司受益。

虽然天波公司与供应商的关系梳理清楚了，但是在供应商眼中，天波公司是个什么样的客户呢？供应商愿意与天波公司合作吗？请您阅读小贴士：供应商关系感知模型。

小贴士　供应商关系感知模型

在采购工作中，偶尔会有这种情况发生，就是你在拼命追着供应商赶工，供应商却给你打电话，委婉地要求你尽快把订单转走。

于是你只能一面哄着供应商，如支付额外的加班费、运费等，一面开发新供应商，但是新供应商在引入一段时间后，又会对你的公司失去兴趣，如此往复。

如果你经常遇到这种事情，就要认真思考一下，到底出了什么问题？

有句话说得好，选择大于努力。我们都知道，绝大多数供应商都是你或你的公司选的，之所以出现供应商不配合的问题，一定是因为彼此之间出现了认知偏差，互相看不顺眼，关系难以为继。因此，想要选择认可你的公司，愿意积极配合的供应商，你还要进行自我剖析。

你所在的公司，在供应商眼中，是一个什么样的公司呢？

笔者认为有以下三个吸引供应商的主要因素需要考虑：

（1）采购额占供应商销售额的比例；

（2）是否按时付款；

（3）是否给供应商合理的利润空间。

它们的关系如图3-10所示。

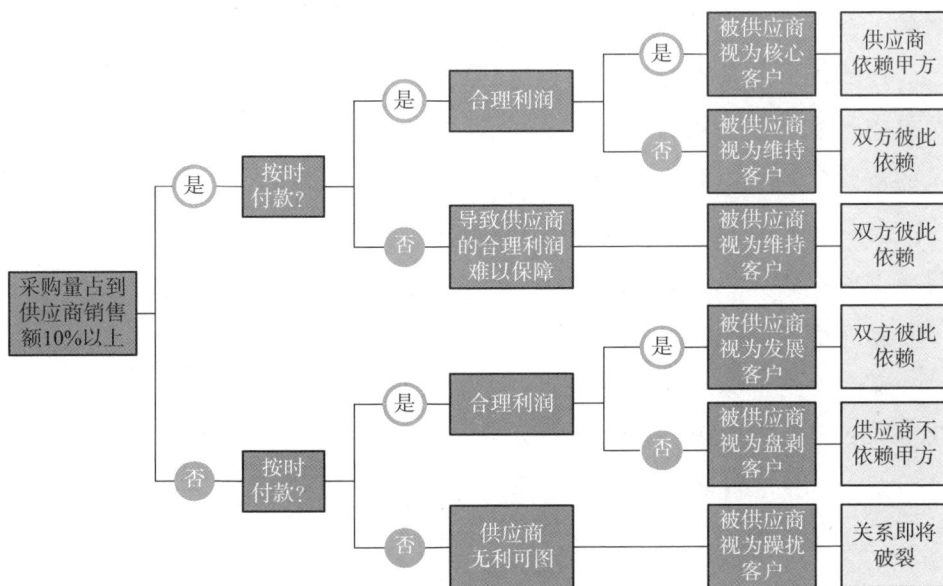

图3-10 供应商关系分析过程图

基于以上分析，我们可以把供应商对客户的看法分在四个象限中，如图3-11所示。

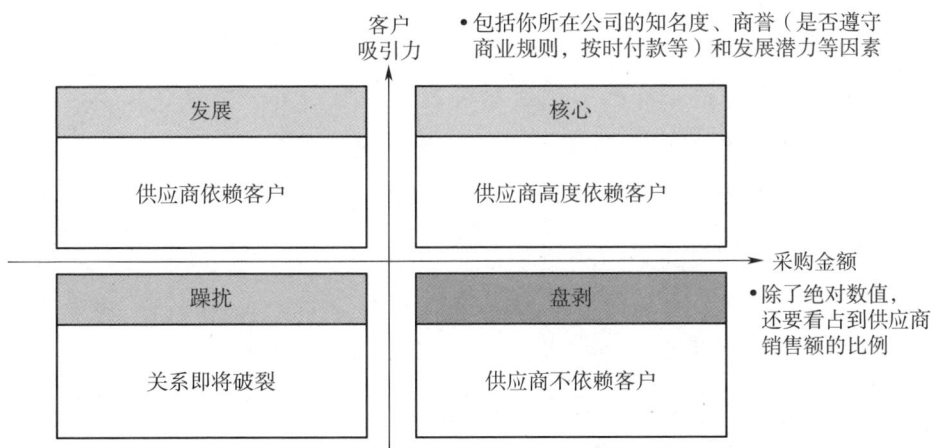

图3-11 供应商关系感知模型

其中，客户吸引力包括公司的知名度、商誉（是否遵守商业规则，按时付款等）和发展潜力等因素。

采购金额除了绝对数值，还要看占到供应商销售额的比例。作此分析之后，不同供应商对你所在的公司的依赖程度将会一目了然。至于如何调整，要看具体原因。

例如，有的供应商规模太大，导致你公司的采购额占比达不到10%，这就需要找到规模相对较小的供应商重新合作，以便增加供应商对你公司的依赖度。

但是，如果你的公司同一品类的采购额过于分散，这就不是供应商的规模问题，而是公司的品类管理问题，需要适当缩减供应商的数量，以便增加对供应商的吸引力。

还有一种情况，就是你的公司不讲商誉，恶意拖款，在这种情况下，供应商如果失去耐心，便会导致关系破裂，任何方法都没用。

总之，想要找到正确的供应商，处理好与供应商的关系，作为采购领导者，需要思考以下十个问题，分别是：

（1）你的采购组织是否实施了供应商关系管理？

（2）对于不同品类的供应商，你的采购组织是否实施了差异化的采购策略？

（3）你的采购组织是否针对供应商的综合价值（价格、质量、交付、服务、创新、风险控制等）进行了全面评估，而不是只看价格？

（4）是否有适合你的采购组织需要的供应商考核方法，以及公平、公正的供应商退出机制，而不是照搬其他公司的做法？

（5）你的公司在供应商处的业务量能否占到供应商销售额的10%~30%，以便拥有足够的话语权？

（6）你的公司能否给供应商提供行业内公平合理的利润，以便吸引优质供应商入场，与供应商共同发展？

（7）你的公司是否严守商业道德，从员工操守到公司文化都不给供应商增加潜在的风险和负担？

（8）其他部门是否愿意配合采购部来指导和扶持供应商？

（9）你的公司是否鼓励供应商提出意见，并认真倾听和回复？

（10）对于战略供应商，你的公司是否有定期的高层访问和充分的交流？

如果做好以上十点，你会发现所有供应商对你的公司的重视程度都会空前提升，也会愿意为你提供更好的服务。在你的公司遇到困难时，供应商愿意同甘共苦。到那个时候，你的公司和供应商的关系就会进入良性发展，大家齐心协力，共同创造价值，做到"也有风雨也有晴"。

延伸阅读　要让优秀的供应商成为你的朋友

有人会问："采购的工作不就是谈价并把价格压到最低吗？否则企业招聘采购干什么呢？"

关于这个问题，在此笔者分享下个人经历。

笔者曾在一家高端医疗器械公司做采购经理，当时接到总部要求原材料费三年下降 25% 的指令。

怎么降？可能有人会说："招标、谈判、换供应商。"

要知道，医疗器械是典型的小批量行业，很多时候，是我们求着供应商生产和交付，大部分供应商是瓶颈供应商，需要采购不定期与销售联系维持感情。

怎么办？既然不能压榨，便只能协同。

首先，公司内部达成一致，将三年降本 25% 的目标，分拆为第一年降本 7.5%，第二年降本 7.5%，第三年降本 10%。

其中，第一年研发贡献 4.5%，采购贡献 3%；第二年同第一年；第三年研发贡献 6%，采购贡献 4%。

看到总经理英明无比，笔者总算松了一口气，感觉压力小了很多。

经过思考，笔者发现第一年 3% 的降本任务可以通过惯用的商务谈判手段完成，但是第二年和第三年怎么办？如果只用商务手段降本压力很大，而且一旦遇到原材料价格上涨或其他突发事件，降本业绩肯定保不住。

因此，笔者选择在第一年就通过与战略供应商和研发一起协同的方式，共同寻找降本机会；另一方面，采购也与研发一起研究部件国产化降本。

在向供应商贯宣 3 年 25% 的原材料降本计划之后，我们很快与供应商建立了内外协同机制。由于之前关系维护得较好，那些有能力的供应商很卖力气地帮助我们优化设计或者重新选型。最神奇的是，当我们在三年后完成了 25% 的原材料降本时，笔者发现每一个参与者都不累。

这就是内外协同的力量，将一个困难重重的大目标分解到每个人的身上，通过有机的协作，使每个人把自己的能力发挥出来，形成强大的合力并为公司创造 1+1＞2 的价值。正可谓"聚是一团火，散是满天星。"

虽然笔者现在已经离开这家公司，但是回想起来，却是一段美好的时光。

随着辅导的企业越来越多，笔者逐渐意识到一个很严重的问题，就是个别企业的采购供应商关系管理的能力太弱。

这样的采购部门，整天做的就是询比价和谈判；这样的采购领导，整天津津乐道的，就是通过压榨供应商，又为公司省了多少钱。

然而，他们不知道的是，看到无利可图，供应商已经把最好的资源撤走，除了一个"好价格"，他们什么都得不到。

比如：在紧急情况下，需要供应商优先排产，供应商的内心独白是：你在我的客户群里根本就排不上大客户，我怎么可能把大客户的订单停掉给你优先排产呢？"

在请求供应商额外帮忙时，供应商的内心独白是：我做你这一单已经无利可图，相当于无米下锅，都没有饭吃了还添什么筷子？

据笔者观察，那些压榨供应商程度很深的企业，他们的利润往往主要来自对供应商的压榨，这样就能通过掠夺供应商资源掩盖自己的低效和无能，而且还口口声声地说："采购省的每一分钱都是企业的净利润。"不仅如此，他们还会向每一位采购员刻意强调，要合规，与供应商保持距离。

其实站在优秀供应商的立场来讲，他们都希望用足力气给客户干活，在客户满意之后获得合理的回报。对于一味压榨供应商的客户，优秀供应商就会"呵呵"离场，剩下的都是接不到大客户的二把刀子供应商，是猫鼠游戏的高手。看到这些供应商的猫腻，采购领导者就会更加坚定地认为供应商不是朋友，叮嘱采购员处处防着供应商。

有句话说得好："你的选择最终决定你的结局。"当你选择一味压榨供应商，而不懂得协同与共创，优秀供应商也一定不会选择你。

当你有一天真正认识到，有些能够创造价值的供应商是你的朋友，而不是你的敌人时，你才会明白，原来你不应该对这种供应商说"你我"，而应该说"我们"。只有肯于通过合理分利来绑定优秀供应商，才能事半功倍，收获意想不到的轻松与喜悦。

说到与优秀的供应商做朋友，就不得不提到对甲方最为重要的战略供应商。据有关机构统计，在采购组织获得的持续降本增效业绩中，60%的价值源自与战略供应商的长期合作。那么，何为战略供应商？如何创造价值？请您继续阅读小贴士：如何与战略供应商共同创造价值。

小贴士　如何与战略供应商共同创造价值

什么是战略供应商？有人说，战略供应商是支出较多且供货绩效较好的供应商；也有人说，战略供应商是合作时间久，跟老板关系好的供应商。

笔者认为，这些说法都不对。

曾有一位管理着每年几百亿元采购额的空调行业的采购总监对笔者说过，公司只有优选供应商，没有战略供应商，因为所有供应商只是在做配套加工，没有创新能力。

战略供应商就是具备研发能力或创新能力，愿意与你的公司长期合作，能够持续给你的公司带来降本增效业绩的供应商。不知你是否悟出，这句话背后渗透着的两层意思：一是能力，二是关系。两者皆具，才是战略供应商。

其中，能力是指供应商的研发或创新能力，容易理解；关系是指客户与供应商的利益关系，需要展开讲解。

请读者朋友们想一想，一个客户与一个供应商之间会有几种利益关系？

答案是四种，分别是双方获取较低利益、客户获取较高利益、供应商获取较高利益和双方获取较高利益，如图 3-12 所示。

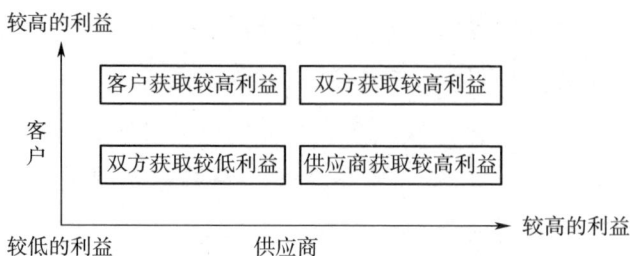

图 3-12　客户与供应商的四种利益关系

其中，双方获取较低利益的场景是非关键类采购，即客户在某供应商处的支出占总支出的比例很小，占某供应商的销售额的比例也很小，双方是一种短期交易关系，无法形成长期的增值链。

客户获取较高利益的场景是供应商投入资源为客户做研发或创新，而客户给到供应商的回报低于供应商的期待。很显然，在这种关系下，客户只能受益一时，无法维持长久稳定的关系。例如，笔者工作过的医疗器械公司曾经委托一家供应商开发某个核心部件，供应商需要投入一半的研发资源通过一年的时间开发出来，但是由于新产品的销量太少，预计上市后只能给供应商增加 3% 的销售额。而在这个核心部件研发的过程中，业内的龙头企业突然邀请这家供应商开发一个新产品，上市后会让供应商增加 30% 的销售额。很自然的，供应商立即抽走研发资源，服务大客户，因为供应商能够获取更多利益。这个案例说明，如果只是客户在获取较高利益，其与战略供应商的关系往往难以长久维持。

供应商获取较高利益的场景是由于客户没有选择，如遇到瓶颈供应商。很明显，当客户有了更好的选择之后，这种关系也难以长久维持。

双方获取较高利益的场景是供应商有能力有意愿长期为客户通过定制研发等手段持续降本增效；而客户的订单稳定，占供应商销售额 10%

以上，能够给供应商带来合理的利润增长。双方的共同投入能够给双方带来满意的收益，便可以长期合作。

介绍完客户与供应商的四种利益关系，问题随之而来，都有哪些方法能够维持双方的长期合作关系，给双方带来较高的利益呢？

有以下八个方法值得借鉴，分别是：

（1）明确双方的战略发展方向，寻找共识和共赢点，明确业务机会与交付保障，为长期合作奠定基础；

（2）建立高中低三层沟通机制，尤其要重视高层间的定期交流；

（3）定期表彰战略供应商；

（4）在SRM等系统中实现数据拉通和流程协同，包括预测、订单、绩效、库存、付款等信息；

（5）优先给予战略供应商业务，共享优质资源，探讨联合采购的可行性；

（6）联合开发，联合专利授权，培育供应商的技术能力；

（7）培育供应商的质量管控能力，质量常驻指导，定期召开质量回顾会议并追踪改善；

（8）共同改进生产工艺流程和现场管理。

通过以上八个方法，客户将获得：

（1）供应商的优质资源；

（2）稳定的质量保证；

（3）长期有竞争力的价格；

（4）获得产能优先保障；

（5）较高的订单响应速度；

（6）获取和管理数据信息。

供应商将获得：

（1）较长的合同期限，稳定的需求保障；

（2）优先报价、优先获得业务；

（3）学习先进管理经验和流程的机会；

（4）降低生产成本；

（5）提高生产质量；

（6）提高对客户交期变更的响应速度。

由此可见，采购领导者一定要提前通过能力与关系两个维度识别战略供应商，充分利用战略供应商的资源，给予战略供应商充分的尊重和合理的回报，才能持续创造价值。

延伸阅读　技术路线早期协同

在识别了长期合作的战略供应商之后，为了共同创造价值，除了在新项目期邀请战略供应商早期介入，采购领导者还可以再提前一个阶段，在研发部研究产品技术路线时，邀请战略供应商参与，互相交流对新兴市场的看法，共同寻找双方技术路线契合的地方。

很多时候，拥有创新能力的供应商很想知道客户未来的技术方向，以便提前准备技术资源。例如，在汽车轻量化战略的实施过程中，大量镁铝合金和碳纤维的供应商投入研发资源，不断开发出成本可接受、强度可靠且重量更轻的新材料，推动整个汽车行业往轻量化转型。

图 3-13 为 LED 产业的技术发展路线示意图，用来引导上下游向一个方向努力，推动产品的更新换代。

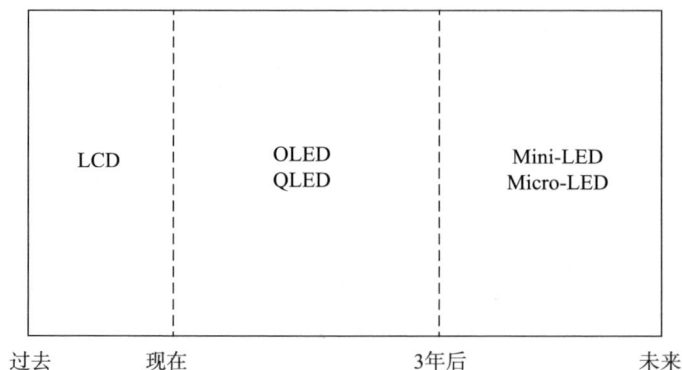

| LCD | OLED QLED | Mini-LED Micro-LED |

过去　　现在　　3年后　　未来

图 3-13　LED 产业的技术发展路线示意图

学完与战略供应商共同创造价值的方法，接下来需要研究与供应商开会的正确方法，请您继续阅读小贴士：如何与供应商开会。

小贴士　如何与供应商开会

采购管理是一个从战略、战术到执行的过程。对比新兴公司和行业巨头，笔者发现新兴公司往往重执行、轻战术、无战略，而行业巨头往往重战略和战术，轻执行，也就形成了正三角与倒三角之差，如图 3-1 所示。

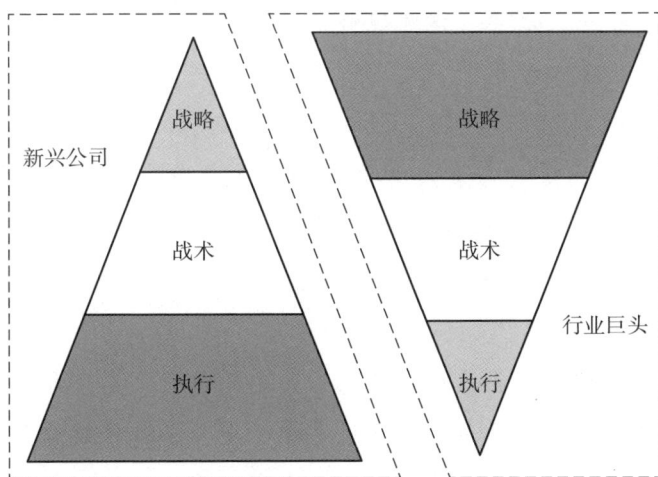

图 3-14　正三角（新兴公司）与倒三角（行业巨头）示意图

其中，采购战略来自公司战略，往往是指成本领先、服务领先或新品领先，但有时也会结合组织痛点，制订如集中管理、数字化转型、流程再造与标准化等战略。

采购战术是指由采购战略指导的岗位权责利的优化、流程的优化和绩效指标的制订，以及由采购业务指导的供应风险洞察、寻源策略优化、供应商准入指标优化、供应商关系管理、供应商绩效考核、供应商的奖惩与退出等策略和机制的改善，以便更好地辅助采购执行，提早规避风险。

采购执行是指对采购业务的执行，就是人们传统上感知地找供应商、谈价格、签合同、下订单、收货、付款等采购日常工作，之所以新兴公司会形成正三角，而行业巨头会形成倒三角是因为两者经历的发展阶段不同。

很多新兴公司老板正在经历从无到有、从小到大的发展过程，在这个过程中，企业的定位不清晰、业务类型不固定，夸张点说，就是什么活都干、什么单都接，在夹缝中生存，怎么可能有清晰的战略呢？再加上有的老板懂业务但不懂管理，甚至不重视采购管理，战术水平自然上不来。战术水平上不来，采购业务却要做好，那就只能狠抓执行，这就造成了新兴公司只重执行，不重战术和战略的结果。

对于行业巨头来说，他们在走过了新兴公司正在走的阶段后，开始重视战略和战术。他们能够终久不衰，说明自己在所在市场上有着一定的优势，有着明确的定位与发展方向，如领头企业成本领先、排名靠前的企业服务领先、高科技型企业新品领先，再加上所在国家长期职业化的人才储备和多年来支撑企业发展积累下来的流程和经验，造就了行业巨头倒三角的管理局面。

也就是说，行业巨头是在经历过正三角的阶段之后，最终走到了倒三角，而新兴公司还在正三角的发展过程中，在业务越来越成熟之后，也会走向倒三角。否则，对于一些有规模的上市企业，一些在行业排名靠前，在世界上崭露头角的新兴公司，再依靠强执行来管理采购业务就会乱套，而且没法与数字化转型相结合。

介绍完战略和战术对于采购业务管理的指导意义之后，接下来将进入本节的主题，如何与供应商开会。

有人说："我天天与供应商开会，有什么难的呢？"

没错，人往往就是这样，一件事情做久了就会认为是正确的或者不愿改变，但是从笔者的角度看，很多采购与供应商开会的方式简直吓人，体现为该说的不说，不该说的瞎说，或者被供应商牵着鼻子走自己还不知道。因此，笔者认为与供应商开会也是一个由战略战术指导执行的过程，有必要建立机制来规范采购与供应商开会的方式和议题。

一个正式的供应商交流会议应该由五个步骤组成，分别是：会议前的准备、参会人员的安排、采购的议题、供应商的议题、会议后的行动。

下面将逐一解析。

1. 会议前的准备

请记住，开会不是一锤子买卖。

采购千万不要把供应商的会议切割成一个一个独立的会议处理，而是每次开会都要对上次的会议内容和行动方案做好回顾。例如，在一个月前你与该供应商就某个降本事宜开了交流会，那么，你就应该在本次会议前，要求供应商将当前的进展加以总结，在本次会议中汇报，这样才能与上次会议衔接，而不是狗熊掰苞米，掰一个掉一个；之后，采购需要将本次会议的新议题及相关材料提前发给供应商。例如，本次会议的目的是沟通交付改进。在会前，采购则需要把供应商近期的交付绩效和交付问题整理好发给供应商，只有供应商有所准备才能保证会议的效率和效果。

2. 参会人员的安排

毫无疑问，供应商的负责人和执行人同时参会是十分必要的，否则会出现负责人答应得好好的，但是没给执行人传达到位，导致执行不到位；或者执行人答应好好的，但是负责人不同意，导致无法执行的问题。甲方也一样，当供应商提出一个方案，但是甲方的负责人或者执行人不同时在场，也会产生相同的问题。因此，采购在事前要明确参会人员，根据事情的轻重缓急，保证做决策的人和干活的人都在场。

3. 采购的议题

只要是一定周期和一定级别的会议，采购一定要主动介绍甲方的发展动态，因为这往往是供应商最关心的事项。例如，采购说我公司上半年的订单接不过来，但是下半年行情应该会趋缓，供应商就知道，在上半年要从人力、物力上给客户更多优先级，做好加班加点的准备，但是不需要投资扩产，因为下半年行情可能回归理性；或者采购说这个行业正在经历急速扩张，在未来五年内体量能翻十倍，那么供应商就要赶紧建厂房、买设备、招人；或者采购说，我们下半年会减少订单，清理库存，供应商就知道，自己也要提前做好"过冬"的准备。

在介绍完甲方的发展动态之后，采购需介绍供应商在甲方的发展情况，例如最近几个季度采购额的增减和相关品类的占比、绩效考核中发现的问题、中长期需求的供应难度、专题立项事宜（如某些新项目的早期介入）以及上次会议的遗留问题。注意，如果没有实质性的好处，采购千万不要轻易夸奖供应商，或者说只能从你这买，因为这会增加供应商的议价能力。

4.供应商的议题

相应的，有经验的供应商都会把握机会，介绍自己公司的业务发展情况，重点介绍与甲方的潜在合作机会和战略愿景，同时，对物料的供应情况和价格走势给出自己的分析和判断。

对于上次会议提及的行动方案，供应商需要详细介绍会后做了哪些计划和准备，目前进展如何，有何效果，预计何时完成。

对于本次会议采购提出的问题，供应商要汇报出现问题的原因、短期的应对方案以及长期的改善方案，并保证定期汇报进展。

5.会议后的行动

很明显，会议结束之后，需要有一方做会议纪要，这一块笔者不强调一定要由采购来做会议纪要，因为这不是谈判，如果供应商手里的资料很多，或者需要整理一下方案再做会议纪要，那么，采购完全可以委托供应商做会议纪要。

做完会议纪要，采购要发送给相关的责任人和执行人，并抄送自己的老板和供应商参会人的老板（很多时候是供应商的总经理），可以将上次的会议纪要作为附件放在邮件里面，这样就会形成嵌套式的会议纪要，即上次会议纪要的附件里还有上上次的会议纪要，使得与某个供应商的所有会议纪要都可追溯。

下次开会前，再按照以上五个步骤开展，就能将供应商会议形成闭环，通过会议有效指导采购业务管理。

如果觉得这套会议机制有用，采购领导者不妨在组织内部推广。

延伸问答　小公司该不该考核供应商

学员问："姜老师，我所在公司的供应商考核一直有问题，我没有找到好的方法，主要有三个原因：

"一是我公司经常现金购买现货，这部分供应商数量庞大，但不在供应商绩效考核范围内；

"二是因为付款严重拖期，合格供应商不服从考核；

"三是老板入股部分供应商，但这些供应商的质量和交付完全达不到要求。

"在这种情况下，想把供应商考核做好，你有什么高见呢？"

笔者询问："你的公司规模多大？做什么的？有多少名采购呢？"

学员："我们是做办公家具工程的，月采购额 450 万元，有六名采购，在行业内排不上名次。"

"明白了，我的建议是，不做供应商考核，只要把寻源和执行抓好即可。因为你们的规模太小，资金链不稳，合规性不强，成熟度不高，先把自己管好再去管理供应商吧。"

采购计划管理

随着大宗原材料价格上涨、半导体缺货、全球运力不足等突发事件层出不穷，物料不能及时交付问题逐渐凸显，这也意味着计划部对采购部的投诉越来越多，作为天波公司的采购部经理，小明的知识短板——采购计划管理暴露无遗。

"我一直以为采购计划管理就是生产需要多少，采购就买多少，但是现在好像不是这样了。"小明只能向皮总监求助，希望其指点一二。

"的确如此。"皮总监点点头。

看到小明一副为难的样子，皮总监大大方方地将采购计划管理的诀窍倾囊相授。

皮总监："什么是采购计划管理？很多采购没听说过'采购计划管理'这个专有名词，仍然认为采购就是做寻源管理、供应商管理和下发订单的。

"如果放在五年前我们可以这么理解，但是现在绝对不行。因为随着众多'黑天鹅'事件陆续发生，那些负责给供应商下订单的人越来越受到企业高层的重视，而不再是负责寻源的人。

"例如，有的企业因为经常缺料，负责采购计划的人便经常在协调会上投诉负责寻源的人，而负责寻源的人只能去催供应商，这无形之中提升了负责采购计划的人在公司的地位，降低了负责寻源的人的地位。因此，不能再用传统思维看待新问题。但是，我们需要思考，是什么导致双方的地位发生了变化呢？这背后是交付与降本的博弈。请你想一想，五年前是个什么供应环境？"

"供求平衡！"小明的悟性很强，善于总结事物发展的规律。

皮总监："对，当时所有企业都在搞精益供应链，如零库存管理，生怕自己的仓库留有一丁点原材料库存。因为那个时候交付不是问题，成本是问题，所以，负责寻源的人就受到企业重视了，负责采购计划的人给供应商打电话、发订单就好。

"但是现在的供应环境不同了，在这个交付问题频繁发生的时代，我们首先考虑的应当是怎么保障交付，其次才是降本，而且现在很多传统行业，如电子制造、机加工、纺织、食品加工等，成本早就降到底了。因此，很多企业对于降本的期待越来越务实，他们意识到与供应商和谐发展的重要性，而不再无限度地盘剥供应商，导致紧急情况下没人帮忙。那些还想不明白的人，都是跟不上时代发展的人。

"言归正传，当我们说要做好'采购计划管理'的时候，我们到底需要做什么呢？"皮总监故意停顿一下，等着小明说出答案。

"把采购计划做准。"小明只能想到这一层。

皮总监善意地笑了，接着说："我认为至少要做好以下十件事情。

"（1）物料分类与交期分析。检讨物料编码规则是否正确，是否存在一物多码、一码多物、有物无码等常见问题；物料的管理规定是否执行到位；物料的归类是否科学；重点关注长交期物料占比并分析原因，寻找优化空间。

"（2）订料模式优化。根据现状，从 PO（Purchase Order， 采购订单）、BPO（Blanket Purchase Order， 一揽子订单）、VMI（Vendor Managed Inventory，供应商管理库存）、JIT（Just in time，分时到料）到 JIT+VMI，制定优化路线，适度实施 VMI 管理，提升 JIT 比例，有效降低库存，提升齐套率。（详见 P116 小贴士：手把手教你搭建备料策略模型）

"（3）预测模式优化。传统企业在采购预测层面，往往采取一刀切的方法下发预测，即所有物料的预测长度都一样，无法有效指导供应商针对长交期物料备料。先进的做法是，针对不同交期的物料，从预测的取值、展望期、频率和颗粒度区分管理；识别关键二级供应商及二级物料，提高与不同层级供应商的协同程度和可视化程度。

"（4）备料模式优化。最近几年，受到一些不可抗力因素影响，有一些物料从杠杆型（市场供应充足）变成了瓶颈型（供不应求）。很多先进的公司已经建立了很完善的战略备料或者叫风险备料机制，针对风险物料，明确备料启动时点，制定合理的备料规则，实施动态备料策略，有效规避缺料风险，提升资金的利用率。

"（5）SRM 的协同与优化。通过 SRM 系统实现与供应商的订单、预测、发运、收货、发票与付款的确认和协同。

"（6）呆滞料管理优化。界定呆滞物料的责任人和考核指标，制订呆滞料再利用流程，有效降低呆滞料并加速处理呆滞料。

"（7）绩效指标优化。彼得·德鲁克先生曾说过，'没有考核就没有管理，'采购计划管理以'逐级考核、聚焦节点'为原则，从预测、订单、交付等供应商协同环节制订考核指标并与供应商的奖惩机制挂钩，具备持续优化供应协同的能力。

"（8）齐套管理与齐套率优化。以上订料、预测、备料等模式的优化，最终体现在齐套率的提升上，对于其他原因造成的不齐套，如质量问题、交期过长、供应商缺料等，进行专题研究，专项解决。

　　"（9）MRP（Material Requirement Planning，物料需求计划）协同与优化。参与S&OP会议，与销售预测和主生产计划协同，与IT对接，启用信息系统中MRP功能，替代人工计算。

　　"（10）供应交付预警。传统的采购计划管理方式是下发订单、收货和付款，这样缺乏与供应商的深度协同，一旦在收货的时候才发现供应商供应不及时，对排产和交付都会产生影响。现在很多先进的企业会要求供应商更早预警。例如，在供应商的原料到货不及时或产能不足的时候就要预警。所以我们需要分析从供应商到天波公司的整个交付过程都有哪些节点，设定预警机制，要求不同部门和不同级别的领导负责处理不同等级的预警，要求供应商严格执行，提升齐套率。"

　　看着小明不明所以、若有所思的样子。皮总监笑着问："怎么样？是不是很复杂？"

　　小明点了点头。

　　皮总监说："正如世界著名作家、大思想家斯宾塞·约翰逊所说，这个世界上唯一不变的是变化本身。情况复杂了，问题复杂了，解决方法也就复杂了。对于我们来说，只有不断学习最先进的实践方法，才能武装自己，解决问题，增加价值，使自己赶上时代的发展。"

　　那么，对于不懂采购计划管理的采购领导者，在VUCA（Volatility易变性，Uncertainly不确定性，Complexity复杂性，Ambiguity模糊性，简称VUCA）时代会遇到怎样的麻烦？请您阅读小贴士：不懂采购计划管理的领导者是横着走路的螃蟹。

小贴士　不懂采购计划管理的领导者是横着走路的螃蟹

　　"螃蟹为什么横着走路？"某个周日遛娃时，女儿突然提问。

　　笔者没有多想，直接说，因为螃蟹长成那样，它的结构决定了它的行为方式。

2022 年年中有几位学员问到如何管理缺芯问题，令笔者发觉企业缺芯与螃蟹横着走路的相似之处。

请思考，在 VUCA 时代，为什么很多企业缺芯少料，到处向人请教，却始终束手无措呢？

问题肯定不是出在环境身上，因为企业不能改变环境，只能适应环境。

而事实是，很多企业之所以对缺料问题束手无措，不是因为不想解决问题，而是因为无法解决问题，就如同横着走路的螃蟹，它的组织架构决定了它的工作方式。

试问，自 2020 年以来，这些动不动就缺料的企业，哪个高管更换了？哪个岗位变动了？哪个组织架构调整了？哪个流程再造了？哪个真正与优质供应商协同了？

时至今日，笔者看到的情况是没有。

坐在组织顶端的采购领导者埋怨下属催不来货，下属问到底谁负责催货，是计划、物控，还是采购？结果整个组织连个明确的缺料责任人都没有，一旦缺料就互相踢皮球，或者找个替罪羊受罚，这样的组织怎么可能抵御风险呢？

现在，让我们看一下，那些先进的企业如何解决缺料问题。

首先要改变采购组织一把手的认知。道理很简单，一名领导者如果长期坐在一个位置上不变，就会产生"这样做是对的"的幻觉，一旦环境变了，最不能适应的就是领导者。虽然领导者也会想办法，但是因为沉迷于原先的成功经验，很多变动仿佛就是否定之前的成功做法（如零库存管理），令领导者很难接受，于是领导者逐渐从上一个时代的引领者变为 VUCA 时代的顽固派，体现为分析问题头头是道，解决问题避重就轻，甚至责备员工执行力不到位。长此以往，整个采购组织就会停滞不前，根本不可能适应新环境。

怎么办呢？

这个时候，企业就要委派采购组织的一把手学习先进实践或者引入外脑，因为真正的变革一定是自上而下的。当然，如果引入外脑，这个外脑也不能随便找。例如，有一家高端医疗器械公司，从高端家具行业引入一名采购总监，结果这个采购总监入职之后，先换人后换供应商，只会拿更低的价格说事，把具有研发能力的供应商都给得罪了，还耽误了新品上市的进度，浪费了公司的宝贵资源，开了管理的"倒车"。因此，引入外脑，一定要有针对性，例如引入同行业标杆企业的高管，这样才能增加企业的竞争力，不浪费资源。

解决了一把手的认知问题之后，再来解决缺料的责任问题，而不是直接解决缺料问题。关于缺料的责任问题，现在越来越多的做法是把物控划归采购，组建采购计划部或者采购计划小组，由专人制订外购件的购买机制和备料策略，在充分授权（前提是人的专业能力到位）的同时，要求这个人对缺料负全责，这就是笔者一直强调的，不明确责任人，就无法建立解决缺料的有效机制。

说到建立解决缺料的有效机制，请读者朋友们想一想，企业对于解决缺料问题最大的阻碍是什么？据笔者观察，是审批。

由于之前流行零库存管理，企业往往将低库存视为绩效指标，一旦主动备料，会影响财务、计划、仓储等一系列部门的绩效，因此，在一些企业，一个备料申请需要十几个人签字都不算多，等审批流程走完，供应商早就把料卖了，最后还是采购员背锅。所以，第一件要变动的事情就是适当授权、简化审批，并将主动备料的库存金额从库存的绩效指标中剔除。

解决了审批问题，第二件事就要解决何时备料问题，目的是在买不到料前储备一批，而不是等到市场上缺料再想办法，这就需要洞察。怎么洞察？

笔者认为，只要出现以下三个迹象之一，采购即可启动备料，这三个迹象分别是：

（1）供应商对预测无法完全承诺；

（2）供应商虽然承诺预测，但交付越来越不稳定；

（3）行业分析报告表明未来供不应求。

知道何时备料之后，要知道备多少料合适，这需要参考物料属性来制定。例如，专用料要考虑产品生命周期，过多会产生呆料；通用料可以视行情多备，尤其在预判到价格将要上涨时，还可以投机购买，待行情上涨之后，可以适量卖出获利。

回到组织变革与流程再造的主题，你会发现仅建立一套备料机制在执行层面还是乱，这个时候，应该由指定的负责人或者领导者牵头，每月开一次跨部门沟通会，汇总并更新备料清单，以便总揽全局，掌握缺料情况。只有这样，采购领导者才能把备料事宜抓好，妥善解决缺料问题。

最近几年供应市场的缺料问题的确严重，感觉供应市场的不确定性会成为常态。在这种情况下，笔者认为采购领导者如果只懂寻源和供应商管理就有点落伍了，真正全面的采购领导者还要懂采购计划管理，否则该管的管不好，不该管的又盲目审批，采购计划管理的效果从何谈起呢？

小贴士　手把手搭建备料策略模型

时代在发展，管理在进步。仅仅依靠传统的经验，已经无法解决实际中的新问题。如何将知识与实践紧密结合，从而解决棘手的供应管理问题呢？答案是：建模！

例如小王在广东省的一家制造型企业做采购，今年的工作内容又增加了一个，追料！

Q: 采购为什么要追料？

A: 因为受到一些不可控因素的事件影响，往后的供应问题会特别多，风险也会特别大。

Q: 这样做有效吗？

A: 有效！

Q: 由于采购的强势介入和居中协调，供货问题有所缓解。

A: 这样做经济吗？

Q: 不经济！

A: 采购的工作量在大幅增加，财务却在要求增加人效比。

Q: 形成机制了吗？

A: 没有！

催料是人治的手段，当员工离职而新人不熟悉情况时，有可能给供应链带来灾难性的后果。

看来，催料只是解决了供应的表面问题，是典型的"人海战术"，根本无法提升采购计划管理的真实水平。

那么，到底应该怎么办呢？

想要成为卓越的采购领导者，我们需要学会搭建一个系统，形成一种机制，通过模型思维彻底解决问题。

供应链管理专家程晓华老师在其专著《制造业全面库存管理》中指出："交付与库存管理就是一回事。"

因此，想要有效解决交付问题，我们既要考虑外购件的供货模式，又要考虑外购件的备料策略。

简单来说，对于供应风险大的物料应该主动备料，对于供应充足甚至过剩的物料应该把库存放在供应商那里。

如何做到呢？首先，我们需要了解有哪些供货模式可供选择。

经过笔者总结，有以下五种常见的供货模式，分别是：

（1）分时送货＋零库存管理JIT（Just In Time），适合交付周期短、物料体积大、供应商的仓库距离近、供应商配合度高的场景；

（2）由供应商管理库存VMI（Vendor Managed Inventory）（供应商往往把库存放在甲方工厂附近），适合供应商配合度高的场景；

（3）JIT+VMI，即在分时送货的要求下，由供应商管理库存（供应商往往把库存放在甲方工厂附近），适合供应商配合度高的场景；

（4）BPO（Blanket Purchase Order），即一揽子订单，往往是由于供应商不支持JIT或VMI，要求接到客户订单才安排生产，再从供应商的仓库直发的场景，往往需要客户提供三个月以上的长预测周期；

（5）直接下订单PO（Purchase Order），适用于供应商不签框架协议或者价格一单一议的场景，预测周期视具体情况而定。

一家公司在从小到大的发展过程中，随着市场份额逐渐增加，其在某些供应市场的力量也同步增加，物料的供货模式应该从 PO，BPO，VMI，JIT 依次发展到 JIT+VMI，这其中的标杆企业诸如丰田汽车、宝马汽车、沃尔沃汽车、通用汽车、美的集团等行业龙头企业，它们会要求供应商在客户工厂周边建厂或者租赁仓库，将成品库存放在客户工厂周边，再根据自己的 JIT 计划分时到料，这样客户就能做到物料的零库存管理。供货模式升级路线，如图 3-15 所示。

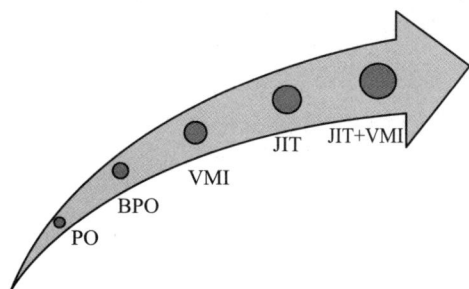

图 3-15　供货模式升级路线示意图

但是，仅仅有了正确的供货模式就能解决物料供应问题吗？笔者认为不可能！

例如，大多数半导体供应商不会同意给你的公司做 JIT 或 VMI，不会签框架协议，不按 PO 送货，交期却在不断延长。

你要怎么办？主动建库存可行吗？

这个时候，财务会第一个跳出来，拿着库存周转率、呆滞占比、库存金额等指标跟你说事，于是你就不敢提建库存了，问题也就得不到解决。

怎么办？我们要将战略库存单独统计，不能混到常规的库存指标中。

其实，原材料的战略备库只是最近一两年应对某些供应市场剧烈波动才出现的新方法。

在供应相对稳定的年代，大家都在进行零库存管理和精益供应链，因此思维一下子转变不过来。那么，如何尽快转变思维呢？想一想，我们为什么要做战略备库？原因有三：

（1）比同行拿到更多的关键原料，从而抓住更多商机；

（2）事先屯料，规避关键原料因短缺引发的涨价风险，甚至可以在涨价后卖出一部分赚差价；

（3）解决因供料不足、不及时带来的生产计划和出货计划失效问题。

读到这里，相信很多读者会觉得解决问题的脉络清晰起来，但是又有一个新问题，就是到底备多少库存才合理？毕竟供应市场也在变化，如果备库太多，不仅占压大量资金，还会承担呆料风险。

此时，我们需要分析库存的影响因子有哪些。经过分析，笔者发现有以下五个影响库存量的因子，分别是：

（1）呆滞风险；

（2）在库金额；

（3）交期长短；

（4）风险等级；

（5）生命周期。

下面逐一解析：

（1）物料呆滞的影响因子。

——定制专料（只用于特殊产品），相对少备库

——定制通用料（多种产品通用），相对多备库

——标准件（行业通用），再加大备库量

（2）在库金额的影响因子。

——外购件的支出占比越大，越少备库

（3）交期长短的影响因子。

——交期越长，越多备库

（4）风险等级的影响因子。

——预测满足率越低，越多备库

（5）生命周期的影响因子。

——越接近退市，越少备库

接下来我们要建立模型来搭建外购件的备料机制，分为以下五个步骤

进行。

步骤一：确定责任人，统计物料的单价、交期、起订量、通用性、预测用量等基本信息；与研发确认物料的变更计划；按照卡拉杰克矩阵对品类分类，重点识别瓶颈品类。

步骤二：分析供应市场，分析的渠道有网络、新闻、公众号、行业报告、关键供应商的财报、询问关键供应商等，对供求关系与行情趋势进行趋紧或趋松的初步判断。

步骤三：如果行情趋紧，参照如图 3-16 所示的矩阵确定备料策略并建立库存。

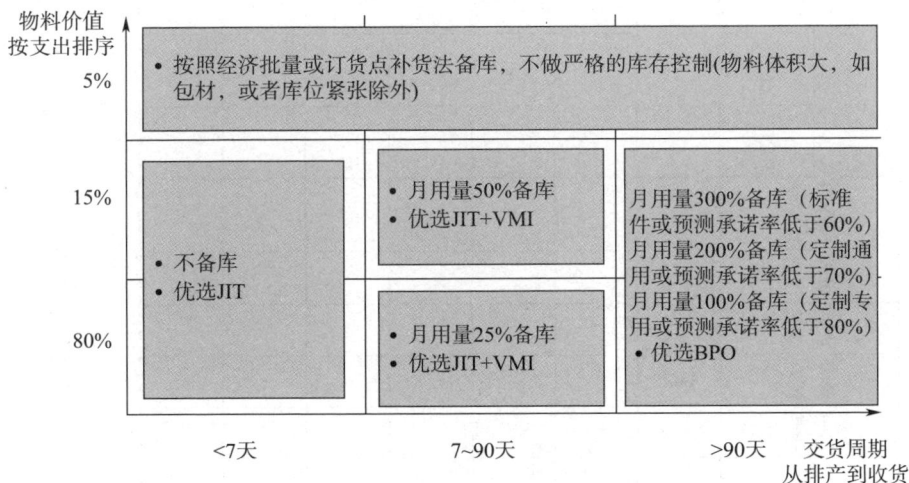

图 3-16　备料策略参考模型

如果行情趋松，适当削减库存或者将其从备料清单中剔除。

步骤四：每月调查一次供应市场，检查一次物料替代计划，召开战略备库会议，确定审批人，更新备料清单，定时监控。

步骤五：对于短缺严重、实在无法备齐的物料，采购要在第一时间向生产计划和前端销售通报，以便尽早调整销售重心和生产安排，避免出现销售一边接单、生产一边缺料的尴尬。

战略库存追踪表见表 3-7。

表 3-7 战略库存追踪表

序号	齐套影响	物料名称	型号	厂家	交期	MOQ	平均单价（以往三个月）	单位	价格趋势	备库策略	物料属性	替代计划	预测的达成率	月份									
														202108	202109	202110	202111	202112	202201	202202	202203	202204	

怎么样？你学会制定备料策略了吗？

除了备料策略，采购计划管理的核心问题还要落到计划身上，关于此请您继续阅读小贴士：计划做准了，采购也就坐稳了。

小贴士　计划做准了，采购也就坐稳了

在一次高管教练中，学员叹息："我们老板整天'画大饼'，说企业在五年之内要成为行业冠军，但现实又很骨感，根本看不到市场占有率提升。"

笔者答："那你还是赶紧备货吧。"

学员问："为什么？"

笔者答："因为你的公司没有长中短期三层计划，只能依靠短期计划安排生产和买料，肯定会经常断货。"

学员问："没错，今年从美国进口的物料短缺严重，交期不断延长，但是姜老师，长中短期计划是指什么呢？"

笔者心想，既然你不知道，那我可得讲透了。"很多公司都在依靠短期计划安排生产和交付，常见的形式是提前拿到1~3个月的销售订单再加1~3个月的滚动预测，但是这种方式已经无法应对VUCA时代越来越多的物料短缺事件。为了解决这个痛点，越来越多的公司开始实施长中短期三层计划。

其中，长期计划是指时长在1~5年的计划。销售需要预测未来的市场份额、销量和销售区域，以便指导公司的产能规划、仓网规划、人员规划和供应商的产能规划，指导中短期计划有效实施；中期计划是指时长在6~18个月的计划，仍需根据销售的预测指导关键物料的备货和关键供应商的寻源；短期计划已经提及，是用来安排生产，指导采购员下单买料和供应商备料的。三者相互关联、环环相扣，才能把计划做准了。

如你所说，老板'画大饼'的行为，就是营造了一个无法实现的长期计划，这个无效的长期计划自然无法指导中短期计划。据我了解，你的公司的中期计划也是形同虚设，那么短期计划一定不准确。长中短期计划，如图 3-17 所示。"

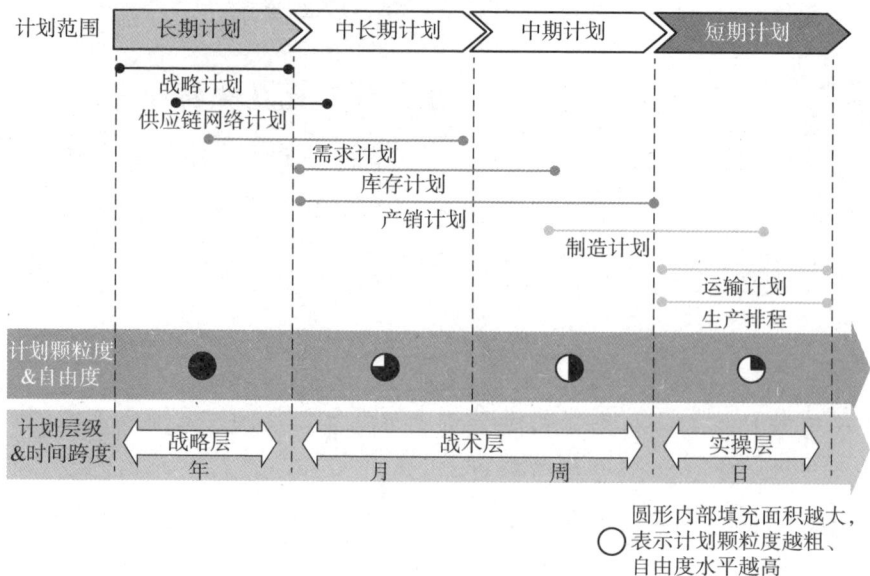

图 3-17　长中短期计划示意图

学员："我们的确是这样。除了长中短期计划互相脱节，销售人员基本不会做预测，预测数据不可信，再加上有的客户经常临时加单和砍单，严重影响整个排产计划和供料计划，导致很多供应商不相信采购下发的订单，不愿提前备料，真是雪上加霜。"

笔者："这是一个大问题，一定要抓。你的公司一定要知道，销售预测的来源有两种，一是定量信息，例如客户的预测、历史销售数据，可以用来建立预测模型；二是定性信息，例如对政策和行情的判断、促销活动、新产品上市的预期、季节等。将定量信息和定性信息结合起来，就能做出接近实际的销售预测，一般来讲，能达到 70% 的准确率就足以支撑供应链管理，通过一定的备库策略，绝大多数客户的需求都将得到满足。另外补充一点，你的公司如果能给不同客户建立档案，对不同客户的信用分级管理，就能根据历史数据判断客户需求的准确率，然后根据客户的预测或需求乘以这个准确率，就能更加准确评估客户真实的需求（此法需要积累足够多的数据），有了准确的需求信息，计划也就准了。销售预测模型，如图 3-18 所示。"

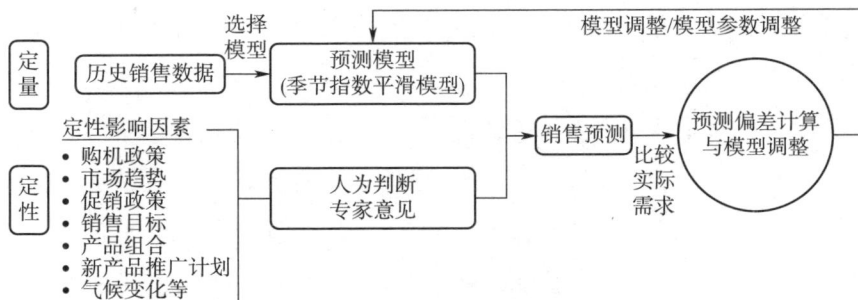

图 3-18 销售预测模型

学员："这么讲也有道理，但是我们还有一个问题，就是高度定制化，这给供应端带来了极大的麻烦。现在我们的一次性采购订单占比高达 50%，很多供应商都不愿接单了。"

笔者："这个问题对于采购来说难以解决，因为我们不是设计师。据我观察，很多消费电子类的公司，为了节约成本，往往招聘很年轻的设计师，这些设计师一入职就被要求设计某种智能窗帘、灯泡、手表等，时间紧任务重，导致设计师临时抱佛脚，哪个物料能用就选哪个，根本没有时间认真研究，其结果是选型因人而异，出现大批新物料；而后由于市场竞争激烈，90% 以上的消费电子类产品刚上市就退市，也就产生了一次性采购订单高起的现象。怎么解决呢？

"这种情况我认为采购能做的事情有以下五件：

（1）提升供应商的支持水平，组织战略供应商与设计部定期做技术路线对标和设计早期介入；

（2）对物料分品类，每个品类设定优选部件和优选供应商，提升优选部件的使用率；

（3）使用比对法严格控制新增部件数量，降低管理成本；

（4）通过绩效考核，剔除能力不足的供应商；

（5）推动设计部设立物料标准化 KPI。

"总之，物料标准化问题难以一蹴而就，采购需要辅助设计部做好。"

学员："嗯嗯，听起来的确长路漫漫啊。姜老师，我还有最后一个问题，关于成品的备库策略，之前听你的课程，有学到物料的备料策略，那么，成品应该怎么备库呢？"

笔者："对于成品库存，我们需要从销量和产品属性两个维度进行分类管理。例如，对于客户定制产品，即使销量再大，也不应该备库或者只能少量备库；对于菜单式选配产品，如同一车型配置不同马力的发动机，我们可以对热门产品适当备库；对于标配产品，可以根据销量同步放大或缩小库存，适当多备库，如图 3-19 所示。"

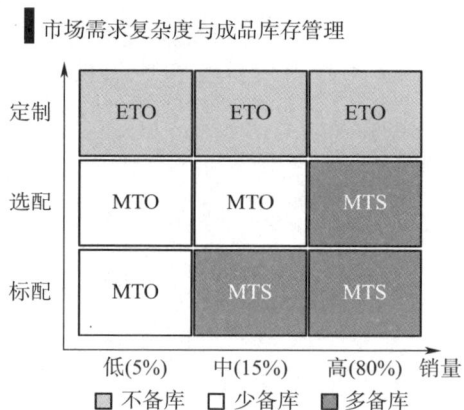

市场需求复杂度与成品库存管理

	低(5%)	中(15%)	高(80%) 销量
定制	ETO	ETO	ETO
选配	MTO	MTO	MTS
标配	MTO	MTS	MTS

☐ 不备库　☐ 少备库　■ 多备库

图 3-19　成品库存策略管理矩阵

"原来如此！"学员恍然大悟。

笔者"没错。计划的复杂性在于层层递进，一旦出现断层，计划就会产生波动，如果供应柔性不足以缓冲计划波动，供应链就会出问题，部分客户就会不满意，市场占有率就会下降，企业就会亏损。因此，我们一定要会做计划，做准计划，只有这样，采购才能坐稳了。"

对话到此结束。

亲爱的读者，通过这段对话，你是否明白自己整天到处救火、疲于奔命的根本原因呢？问题一定出在计划上。

只有不断学习优秀的实践，把计划做准了，供应商才愿意给我们备货，到那时采购员只需在办公室打电话或者发邮件即可完成工作，也就不再需要到处救火了。

提起救火，很多采购朋友抱怨紧急采购过多，那么应该如何正视紧急采购并做好处理呢？请您继续阅读小贴士"如何正确处理紧急采购"。

小贴士　如何正确处理紧急采购

学员问："姜老师，我们公司紧急采购太多。总监让我做个流程规范一下，请问，我该怎么做呢？"以下是我们的对话。

"你想怎么做？"

"我想从采购申请的审批入手。"

"具体怎么做？"

"让采购总监签批采购申请，而不是等着订单签到采购总监那里再被打回。"

"这有什么用吗？"

"流程前移啊！"

"那么，采购总监还签批订单吗？"

"签啊！"

"从采购申请到采购订单，因为采购总监的介入，整个流程变长了，而不是变短了。请问，这样的流程能解决紧急采购太多的问题吗？你信不信，这么做的结果是紧急采购更多，领导对你不满，采购与需求部门的关系闹僵。"

"姜老师，我们采购总监是老板的亲戚，而且经常说'不买就是省了'，并把这个指标设为采购的绩效。"

"好吧，这属于你们公司的特殊情况，我就不评价了。"

对话到此结束。

请读者朋友复习一下，当我们在设计一个流程时，首先应该考虑什么呢？

笔者认为应该是考虑客户的利益。

如果你在设计一个流程时，不知道客户是谁，也不知道他们的利益是什么，你设计的流程自然不会为他们服务，也就是说这个流程是无效的。

因为流程从来不是为某个部门服务的，而是为整个企业以及企业的客户服务的。

言归正传，无论是外部客户还是内部的利益相关方，让我们想一想，紧急采购流程应该如何为这些客户服务呢？

想要知道答案，需要梳理清楚两个问题：

1. 紧急采购给企业带来什么价值

答案是更快地拿到货物或服务，增加整个供应链的敏捷性。因此，我们设计紧急采购流程的方向应该是如何更加敏捷的交付，而不是设置障碍。

2. 需求部门为什么频繁提请紧急采购

原因肯定多种多样，主要包括以下五点：

①不知道订料提前期，临时抱佛脚；

②不知道新供应商认证流程和周期；

③不知道应该选什么，迟迟不决定；

④整个项目拖期严重，需要赶进度；

⑤公司审批流程烦琐，太浪费时间。

那么，应该如何解决这些问题呢？

（1）定期贯宣。让需求部门知道采购流程、新供应商的认证流程和周期，以及订单的审批和处理时间，将这部分内容纳入新员工的入职培训中。

（2）预警。提醒产品开发经理或需求部门，要求他们一定要提前一段时间下发采购申请，否则难以保证按时到料。

（3）简化。针对小金额的紧急采购，可以授权需求部门联系合格供应商直接送货，后补采购申请，采购部可以在事后检查价格合理性等合规问题；针对中金额的紧急采购，可以授权采购经理口头或邮件批准价格，后补手续；针对大金额的紧急采购，需要知会总经理或财务经理，口头批准价格即可下单，后补手续。

（4）电子化。引入或自建工业品商城，对需求部门完全授权。

（5）提前摸底。想要有效缓解紧急采购问题，采购不能总是被动应战，而是应该主动了解其他部门的需求，提前开发匹配的供应商，如距离近、反应快、服务态度好的供应商。

只有在事前做好准备、事中快速响应、事后适当监督，才能最大限度地缩短采购周期，完成紧急采购任务。

至于如何从源头解决紧急采购过多的问题，单靠采购很难，而要靠前端。因为紧急采购问题的本质是牛鞭效应在供应链中逐级放大的结果，也因此导致采购计划失灵。例如，客户迟迟不明确需求，导致研发无法选型，等到需要采购时，时间已经所剩无几，采购只能迎合。

复盘总结

本章主要围绕采购业务管理的重点内容，包括供应商的评估与选择，供应商管理和采购计划管理的相关要点展开讲解，帮助采购领导者学会运用最具实践性的高阶方法解决业务痛点问题。

接下来，您将学到所有采购领导者都在探索的问题——如何做好采购战略管理。

| 第四章 |

采购战略管理

采购战略管理是近几年较为成熟的采购组织的热点议题。

然而，什么是采购战略？需要管理什么？如何管理？却鲜有统一的答案。

在我看来，如果说采购业务管理是解决现在的问题，那么采购战略管理就是解决未来可能发生的问题。从这个角度理解，笔者认为品类管理（把握未来市场的先机）、风险洞察（防患于未然）和数字化转型（增加采购管理的可视化程度）都可被视为采购战略管理的一部分。

在本章，笔者将就以上内容进行讲解。

随着学习的深入，采购领导者普遍关心的十个采购战略管理问题将得到解答，它们分别是：

（1）如何通过品类管理与战略采购持续创造价值？

（2）采购管理的战略目标是什么？

（3）如何决策自制与外购？

（4）如何构建洞悉风险的采购管理机制？

（5）如何确认外购件的可行性？

（6）如何规避全球寻源的风险？

（7）如何实施绿色采购管理？

（8）数字化转型会给采购组织带来哪些提升？

（9）采购组织在数字化转型前应做好哪些准备？

（10）采购人应该如何应对数字化转型带来的职业危机？

品类管理与战略采购

在做出了组织变革，搭建了完善的采购流程，优化了采购业务的管理机制之后，小明心中隐隐有一个疑问，就是如何持续地优化管理工作，从而实现降本增效，于是好学的小明再次向皮总监请教。

"据我观察，这几年成熟的采购组织都在不断深化品类管理，通过品类管理寻找降本机会。"皮总监仔细思考了一下，缓缓地说。

"什么是品类管理？"小明对品类管理十分陌生。

皮总监："想要了解品类管理，我们需要把品类管理这四个字拆成'品类'和'管理'两部分。品类是指具有某一相似属性的一组原材料或服务。例如，加工工艺相似的机加件，就可以被视为一个品类。"

"可是机加件的材质不同啊？有碳钢、铝材、铜材等，把它们归为一类不太合适吧。"小明很喜欢思辨，或者说钻牛角尖。

皮总监："没错，品类归类并没有放之四海而皆准的方法，要根据公司的需要归类。例如，如果在一家中小型公司，采购部不大，人也不多，那么，继续将机加件细分为钢机加、铝机加和铜机加就没有实际意义，因为财务不需要这么详细的科目记账，采购分工也不会这么细，管理报告里更不会讲，那么，将品类细分到机加工即可。

"但是，如果在一家500强企业，每一个机加件的采购额都很大，值得投入专人专管，那么在细分品类时，就要把机加件作为一个中类，之后再按材质分小类，交由专业的采购员分别管理。

"由此可见，品类归类是一件复杂的事情，而且往往需要与支出金额挂钩，这也就引出品类管理要做的第二件事——支出分析。

"支出分析顾名思义，就是按照物料、供应商、金额、时间、地域等纬度对支出进行分析，了解主要的支出在哪些物料，哪些供应商，具体有多少金额，在什么时间段内，在什么区域内，以便识别重要品类和重要供应商（可以按照 28 原则区分），并追踪价格变化的合理性（是否随着主要原材料的价格变动而变动）。有了支出数据，你在做品类归类时才会更有针对性，更加有效。

"在初次做品类归类时，我建议全员参与讨论，由你来定夺，之后指派专人定期维护品类归类。"

"嗯嗯！"小明点头称是。

皮总监："说完品类，接下来要说管理了。毫无疑问，相对于基于支出分析的品类归类，管理才是重点。怎么管？

"很多人在第一时间会想到卡拉杰克矩阵，我也曾以为品类管理就是卡拉杰克矩阵管理，实际上并不完全是。从近几年一些标杆企业的实践来看，卡拉杰克矩阵仅仅是品类管理的起点，因为品类管理还要分析需求和市场。提起需求，很多采购员都会心痛，因为需求部门往往要求不清，或者提出难以达成的要求，令采购和供应商苦不堪言，这是因为需求部门自己往往不清楚到底需要什么，有时出于保守的想法，会不顾成本地提高要求。这就需要采购员对需求进行分析，从规格、标准、数量、频次等维度与竞品或用途对标，找到可以降低需求之处，完成降本。关于市场分析，这是一个比较复杂的话题，往往需要从全球寻源的角度分析市场的供求趋势，主要供应商的分布，判断是个新进入者不断增加的新兴市场，还是个退出者不断增加的趋于垄断的市场，这些因素决定了与公司匹配的供应商是谁，在哪里，以及我们应该与供应商发展怎样的关系。

"在分析了支出、需求和市场之后，针对筛选出的潜在供应商，采购员需要制订合理的定商定价策略，这一点与卡拉杰克矩阵有关联。例如，对于杠杆型品类，应该采取招标等方式拿到市场最低价；对于战略型品类，应该整合研发等优质资源为产品创造价值；对于瓶颈型品类，应该通过长期合同锁定供应；对于非关键性品类，应该快速询价并简化审批。

"在定商定价之后，采购员应该选择相应的合同形式以便与供应商开展业务，之后要考核供应商的绩效并定期循环往复地分析支出、需求和市场，不断寻找新的降本增效的机会。品类管理有九个步骤（图 4-1）。"

图 4-1 品类管理的九个步骤

听着皮总监的讲解，小明的大脑在飞快地转动着，有一个问题逐渐浮现出来：除了品类管理，战略采购还应该包含哪些工作？

看着小明认真的样子，皮总监笑着说："除了品类管理，战略采购还应该包括技术路标管理（对接研发和战略供应商的技术路线）、新品开发管理（建立优选物料和优选供应商资源池）、项目采购管理（确保新品按时、按质、按价、按量上市）、数字化转型、人员能力发展等。"

"之前我在做组织架构优化时设立的战略采购岗位主要聚焦在战略供应商的资源整合，而忽视了品类管理、技术路标管理和新品开发管理等工作，下一步要加强了。"小明一边消化皮总监传授的知识，一边反思自己的做法，想要明确下一步的战略目标。

那么，采购领导者都应考虑哪些战略目标呢？请您阅读小贴士：采购管理的战略目标。

小贴士　采购管理的战略目标

懒蚂蚁效应是指大部分蚂蚁都很勤快地寻找、搬运食物，少数蚂蚁却整日无所事事、东张西望，人们把这少数蚂蚁叫作"懒蚂蚁"。

懒蚂蚁效应是日本北海道大学进化生物研究小组对三个分别由 30 只蚂蚁组成的黑蚁群的活动观察。有趣的是，当生物学家在这些"懒蚂蚁"身上做上标记，并且断绝蚁群的食物来源时，那些平时工作很勤快的蚂蚁表现得一筹莫展，而"懒蚂蚁"们则挺身而出，带领众蚂蚁向它们早已侦察到的新的食物源转移。原来"懒蚂蚁"们把大部分时间都花在了"侦察"和"研究"上了，它们能观察到组织的薄弱之处，同时保持对新的食物的探索状态，从而保证群体不断得到新的食物来源。

刚好笔者在思考采购管理的战略目标，懒蚂蚁效应启发了笔者，因为采购管理的战略目标不是解决现在正在发生的问题，而是解决将来可能发生的问题。

在笔者培训、咨询和访谈的众多企业中，笔者发现绝大多数的采购领导者都在解决现在的问题。

例如，"姜老师，我们的系统落后，有何好的推荐？"

笔者微微一笑，问道："你的系统怎么落后了？"

"嗯……我们的合同盖章要求三个部门的人同时盖，我在想怎么样通过电子签章提高效率。"

笔者说："电子签章在国外极为普遍，如数字签名（docusign），国内也有几家在做，如易签宝、上上签、法大大等，但是由于国内没有出台电子签章的配套法案，很多供应商不认电子签章。因此，电子签章未必能够解决你的业务痛点。"

"还有一个问题，就是这些信息系统服务商只是负责实施你的流程，不会解决你的业务问题。就拿合同签章流程来说，他们只会按照你现有的流程来执行，所以即使实现电子化签章，多部门同时签章的问题依然存在，除非你们自己可以简化流程，否则服务商无法解决你的业务痛点。"

"哦，那好吧。还有一个问题，我们的供应商准入流程形同虚设，供应商绩效管理制度不健全，这块应该怎么办？"

笔者说："找供应商不难，难的是找对的供应商，做匹配的业务，这个时候供应商准入流程就会起到漏斗作用，通过财务健康度、质量管理、产能管理、技术能力、企业战略等维度筛选出最适合我们的供应商。而供应商绩效管理的目的是识别战略供应商并对供应商库优胜劣汰式的优化。因此我们需要通过公平合理的方法找出谁是战略供应商，通过明确的奖励制度吸引战略供应商投入资源，同时引入更具竞争力的供应商来淘汰绩效不佳的供应商，否则采购部的绩效到了一定程度便难以持续。"

"哦，好。我们还有个合规问题，是……"

读到这里，不知道读者朋友是否发现了问题。

是什么问题呢？没错，这位采购领导者只是在考虑当下的问题，而没有考虑将来的问题。

当下的问题是指什么？

（1）业务痛点；

（2）业绩指标；

（3）人员能力；

（4）审计问题等。

将来的问题是指什么？

（1）采购组织如何帮助企业增加怎样的竞争力（战略）？

（2）采购组织及个人的权责利是否清晰明了（组织）？

（3）对采购人员应该培养哪些能力，提供哪些发展空间（能力与发展）？

（4）为什么采购部门制定的政策在基层和其他部门无法得到贯彻和执行，甚至不为所知（影响力）。

（5）如何改变文化，为采购组织植入一种可持续的进化能力，通过建立新机制来解决新问题，并不断改进（持续优化）？

想要解决将来的问题，采购领导者及核心团队需要将所扮演的角色从"工蚁头子"转变为"懒蚂蚁"，考虑将来的问题如何解决，而不只是带领团队"大干快上"，着眼于完成现在的任务。

那么，采购领导者应该如何着手解决将来的问题呢？

采购领导者要意识到将来的问题不是某一个点的问题，而是某一个面或者体的问题。

例如，笔者看到某些采购管理基础薄弱的企业，还在用贯彻宣传的方式做管理。落地的流程几乎没有，总是在发制度文件，领导讲话不是煽情就是"画大饼"，解决不了基层的任何问题，这就是典型的管理断层。那么，最起码的，这样的采购组织应该有一套完善的工作流程，覆盖采购工作的方方面面。

可是，有人会问，有了流程，采购领导者突然变成流程的破坏者，导致流程形同虚设。没错，没有制约的权利只会导致灾难。企业在给予采购领导者充分权利的同时，要给予充分的制约，不是就让某一个人说了算，而是让他搭建一个合规的采购组织，这个合规，绝不是"刑不上大夫"。采购领导者必须是合规管理的倡导者和模范执行者才配拥有权力。

那又有人问了，我们现在这个领导很好，但是将来换人了怎么办？

所以这里不仅是解决流程与合规的问题，还有组织问题。采购管理不是封闭的，例如一家供应商改善无果，需要退出，这个决定应该由采购组织自己做吗？不是的，应该包括质量部甚至审计部共同参与，规避人为排挤供应商的可能；同样的，想要奖励哪个供应商，也应该由多部门参与评审。采购部如果想要代表公司，就得邀请其他部门一起参与，而不是搞部门墙。

综上，有了正确的战略、组织、流程、合规管理，再加上正确的企业文化、人员培养机制、影响力、绩效考评和信息系统的加持，一个采购组织的管理水平才能真正得到提升，能够解决将来的问题，而不是疲于奔命，只是解决现在的问题，否则时间久了，老板看到采购管理没有起色，就会降低采购组织的地位。

懒蚂蚁效应的本质是"治未病"，这也是采购管理的战略目标，想要做到不是那么容易，让我们从实践中多多学习吧。

说起从实践中学习，采购领导者首先要学会正确的提问，为什么这么说呢？请您阅读小贴士：采购领导者要学会正确的提问。

小贴士　采购领导者要学会正确的提问

曾有位采购高管颇有感慨地对笔者说："到现在我才领悟到，想要正确地领导一个采购组织，不是要学会多少知识，而是要学会提出正确的问题，再正确地解决问题。"

这位采购高管的话，犹如黎明前的第一缕阳光，温暖了笔者的心。

的确是这样，一个领导者的管理水平，往往能从他的提问中判断出来。例如，曾有一位采购高管问笔者："如何防止采购舞弊？"

　　笔者认为,这个问题很没有水平,因为在这个世界上没有一家公司能够完全杜绝舞弊和贪腐行为,只是程度不同而已,因此,这个问题本身就无解。

　　但笔者不能直言相告,毕竟要维护客户的颜面,只能反问:"采购舞弊的场景是什么?如果没有场景,我们只是在纸上谈兵,解决不存在的问题。"

　　对方开始支支吾吾起来,最后说采购员会掩盖自己的工作失误。例如,因给供应商提供错误地址导致送货错误。

　　笔者接着问:"这个错误怎么可能掩盖得了呢?供应商不要额外运费吗?"

　　这位采购高管挠挠头,不好意思地笑了。

　　在辅导了很多学员后,我把学员的提问归为两类。

　　第一类是细枝末节的提问。例如,采购订单生效后如何取消?如何迫使瓶颈供应商降价?如何押款?等等。很明显,这都是钻牛角尖的问题,即使解决了一个,以后还会发生,无法杜绝,这样提问的人不可能成为卓越的采购领导者。

　　而第二类是根本性的提问。例如,该如何与销售以及客户协同,提升预测准确率,与客户、公司和供应商共担库存风险?如何对供应商进行分级分类管理,对不同类型的供应商采取不同的策略?如何通过供应链管理金融服务解决公司的账期问题和供应商的现金流问题?

　　显然,只有这样的提问才能推导出从根本上解决问题的方法,而不再是发生一起解决一起。

　　笔者经常听到一句话,说解决采购管理问题的优先级是人、流程和系统。

　　对于系统的作用,笔者表示存疑,认为系统的管控作用大于提效作用,只符合大型企业的需要,但是对于人的重要性,笔者十分赞同。因为只有高素质的采购领导者才会从定位、战略、组织、流程、绩效和系统这六个层面做好规划,支撑企业未来的发展目标。

具体来说，如果一家企业对采购管理的定位过低，在未来规模扩大后，采购引入优质供应资源的决策权会被弱化，造成对供应资源管控不足；如果一家企业的采购战略不明，会陷入只看价格不看价值的尴尬境地，无法持续完成绩效；如果一家企业的采购组织投入不够，导致人手不足、人员能力欠缺和人员流失率大，会让业务难以为继，无法支撑未来发展；如果一家企业的流程不全，依靠经验和人治，在做业务时一定容易乱，在企业扩张后会更乱；如果一家企业的绩效考核不规范，会失去持续改进的机制，导致企业的业务管理水平止步不前；如果一家企业的系统落后，会让管理者无法进行精准地判断，这样的企业容易上演"无间道"，让企业遭受意想不到的损失并制约企业的发展。采购组织的管理框架，如图4-2所示。

图 4-2　采购组织管理框架图

要把定位、战略、组织、流程、绩效和系统都做对，就需要采购组织的领导者看清问题的本质，提出正确的问题，说明自己到底需要什么，而不是问我怎么能买到更便宜的物料，如何把入库的物料退给供应商，如何通过系统自动下发订单。只有解决根的问题，枝枝叶叶的问题才能彻底解决。

那么，一家企业的采购组织应该如何设计定位、战略、组织、流程、绩效和系统呢？

笔者认为，关于定位，采购组织要把自己从价格管控提升到价值管控的高度，把自己定位为企业外部供应资源的唯一管控方，通过寻源和战略供应商协同等手段不断创造价值。

关于战略，采购组织要制定迎合企业发展的战略。例如，如果你的企业是以低成本占领市场，产品同质化严重，那么采购对于价格要强管控，通过在价格低点大量买进物料的方式对供应商剥削压榨，通过最低采购价格战略支撑企业的市场战略；如果你的企业是高科技型企业，就要主动识别并与战略供应商合作，共享发展机会，与低价采购战略截然相反。

关于组织，采购部的组织架构是否正确，是否按照不相容原则将寻源、供应商管理和采购执行分离，都是领导者需要提出的问题。采购组织要有持续优化的能力，支撑企业未来5~10年的发展。

关于流程，采购组织需要高度重视，因为流程是解决多角色跨部门协同的利器，必须要走得通、走得全、走得快，还要能在业务场景变得复杂时，相应地修改流程，这对采购领导者的能力要求很高。

关于绩效，很多采购领导者的误区是，担心绩效不好看。其实，绩效管理的唯一作用是给现状打分，然后持续推动改进。如果一味追求绩效，往往会导致采购领导者在绩效统计时舞弊，而一旦绩效"好看"了，绩效管理就会失效。

关于系统，笔者认为越大的公司越需要通过系统管控业务风险并提高工作效率，但毕竟上系统的费用不小，风险也不小，对于中小公司来说，有套进销存系统就够了。

综上，对于能够正确提问的采购高管来说，他一定关心采购组织的定位、战略、组织、流程、绩效和系统，因为这些都是根本性的战略问题，每提升一点，业务问题就会减少一点。

在采购战略管理中，自制与外购也是一个重要议题，应该如何决策？请您继续阅读小贴士：自制与外购的战略决策。

小贴士　自制与外购的战略决策

问："贵公司从产成品、半成品到零部件的自制与外购决策是怎么做的？"

采购经理答："生产不接就找采购。"

随着同行业间的竞争不断加剧，一家企业的产成品和零部件，到底应该自制还是外购，越来越成为一个战略问题。

为什么要自制？

自制的第一个好处就是降低成本。就拿空调行业来说，如果一家企业能够自主研发并生产压缩机，就会在成本上甩开竞争对手2~3个百分点，有机会成为行业的龙头。

自制的第二个好处是快速交付。试想，当一个极为重要的客户下发一个无预测订单时，如果公司的主要零部件都是自制的，整个排产都可以为这个客户开绿灯，就能够以最快的周期交付产成品，提高客户满意度，赢得更多商机。

自制的第三个好处是缩短新产品从研发到上市的时间，道理同上。

自制的第四个好处是弥补供应短板，帮助企业更好地聚焦到自己的优势上。

既然自制有这么多好处，企业为什么还要外购部分产成品和零部件呢？

外购的第一个好处是嫁接外部优质资源，如研发、专利、低成本等，为自己企业的产品增值。

外购的第二个好处是当企业自身产能不足时，可以通过外界资源快速获得富余产能。

外购的第三个好处是轻资产运营。

既然自制与外购各有优势，那么企业应该如何决策，以便在战略上胜过竞争对手呢？

毫无疑问，这是一个极为复杂的决策过程，企业只能分析关键决策因素，再制订流程做出正确的决策。

首先，请读者朋友们想一想自制与外购的关键决策因素有哪些？笔者认为有以下七点：

（1）设计能力够吗？

（2）自制成本低吗？

（3）工艺能力够吗？

（4）交期能满足吗？

（5）外购会有知识产权风险吗？

（6）有合适的供应商吗？

（7）供应商的切换成本高吗？

其次，基于这七点的排列次序，笔者设计了自制与外购的决策流程，如图 4-3 所示，仅供参考。

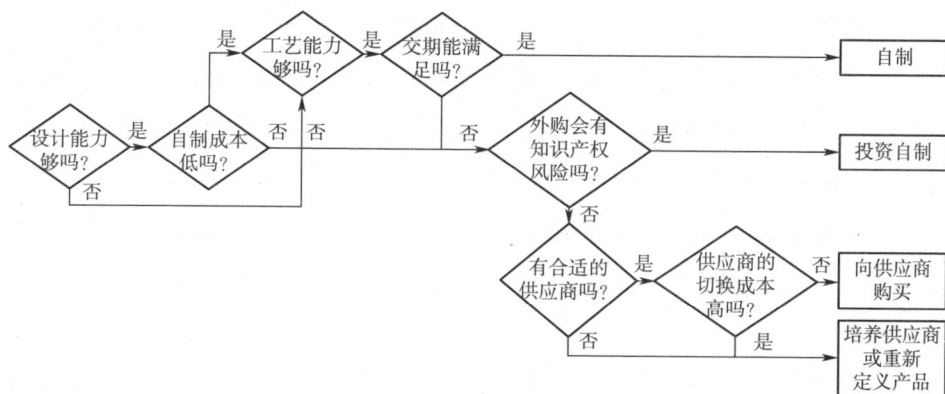

图 4-3　企业自制与外购的决策流程

企业在自制与外购的决策过程中，会有很多特例值得探讨。例如，当供应商的切换成本高时，迫于产品或零部件市场的垄断地位或者很高的进入门槛，最终的决策只能是采购求着某家供应商购买，而没有培养供应商或重新定义产品的机会，这是极为可能的。

因此，自制与外购的决策要具体情况具体分析，再由相应的授权人批准，方可执行。

风险洞察——新时代采购领导者的价值创造

在进行了一系列组织变革、流程优化，对关键业务建立了管控机制并实施了战略采购之后，小明在工作中仍能遇到紧急救火的问题，这令小明非常纳闷，于是找皮总监讨教。

"这是因为你还缺乏洞察的能力！"皮总监对小明很熟悉，立即给出答案。

"什么是洞察？"小明大为不解。

"洞察的英文名字叫作 insight，是指未动先察、洞悉本因、防患于未然，是新时代采购领导者的显著特征。

"例如，在维持供应的同时，主动考察供应市场行情，规避供应风险就是洞察能力的一种体现。为什么说它是新时代采购管理的显著特征？是因为在 VUCA 时代，人们意识到，采购管理不再是买东西、懂产品这么简单，还需要做更深层次的探索和分析。"看到小明仍然迷惑，皮总监接着说："如果这样解释你还觉得抽象，那么，更具体点说，洞察就是转身向前，是一种主动式采购管理的体现。

"例如，在绝大多数的采购组织中，领导者习惯于见招拆招，遇到诸如质量、交付或降本问题时，往往通过引入新供应商来解决燃眉之急，本质上是一种打补丁的做法。

"这种做法本来无可厚非，但是随着很多行业竞争加剧，谁的采购管理更精益，谁的浪费就更少，综合竞争力就更强。

"因此，在这样一个时代，供应商开发追求的是一次成功，一次最佳，而不再是打补丁。

"想要做到一次成功，背后需要建立一个复杂的供应商评价系统，包括：材料市场行情分析、供应市场的集中度分析、供应商创造价值的能力以及供应商对甲方重要性的感知，通过市场分析和品类分析，与最正确最匹配的供应商合作，一次性选对供应商。

"但是，只选对供应商不可能解决新品开发过程中的所有问题。例如，对于近几年极其吃紧的集成电路（IC）和其他半导体器件，市场实在供不应求。这也意味着，即使是战略供应商也有断供的时候，我们绝不能"吊死在一棵树上"。

"这个时候，要通过流程前移完成洞察。"讲到这里，皮总监下意识地喝了一口茶，润一润嗓子。

"何谓流程前移？"小明听得很投入，赶忙询问。

"例如，某公司产品用的 IC 一直从国外进口，与供应商的合作亲密无间，直到收到延迟交付通知，该公司才慌了手脚，赶紧认证一家国内的 IC 厂商，联合开发该 IC。

"虽然价格不比国外厂商便宜，但却解了燃眉之急，算是救火成功。

"但后来该产品上的很多半导体器件都出了短缺问题，该公司只能不停地被动地做二次开发。

"针对这种现象，我提出，为什么在新产品开发时，不去通过对品类供应市场的洞察，一次性认证多个厂家或兼容的型号，而是浪费资源不停地做二次开发呢？

"有人会说，新品开发时资源紧张，产品需要尽快上市。我认为这就是需要通过洞察来立即更正的理念。因为一个不考虑供应链确定性的新品开发只能算是研发，只适合小公司，对于成熟的企业来说，一个完善的新品开发项目一定是兼顾市场、技术和供应链的产物，才能保持活力。

"我们一直在说，采购部是战略部门，是价值创造部门，但什么是战略？什么是价值创造？却很少有人能说清楚。

"其实最简单的战略就是洞察，最简单的价值创造就是转身向前，即主动式采购管理。

"因此，采购领导者要有足够的洞察能力，否则就会把病态视作常态，陷入只会低头做事却又不懂抬头看路的误区。"说罢，皮总监把眼光转向小明，想了解他听懂了多少。

小明心领神会，立即回答："洞察真是一个很新颖的理念，意思是说采购领导者不要只关注解决眼前的问题，还要想着如何避免问题再次发生，不再发生问题就等同于增加价值。我会不断从实践中总结洞察的方法，相信一段时间之后，你会看到采购部管理水平的提升。"

皮总监点点头，微笑着说："那我就拭目以待了。"

众所周知，在所有采购风险中，最令采购担心的往往是供应商做不出合格品，导致新项目不能按时投产，如何通过洞察的理念来规避这类风险呢？

请您阅读小贴士：可行性分析。

小贴士　可行性分析

一个只有采购经理才懂的分析策略，如何嵌入新产品开发流程中，为企业和采购员规避所有潜在的供应风险呢？让我们看看小婷是怎么做的。

小婷是一家自动化设备企业的采购经理，与千千万万个自动化设备企业一样，研发经常主导着部件选型。

"这台新设备必须要用日本产的批头，因为技术参数最匹配。"与以往一样，研发很快选定自己心仪的部件。

本来小婷也没把这件事看得很重要，但是在与日本厂商的国内独家代理谈判时，小婷发现对方不但在价格上寸步不让，还要求三个月的交期，声称供应紧张。小婷隐约觉得这家厂商会成为供应瓶颈，于是在网上搜索日本厂商的资料，这一搜索，还真查出了一些信息。原来，这家日本厂商只有53位员工，虽然产品很棒，但是产能过于饱和。想到这款还在研发中的自动化设备将成为明年的主力机型，预计会从今年二十多台的订单量陡增到三百多台，小婷认为日本厂商的产能跟不上，于是小婷据理力争，说服研发重新选型，最后选了一款瑞典产的螺丝刀披头，虽然价格没有更便宜，但是供应充足。就这样，一个即将爆雷的供应隐患被经验丰富的小婷及时筛查排除。

虽然因为处理得当，小婷获得了采购总监的嘉奖，但是笔者并没有佩服小婷出色的实战能力，而是思考这家公司未来通过何种机制才能排除所有类似的问题。

其他采购员都能跟小婷一样出色吗？如果未来小婷一时疏忽，是不是也会爆雷呢？

想了许久，笔者认为，应该在定商定价的流程中嵌入一种分析方法，把所有可能发生的供应风险在定商定价之前排查一遍，这个分析方法，叫作可行性分析，是一种未动先查的洞察策略。

请读者朋友们想一想，在定商定价之后，一个部件可能会出现哪些供应问题，需要事先做排查？

笔者总结了以下五点：

（1）不符合法律法规要求；

（2）样品不合格；

（3）质量不稳定；

（4）供应商强行涨价；

（5）供应商产能不足。

很显然，一旦在定商定价之后出现以上问题，采购领导者将成为第一责任人，会导致采购部在公司的地位每况愈下，因此，我们必须要提前排查供应隐患。

请读者朋友们想一想，是什么阻止你的公司在定商定价之前排查供应隐患呢？

笔者认为是因为采购或研发独自做定商定价决策造成的。当采购独自做决策时，研发往往会认为在量产时部件出的问题与自己无关，因为供应商是采购定的；而当研发独自做决策时，他往往只会考虑成本、可靠性和质量，而不会考虑交付、产能和供应商关系等问题；质量管理工程师也会因为没有参与定商定价而对量产时出现的质量问题猝不及防。于是三者（采购、研发、质量）不是踢皮球，就是相互指责，问题却难以得到解决。

为了有效解决这个问题，我们需要对症下药，建立一种机制，把采购、研发、质量以及供应商在定商定价之前拉到一起评估选型方案，一起做决策，才能最大限度排查供应隐患。

那么，应该怎么做呢？需要对所有新部件一一排查吗？

这样做肯定不行，因为无论你在哪个行业、哪家公司，所有新品开发项目都面临着资源有限的窘境。

因此，我们首先需要对定商定价的部件进行分类，再有针对性的实施可行性分析，具体做法如图4-4所示。

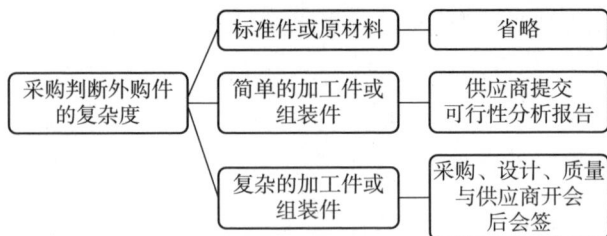

图 4-4　可行性分析示意图

　　我们可以把新增部件分为三类，分别是标准件或大宗原材料、简单的加工或组装件和复杂的加工或组装件。对于标准件或大宗原材料，它们早已在市场上流通，几乎不会存在法规、交付以及质量问题，因此不需要对它们进行可行性分析；对于简单的加工或组装件，出现供应风险的概率很小，因此要求供应商填写"可行性分析报告"并存档即可，以便提醒供应商自我排查供应隐患；对于复杂的加工或组装件，它们往往出现诸如无法按时交付、质量问题、产能问题的风险较大，因此需要采购、设计、质量与供应商一起通过视频会议或者面对面来探讨所有风险点，在确认无误之后会签"可行性分析报告"。

　　建立一套这样的机制，可以帮助整个采购组织把供应隐患排查在定商定价之前，经过笔者的实践，的确行之有效，希望读者朋友们多多尝试。

　　最后，笔者要揭开"可行性分析报告"的面纱，如图 4-5 所示。

　　你会发现，它不仅能够帮助每一位采购员排查供应风险，而且还会鼓励供应商提出问题和建议，兼顾了供应商早期介入的功能，是一个十分强大的工具。

　　介绍完可行性分析，我们再来聊聊全球寻源的风险，这个问题请您继续阅读小贴士：如何规避全球寻源的风险。

可行性分析报告			
1.基本信息			
物料名称		物料号码	
所在产品		图纸号码	
采购员		填写日期	
2.供应商可行性分析			
供应商名称		供应商代码	
物料可得性		工艺可行性	
产能可用性		质量要求	
项目交期		识别出的风险	
创新建议		合法合规	
供应商代表签字		日期	
3.各部门意见、签字和日期			
研发		日期	
质量		日期	
采购		日期	

图 4-5　可行性分析报告模板

小贴士　如何规避全球寻源的风险

随着我国的资源管理从粗放化向集约化发展，以及人口红利期的结束，越来越多的行业和企业开始走出国门，整合全球的优质资源，以便不断增加自身的竞争力，如家具行业、电子消费品行业、钢铁行业、矿产行业等。

在这个过程中，笔者看到很多企业因对风险预估不足，在异国他乡碰壁，只能"打碎了牙往肚子里咽"，花钱买教训。例如，在2018年，美国提高中国很多出口商品的关税之后，国内某电子消费品公司紧急在巴西设厂，因为巴西距离美国近且人工费比中国低，但令该公司意想不到的是，巴西很多州有自治权，拥有自己的税收体系。当该工厂的第一批货从工厂发运到港口之后，层层增加的税收已经使得商品的成本高于从中国直接出口到美国的成本，因此，该公司决定立即关停巴西工厂止损，几亿元的投资额瞬间打了水漂。

毫无疑问，对于习惯于传统采购业务模式的采购人，全球寻源也会给我们带来类似的风险和挑战。我们需要思考，为了满足企业走出去的战略，在做全球寻源时，采购应该知道什么、注意什么，有哪些经验和教训值得我们学习。

在本节，这些疑问将被一一解答。

首先我们需要想清楚，企业到底为什么要做全球寻源？答案并不唯一，笔者总结为以下五点：

①降低成本；

②缩短交期，满足当地市场；

③满足更严的质量标准；

④与更先进的技术合作；

⑤多源供应，降低断链风险。

那么，我们何时要做全球寻源呢？答案是：

①国内没有合适的供应商或者数量较少；

②国内供应商明显缺乏竞争力；

③跟进竞争对手的寻源策略；

④跟进企业全球化布局的市场战略；

⑤国内出现短缺；

⑥进行补偿贸易。

我们将面临哪些外部挑战呢？答案是：

1. 复杂度提升

（1）沟通。语言、文化、时区的差异。

（2）差旅费用高企。

（3）汇率波动影响采购价格。

2. 时间跨度长

（1）需要提供较为准确的预测和计划。

（2）清关风险及运力风险。

（3）需要与供应商保持紧密的联系。

3. 供应潜在风险高

（1）供应商的区域风险（PESTLE, P 是政治 Politics, E 是经济 Economy, S 是社会 Society, T 是技术 Technology, L 是法律 Legal, E 是环境 Environment）；

（2）安全与人权问题，可能造成商誉损失；

（3）高延误和高库存的风险。

我们将面临哪些内部挑战呢？答案是：

①文化差异。集体主义、个人主义；

②不了解国际商务合作的规程；

③与国内供应商千丝万缕的关系。

那么，在需要做全球寻源时，都要考察什么呢？

在宏观上，我们需要考察：

1. 经济发展

（1）宏观。国际贸易顺逆差、失业率、投资和汇率。

（2）微观。单独方面的经济，如一家公司、一个行业的发展。

2. 政府稳定

（1）政府的稳定性对长期投资很关键；

（2）是否频繁更改法律，给企业的运营增加不确定性；

（3）从该国的历史推测未来，判断政府的稳定性；

（4）衡量政府的风险行为，如价格管制、捆绑销售等；

（5）是否存在严重的贪腐行为，如何应对。

3. 基础设施

（1）通信，如电话网络、电子邮件、电子商务等；

（2）运输，如公路、铁路、海运、空运的便利程度；

（3）公共设施，如水电的价格及稳定性。

在政策上，我们需要考察：

（1）合同。

合同需要符合哪国的法律及解决争议的地点在哪里。

（2）知识产权保护。

是否存在盗版问题，一旦出现，企业在该国获得的利益是否可以抵偿损失。

（3）品牌保护。

确保使用前的授权，如何规避假冒商品对商誉的危害。

（4）财务。

如何获知并确保供应商的财务状况稳定。

（5）人力资源。

工作年龄、工作时间、最低工资、法定节假日、福利、工作语言、文化、教育水平、熟练技工的数量。

（6）环境保护。

有何法规及要求。

（7）税收。

种类、税点是否明确。

在研究了以上宏观与政策问题之后，我们应该如何获得潜在供应商的信息呢？有以下四个渠道，见表 4-1。

表 4-1　获得潜在供应商信息的渠道及方式

渠　道	方　式
互联网	企业官网、社交网络、搜索引擎
业界及政府	采购同行、领事馆、大使馆、政府商务部门、全球贸易组织
国际展会	看产品、当面谈
第三方机构	邓白氏（Dun &Bradstreet）、咨询公司、贸易公司、经纪人、进口商等

在开展全球采购业务之前，我们还需要具备哪些财务知识呢？答案是：

1. 上岸成本分析

（1）采购价格；

（2）库存成本（含在途）；

（3）关税和税金；

（4）优先处理费；

（5）保险费；

（6）行政开支。

2. 付款

（1）信用证；

（2）汇票；

（3）在当地设立公司以便管理付款。

3. 利润汇回

（1）将外汇汇回国内，增加可用现金；

（2）受外汇管制；

（3）需征收税金。

4. 进口关税

（1）特别税/从量税。按货物单位征收，比从价税更容易管理，因为估价难于管理。

（2）从价税。基于货物价值的百分比征收，典型以 CIF（成本费+保险费+运费）估价，或以 FOB（离岸价格）估价。

（3）复合税。特别税和从价税组合。

（4）单列关税表。双列/多列关税表（根据不同原产地）；MFN关税（最惠国待遇关税）。

5. 出口关税

（1）目的为保护国内供应；

（2）通常为原材料出口国所征收（咖啡、橡胶、矿产）；

（3）美国禁止征收。

6. 退税

（1）进口商在进口商品再出口时，可享受进口海关关税退回；

（2）鼓励制造商参与全球竞争。

7. 增值税

根据生产分销的各阶段增值部分征收。

8. 附加税

根据地区、大宗商品不同而征收不同比例。

9. 汇率

（1）以采购方的币种签订合同最有利；

（2）有时需根据汇率决定购买的数量和时机；

（3）可以购买国际货币期货合约对冲汇率波动的风险。

综上，在梳理了为什么要做全球寻源、何时做、需要具备哪些知识、规避哪些风险之后，我们再来了解全球寻源的五个发展趋势。

（1）从为库存而采购到为订单而采购：从库存积压保供应，到全球的资源分配和库存优化；

（2）从对采购商品的管理到对供应商的管理：需要管理价值流、服务流、信息流、资金流；

（3）从传统采购到电子商务采购：不断拓源，通过线上电子商务实现采购；

（4）采购方式从单元化到多元化：区域与全球、集中与分散、多供应商与单一供应商、制造商与分销商、自营与外包等形式；

（5）普遍注重采购商品的社会责任环境：适应全球战略、维护商誉。

除了以上介绍的内容，还有一些常规知识需要我们学习，例如国际通用的贸易条款、不同物流运输方式的优缺点、国际贸易组织等，读者朋友们可以自学。

介绍完全球寻源的风险，接下来介绍当今的热门话题——绿色采购，请您继续阅读小贴士：绿色采购，迎合新时代价值观的必然。

小贴士 绿色采购，迎合新时代价值观的必然

自2021年底双限事件发生以来，碳排放逐渐成为热点话题。作为采购从业者，似乎还不需要操心自己公司的碳排放问题，但是为了抓住新时代的新机遇，我们可以研究一下绿色采购。

什么是绿色采购？百度给出的答案是：绿色采购是指企业在采购活动中，推广绿色低碳理念，充分考虑环境保护、资源节约、安全健康、循环和回收，优先采购使用节能、节水、节材等有利于环境保护的原材料、产品和服务的行为。

笔者认为这个解释十分恰当，相比于经典的物资可持续性分级管理（如图4-6所示），突出了新时代背景下绿色采购提倡的五个要点，分别是：低碳、环保、节约、安全、循环。

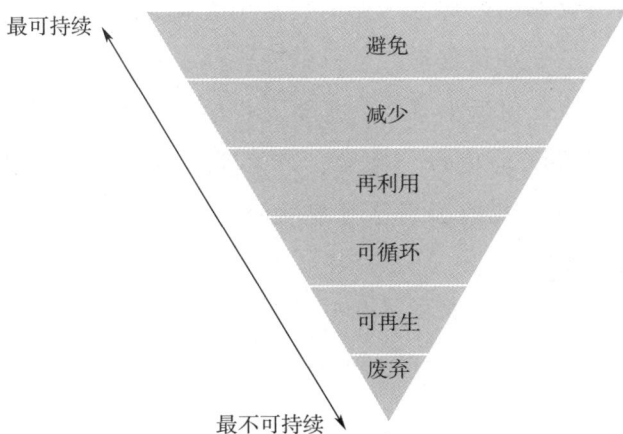

图4-6 经典的物资可持续性分级管理

读到这里，有人会想，这与我的公司有什么关系？经济基础问题都没解决，管什么上层建筑的事情呢？

笔者只能说，如果这个思维不变，你可进不了五百强企业领导采购组织，因为绿色采购不仅能使你的公司符合法律法规和国际准则的环境管理要求，也与企业的竞争力和经济利益直接挂钩，是迎合新时代价值观的必然。

例如，在客户层面：在电子业，所有欧美客户都要求供应商的产品具有 RoHS（《关于限制在电子电器设备中使用某些有害成分的指令》的简称）和 REACH（《化学品的注册、评估、授权和限制》的简称）认证。如索尼、日立等越来越多的重要客户要求供应商的生产环境符合绿色环保要求。

在消费者层面：产品的质量和安全越来越受到重视。一些知名品牌正在通过绿色产品赢得市场；越来越多的中国消费者也愿意为绿色产品支付更高的价格。

在法律法规层面：碳排放、节能减排、避免有毒有害物质等强制性法规正在出台或完善。

在企业竞争力层面：实施绿色采购可以推动企业的绿色价值观，提升品牌认知度，确保零安全事故，履行社会责任，实现可持续发展。

所以，谁还说绿色采购与企业的利益不直接相关呢？那么，作为采购组织的领导者，应该如何推动绿色采购呢？

先别急，因为任何新生事物，想要真正融入一家企业的管理和文化之中，就一定要与公司的使命、愿景、价值观和行为准则相契合，对于绿色采购也一样，你所在的公司不可能在不注重绿色管理的情况下，要求供应商做到绿色管理。

因此，你所在的公司要将绿色发展观植入使命、愿景、价值观和行为准则，老板和高层要以身作则，在重要的会议上不断贯宣，使绿色发展观深入人心。

例如，定期召开生产安全研讨会，识别并排除事故隐患，确保零安全事故；给用水和用电下达指标，做到逐年节约；通过数字化管理实现无纸化办公；降低生产过程中的浪费；安装环保设备，控制有毒有害气体排放等。同时，一定要做到专人专管，即由专人时时关注国家政策和国际法规，及时进行解读和传达，把握新的趋势并确保企业合规。企业将绿色发展观融入企业的发展战略后，再分解到各个部门，包括采购、生产、计划、研发、物流、行政等。

到了这个时候，采购领导者才粉墨登场，通过解读公司的绿色发展观，制订绿色采购战略。

有人可能觉得战略是个很虚的东西，喊喊口号而已，这么想肯定不对，因为采购领导者不但需要在公司内部贯宣绿色采购战略，指导采购员实践，还要让供应商乃至供应商的供应商知道你的公司的绿色采购战略，确保理解到位，实施正确。

首先，在有了正确的绿色采购战略之后，采购领导者需要在组织中找到合适的负责人，例如自己（在初期可以由采购领导者牵头）或战略采购经理，要给这个负责人设定绿色采购管理的权责利。

其次，再由绿色采购负责人完成从战略到流程的分解工作，并对采购员和重要供应商进行培训。如将产品安全认证、环境保护体系（参考ISO14001）、碳排放等要求纳入供应商的准入流程；将零事故管理、节水节电管理、实施绿色供应链战略等要求纳入供应商的绩效考核流程并与奖惩挂钩；将物料需求管理、动态备料管理、库存可视化管理等减少浪费的要求纳入采购计划管理流程中，确保现行的采购管理流程得到全方位的绿色升级，同时将对供应商的一切绿色管理要求写入合同模板或合同附件，通过合同得到执行，使得绿色采购落到实处。

然后，针对不同品类实施绿色采购的难易度和重要性，对现有品类排序，并分阶段实施绿色采购，对于重要的二级供应商甚至三级供应商，可邀请它们参与绿色采购战略。

最后，由绿色采购负责人为采购组织设计绿色采购的绩效指标，如覆盖采购额的百分比、覆盖品类的百分比、安全事故的PPM（百万分之一）等，有力的支撑绿色采购的实施。

通过这样一套从战略，到组织，再到流程，最后落到日常运营，并通过绩效考核支撑的组合拳，作为采购领导者，你还担心绿色采购不能落地吗？

这套方法论适用于一切组织变革与转型，下一次，如果你需要引领变革，不妨一试！

采购管理的数字化转型

数字化转型是当前的热搜词，与每一家企业和每一位采购领导者都息息相关，这自然也引起了皮总监和小明的关注。

"小明，你有空研究一下数字化转型，看看对采购部有何帮助，毕竟很多公司都在做数字化转型，如果有实实在在的好处，我们也要做。"在聊起这个话题时，皮总监下达了这样的指示。

其实小明对数字化转型早有研究，在整理好手头的资料后，向皮总监进行了汇报：

"想要理解数字化转型，我们需要厘清两个问题：

"（1）数字化转型是由什么因素驱动的？

"有人认为数字化转型是由技术驱动的，应该由 IT（信息技术）部门来主导，这是错误的，因为企业的任何转型都是由客户需求驱动的。下面让我们从供应链发展的历程来了解客户需求的发展与变化，见表 4-2。

表 4-2　供应链发展的三个历程

分　　类	1990 功能型供应链	2010 反馈型供应链	2020 适应型供应链
聚焦整合	搞定瓶颈供应商	提升供应商竞争力	垂直协同、早期介入
聚焦客户	客户可以等：我做好了再送给你	客户需要拿到：当你需要时，你就能拿到	客户现在就要：给你
聚焦组织	各部门各自为战	内部协同	内外协同
备料方式	按库存生产	按订单生产	混合式
管理方式	层级式	命令式	合作式
聚焦技术	没有系统	ERP	互联网 +
聚焦时间	几周	几天	实时
聚焦绩效	成本	成本和服务	销量和利润
合作水平	低	中	高
反馈时间	静态	中等	动态

　　"如果说，在供应链发展的初始阶段，如 1990 年的功能型供应链，客户可以等我们，而我们可以对客户说"我做好了再送给你"；那么，到了2010 年，供应链就要往反馈型发展，体现为我们在拿到客户的计划之后，需要按计划送给客户，即'当客户需要时，客户就能拿到'；但是，到了 2020 年，进入 VUCA 时代，客户对我们的供应链提出更多要求，转变为'我现在就要'，而当客户现在就要时，我们必须有现货给到客户，否则客户就会给我们的竞争对手下发订单。

　　"由于市场需求的变化和客户需求的变化，相应的技术手段应运而生。就拿供应链管理的工具来说，在 1990 年，我们可以利用纸质订单和 Excel 表管理企业的进销存，当管理层想要获取报告做出决策时，往往需要等待几周；但是到了 2010 年，很多企业都已经安装 ERP（Enterprise Resource Planning，企业资源计划）系统，管理的反馈时间缩减到几天；到了 2020 年，很多企业已经在探索如何通过 SaaS（SaaS 是 Software as a Service 的缩写名称，意思是软件即服务，即通过网络提供软件服务）技术，实现信息的共享、需求的整合、实时的沟通和适度的监管，管理的反馈时间可以压缩到几秒。

　　"（2）数字化转型是一种商业模式的重构吗？

　　"某些机构有意夸大数字化转型给企业带来的收益以博取眼球或者争取订单，从而误导了广大客户，正确的答案是，数字化转型的重点是基于现有业务模式提升效率和用户体验，而不是一种商业模式的重构。

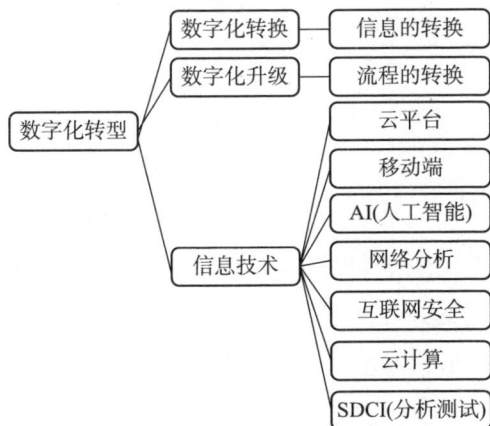

图 4-7　数字化转型示意图

"如图 4-7 所示，数字化转型由三个部分构成。首先，需要把料号、产品描述、单位、价格、币种、合同等基本信息转换到互联网上，完成数字化转换；其次，把采购与供应链管理的工作流程（含审批）搬到互联网上，完成数字化升级；最后，通过先进的信息技术手段，如云平台、移动端、AI（人工智能）、网络分析、互联网安全、云计算，SDCI（分析测试）等，实现高效、安全、可靠的数字化转型。

"那么，数字化转型能给采购管理带来哪些实惠呢？

"首先来看一下在未实施数字化转型的企业中，采购员的日常工作场景，如图 4-8 所示，大部分时间被耗用在订单、追料、入库、对账等不产生价值的事务性工作上，却没有时间来做品类管理、采购策略、寻源、供应商准入等带来增值的战略性工作，无法给企业创造更大的价值。

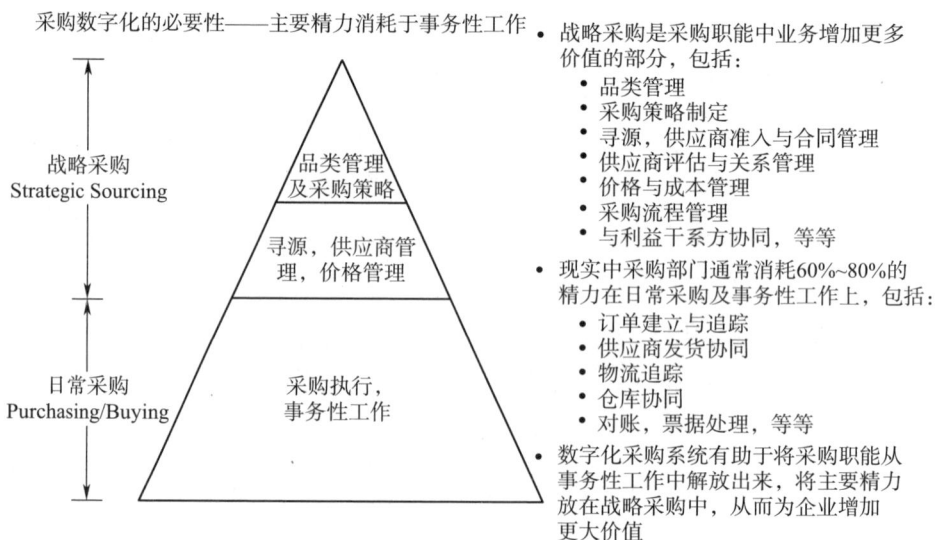

采购数字化的必要性——主要精力消耗于事务性工作

- 战略采购是采购职能中业务增加更多价值的部分，包括：
  - 品类管理
  - 采购策略制定
  - 寻源，供应商准入与合同管理
  - 供应商评估与关系管理
  - 价格与成本管理
  - 采购流程管理
  - 与利益干系方协同，等等
- 现实中采购部门通常消耗60%~80%的精力在日常采购及事务性工作上，包括：
  - 订单建立与追踪
  - 供应商发货协同
  - 物流追踪
  - 仓库协同
  - 对账，票据处理，等等
- 数字化采购系统有助于将采购职能从事务性工作中解放出来，将主要精力放在战略采购中，从而为企业增加更大价值

战略采购 Strategic Sourcing

日常采购 Purchasing/Buying

品类管理及采购策略

寻源，供应商管理，价格管理

采购执行，事务性工作

图 4-8　采购数字化转型的必要性示意图（1）

"从另一个角度考虑，如图 4-9 所示，按照帕累托法则，20% 的订单会贡献 80% 的价值，但是采购员 80% 的时间却被消耗在低价值的长尾商品上，同样导致采购员无法为企业创造更多价值。那么，数字化转型是如何解决这些问题的呢？

"如图 4-10 所示，通过利用信息技术和人工智能技术，事务性采购工作的效率将会得到显著提升，从而将节省的时间用到能够为企业创造价值的战略性采购工作上。

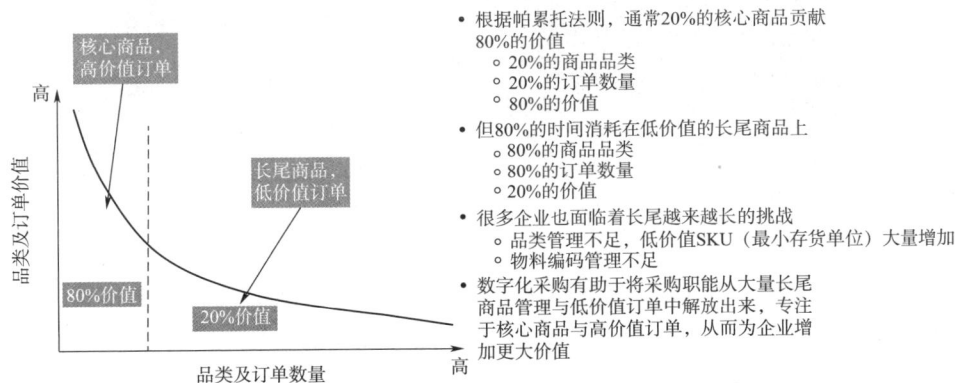

采购数字化的必要性——大量低价值订单与长尾商品

- 根据帕累托法则，通常20%的核心商品贡献80%的价值
  - 20%的商品品类
  - 20%的订单数量
  - 80%的价值
- 但80%的时间消耗在低价值的长尾商品上
  - 80%的商品品类
  - 80%的订单数量
  - 20%的价值
- 很多企业也面临着长尾越来越长的挑战
  - 品类管理不足，低价值SKU（最小存货单位）大量增加
  - 物料编码管理不足
- 数字化采购有助于将采购职能从大量长尾商品管理与低价值订单中解放出来，专注于核心商品与高价值订单，从而为企业增加更大价值

图 4-9 采购数字化转型的必要性示意图（2）

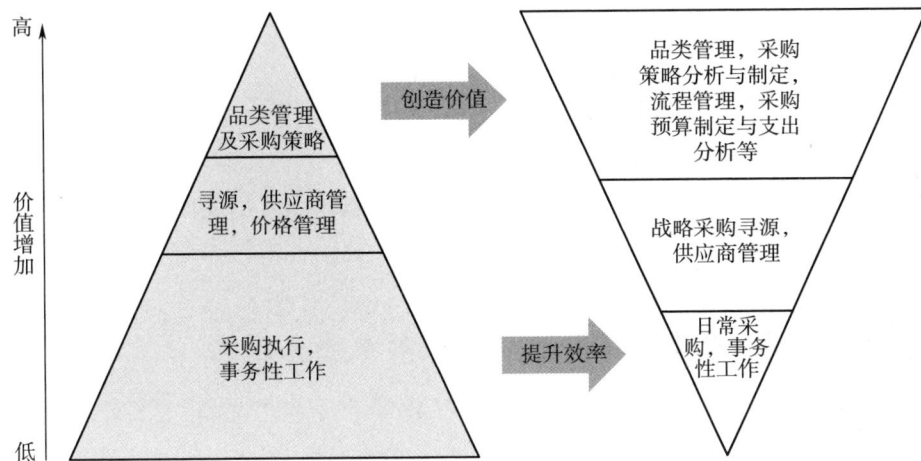

图 4-10 采购数字化转型的必要性示意图（3）

"最后，从供应商管理、合规管理和降本增效的角度看，数字化转型可以帮助采购组织和采购领导者在以下 32 个管理节点上做提升，如图 4-11 所示。

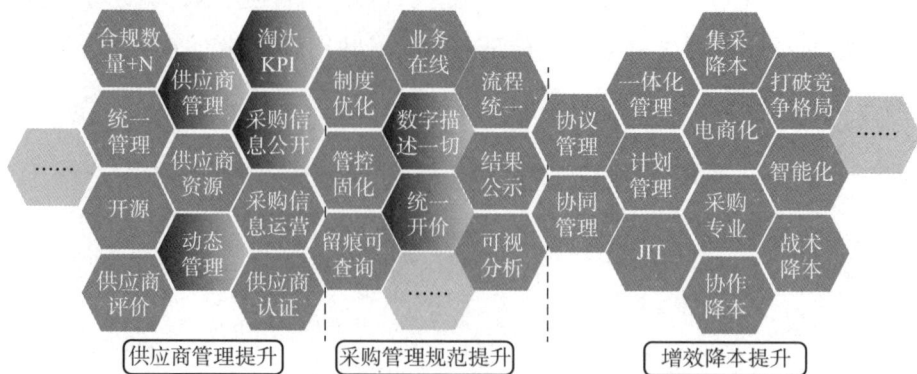

图 4-11　采购管理提升节点图

"总结：数字化转型的本质是通过先进的 SaaS 技术实现采购管理工作的"四个现代化"，即在线化、智能化、自动化和标准化，将采购从日常重复的事务性工作中解放出来，从而聚焦在能够给企业创造价值的品类管理、采购策略的分析与制订、采购预算的制订与控制、供应商准入指标设置、供应商绩效管理指标设置等战略性的采购工作上，是迎合时代发展和企业需要的又一次创新。"

皮总监对小明的汇报非常满意，立即指示："很好，那就找一家经验丰富的数字化转型服务商洽谈合作吧。"

那么，与采购管理相关的数字化系统都有哪些呢？请您阅读小贴士：采购组织常用的数字化系统。

小贴士　采购组织常用的数字化系统

采购组织为什么要用数字化系统？答案很简单，为了承接流程，实现采购业务的高效与可视化。

从采购领导者的角度来看，有了数字化系统之后，员工如果不按流程办事，供应商就无法创建、采购订单就下发不出去，货款也付不出去，不会出乱子；从员工的角度来看，系统可以突破人脑的极限，记录所有工作内容，实现岗位间的数据互联，提升工作效率。

但是在实际工作中，笔者也常常听到采购领导者和员工的抱怨之声，例如线下做一遍，线上还要做一遍，或者说系统太慢，账号太少，耽误时间，这些问题都是因为在实施系统前，流程没有梳理好，软硬件投资不足造成的，值得采购领导者检讨和反思。

提起采购组织常用的的数字化系统，经过长期观察，笔者总结为以下三种。

① ERP：存储需求信息、库存信息、BOM（物料清单）、供应商信息、物料信息等主数据，用来生成采购订单、申请付款等以进销存功能为主的系统，也是采购组织最常用的系统；

② SRM（供应商关系管理）：随着 SRM 系统的不断发展，现在很多功能已与 ERP 交叉。例如有些 SRM 系统也能接收采购需求并下发订单，还能实现采购合同在线化的全生命周期管理。有别于 ERP，SRM 拥有与供应商直接互动的界面，例如采购预测何时下发给哪家供应商，采购订单何时下发给哪家供应商，供应商何时确认订单，何时发运，何时入库，客户何时付款等信息记录都保存在 SRM，可以实现客户与供应商的实时互动，并对供应商的绩效进行考核。但是实施 SRM 有个前提，就是供应商愿意使用，也就意味着公司的采购量对供应商有吸引力，与供应商保持较好的关系，否则上了 SRM 系统，只有很少的供应商使用，系统也用不起来。

③ 招标平台：有的 SRM 软件会内嵌电子招标平台，有的企业会独立购买或开发，这些都不重要，重要的是公司的体量多大，是不是有很多招标需要走电子化招标平台。

为了减少系统间的断点，增加系统的便利性和可用性，很多大公司会选择定制化开发，尤其是央企、国企会将系统代码视作自己的 IT 资产，要求数字化转型实施公司不得保留代码。而对于中小型企业，由于业务形态不稳定，笔者不建议多花费用搞定制开发，而是购买市场上较为便宜且实用的系统软件，先用用看，一旦用不起来，损失可控，等将来公司规模大了，再定制开发也不迟。

开发定制一站式采购数字化平台示例如图 4-12 所示。

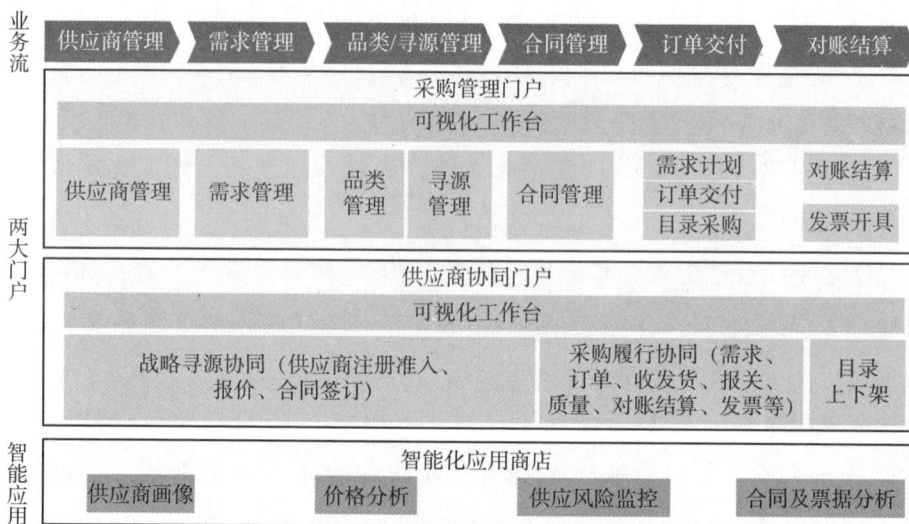

图 4-12　一站式采购管理平台示例

在定制开发的系统中可一站式实现供应商管理、需求管理、品类／寻源管理、合同管理、订单交付和对账结算等功能，通过采购管理门户和供应商协同门户实现与供应商的实时协同；可将供应商画像（指供应商的所有信息）、价格分析、供应风险监控（舆情）、合同及数据分析等智能应用嵌入系统中，实现更多功能。

延伸问答　没有标准化，哪有数字化

学员问："姜老师，我们公司在研究数字化采购转型，想要请教其中的关键点有哪些？"

笔者答："你们的流程运行顺畅吗？供应商的准入机制和绩效考核指标明确吗？"

学员问："流程运转顺畅，但是指标不明确，所以我们才想通过实施数字化管理来解决这个问题。"

笔者答："真是无知者无畏。虽然服务商已经把数字化吹得神乎其神，但是其本质就是业务场景的在线化管理，而在线化管理的前提是每个动作都规定好了才能执行。例如，你想得到供应商的绩效考核分数，起码要有绩效考核指标、计算公式和计算频次，系统才能根据收集到的数据帮你计算出来，而这些指标，需要公司根据实际情况自行制定，绝大多数服务商没有能力做出最适合的业务方案，也就是说，没有标准化，哪有数字化。

"随着数字化的普及，采购岗位中的操作岗位会被逐渐替代，而增加的是分析岗位，分析岗位能够根据实际情况不断调整标准，增加采购管理的价值。"

因此，笔者建议他先把所有的指标做全做细，再来实施数字化，把自己培养成采购标准化管理的分析专家，而不再依赖服务商解决问题。

如果你有机会领导或参与采购管理模块的数字化转型项目，切记首先完成标准化，再通过数字化提高效率。

延伸问答　年采购额两千万元的 MRO 采购业务应该怎么管

学员问："姜老师，我今年刚刚轮岗管理公司的 MRO（Maintenance、Repair and Operations 的简称，指工厂或企业对其生产和工作设施、设备进行保养、维修、保证其运行所需要的非生产性物料）采购业务，发现员工压力很大，需求部门抱怨很多，应该怎么解决。"

笔者答："年采购额多少？有几名采购员？"

学员问："两名采购员管理两千万元采购额，品类非常杂，现在只能疲于应对，没有精力把工作做细。下一步我打算上一套 MRO 商城系统，让供应商注册并上传商品信息，让需求部门自己在商城上下单。"

笔者答："很正确的做法。除了 MRO 商城系统，你应该做支出分析，把长尾的品类统统授权给需求部门通过报销流程购买。采购重点研究占支出 80%，数量 20% 的品类，通过标准化、需求分析、市场分析、战略寻源等手段做出业绩，这样才能凸显采购管理者的价值。当然，经过一到两年的优化，可能越来越多的供应商和价格都会相对固定，这个时候可以不断扩大 MRO 商城的采买范围来简化工作量，只要做到业务优化、系统固化，就能为采购部提升效率和绩效。"

延伸问答　采购人应该如何应对数字化转型带来的职业危机

学员问："我们企业在做数字化转型，感觉将来都不需要人来做采购了。那么，采购人的出路在哪里？"

笔者答："这是一个很棒的问题，现在数字化系统的主要应用是做一些记录，生成报告，执行供应商准入、网上招标、合同管理、供应商绩效考核之类的流程，对于执行层面的采购员会有影响。"

学员问："如何应对这件事呢？"

笔者认为采购人需要从三个维度不断提升自己，分别是：

"（1）深度。如果你是比较基层的采购员，需要精通品类管理，通过支出分析、需求分析、市场分析、寻源策略、合同管理和供应商管理为企业不断发现趋利避害、降本增效的机会，持续创造价值。通过实践品类管理，你将成为某个品类的专家，难以被数字化工具替代。

"（2）宽度。如果你处在从员工到管理者的过渡期，建议你学习采购战略管理，包括与战略供应商协同的方法，指标与流程的优化，供应模式的优化等事宜，不断拓宽自己的视野和能力，能够指导数字化工具的应用。

"（3）高度。即使数字化技术已经很智能了，采购组织也需要领导者，你应该学习采购领导力，具备恰当的员工管理能力、绩效提升能力和软技能，能够驾驭数字化系统。

"总之，只要你在深度（品类管理）、宽度（采购战略管理）和高度（采购领导力）上不断精进，就会不断构建自己的竞争力和不可替代性，就不会成为被数字化转型淘汰的那拨人，反而容易抓住更好的机会，成为职场上的赢家。"

复盘总结

本章主要围绕采购战略管理中的品类管理、自制与外购策略、风险洞察和数字化转型的诸多内容展开讲解，帮助读者朋友们理解采购战略管理的概念和作用，通过实施采购战略管理提早解决将来可能发生的问题，并利用先进的数字化技术帮助采购组织完成采购管理的转型升级。

接下来，您将学到提升采购领导者技能的最为重要的知识——如何做好采购绩效管理，请您继续阅读第五章。

| 第五章 |

采购绩效管理

对于所有采购领导者来说，采购绩效管理是采购部承接企业战略、财务指标和供应链管理指标的重要工作，是衡量采购领导者工作能力的重要依据，往往与个人的升迁和奖金直接挂钩，是采购管理工作的重中之重。

通过学习本章内容，采购领导者普遍关心的六个采购绩效管理问题将得到解答，它们分别是：

（1）如何合理设置绩效指标？

（2）为什么研发要背降本指标？

（3）如何快速提升采购组织的绩效？

（4）如何分析降本机会并持续降本？

（5）如何有效支持研发降本增效？

（6）如何管理采购预算？

如何设置绩效指标

年初，又到了设置新一年的采购绩效指标的时候，作为集团采购总监，皮先生颇有新意，决定不等集团的决议，先请小明拿出一个方案，以便上下平衡。

这对小明来说是一个挑战，因为绩效管理是一个年年递进的改善过程，采购的绩效指标又多与公司的利润挂钩，一旦拿捏不好，可能出现提出的指标领导不满意，或者难以完成的问题，可见，设置绩效指标绝对是个技术活。

经过仔细分析，小明发现，想要设置合理的绩效指标，需要遵循以下三个原则：

（1）从战略转化到战术，逐级分解；

（2）遵守 SMART 原则；

（3）缩减考核时间间隔。

解析如下：

1. 从战略转化到战术，逐级分解

绩效指标的制定次序一定是自上而下，即从公司的战略目标分解到采购部的战略目标，再分解到采购部的当年目标，再依次分解到季度和个人头上。在分配到个人时，切忌平均主义，要按品类的难易程度和个人的经验与能力，制订有挑战但是通过努力能够实现的个人目标，最终与个人的能力培养与职业发展挂钩。绩效指标的拆解如图 5-1 所示。

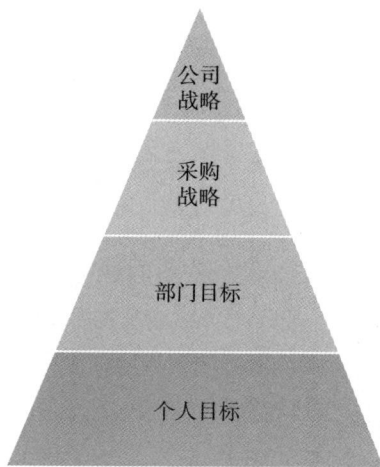

图 5-1　绩效指标拆解示意图

2. 遵守 SMART 原则

SMART 原则是为了帮助员工明确而又高效地工作，更是为领导者将来对员工实施绩效考核提供考核目标和标准，使考核更加科学化、规范化，具体是指：

①明确性（Specific）。指标须具体明确；

②可衡量（Measurable）。指标要量化，不能量化的要细化；

③可实现（Attainable）。指标通过最大努力最终可达成，避免设立无效目标；

④相关性（Relevant）。指标须与工作相关，须与组织的目标保持一致；

⑤时限性（Time-bound）。指标需在特定的期限内完成，保证时效。

SMART 原则如图 5-2 所示。

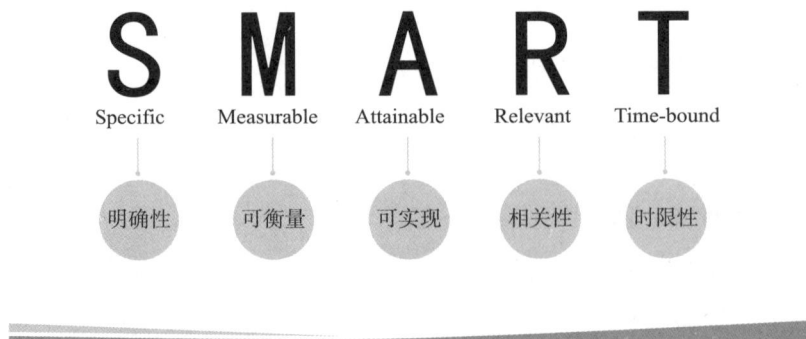

图 5-2　SMART 原则示意图

3. 缩减考核时间间隔

很明显，缩减考核时间间隔可以帮助领导者更快地了解绩效指标完成情况，以便针对完成情况不好的指标快速制定策略并快速获知策略的有效性。

除了来自于部门战略，采购部的绩效指标还应考虑工作中的痛点。例如，如果使用部门频繁投诉 MRO 采购来料不及时，就需要定义一个合理的下单天数，即从收到申请到下发订单的天数，只有超过事先定义的合理天数，才能被视为采购员的过失。

综上，小明提出以下十二个绩效指标：

（1）年降。是指与上年度的采购价格相比，本年度采购价格的下降比例，是采购组织的主要绩效指标，也是给采购领导者压力最大的指标。

（2）大宗商品价格管控。是指大宗商品或以大宗商品为主材的特定品类的采购价格要与大宗商品的市场价格挂钩，采购价格的涨幅不得高于市场价格指数的涨幅，考验采购员的市场洞察能力和谈判能力。有的公司会用一年的采购均价与大宗商品的市场均价做比较。

（3）PPV（Purchase Price Variance，采购价格变化）。是指本次采购价格与上次采购价格的差异，以便计算节降。

（4）预算控制。是指采购价格与公司定下的目标成本相比的下降比例，一般存在于以预算制管理为主的公司，也适用在新产品开发时，新外购件的采购价格与预算相比的节降。

（5）议价。是指最终的订单价格相比供应商首轮报价中的最低价的下降比例，是用来衡量采购员谈判能力的重要指标。

（6）账期。是指本年度内所有供应商的平均账期与上年度比延长了多少天的绩效指标。

（7）供应商的绩效。是指交货、品质、服务等绩效指标与上年度比提升了多少的指标。例如，去年综合绩效为 A 的供应商占比 70%，B 的供应商占比 20%，C 的供应商占比 10%；那么，今年就应该提升为 A 占比 75%，B 占比 20%，C 占比 5%。

（8）索赔回收率。是指在品管对供应商的过失开出索赔单后，由采购跟进确保供应商及时足额缴纳索赔款的绩效指标。

（9）按时下单率。是指采购员在接到采购申请后，于规定的工作日内（一般是三～五天）完成定商定价，并下达订单的绩效指标，用来考核 MRO 采购的表现。

（10）审计分数。是指采购部的内审和外审的得分，如果低于规定的分数，就会视为不合格，是采购部合规管理的量化指标。

（11）员工培训时长。是指企业投入资源，帮助员工提升专业技能的量化指标，也包括员工自学专业知识的时长。

（12）部门预算。是指考核采购领导者在薪资、差旅、团建、培训及其他支出上不得超过年初申报的预算的绩效指标。

小明就以上所想给皮总监进行了汇报。

"好，我们先定这十二条，然后根据公司的总体业绩要求，从上到下分解，再给采购部分配各指标的数值和权重。"皮总监欣然接受了小明的提议。

延伸问答　如何区分项目采购与品类采购的降本指标

学员问："公司执行项目预算制，意味着项目期的所有外购件都有预算。采购部的职责是把外购件的价格控制在预算内，即背项目预算指标，但是采购部既有项目采购职能又有品类采购职能，请问，这个项目预算指标应该算在项目采购头上，还是品类采购头上？"

笔者答："毫无疑问，项目采购与品类采购都要对项目预算负责，才能起到双保险的作用，确保公司在项目期拿到最有竞争力的价格，这其中，品类采购负责供应商开发、定商定价与合同管理，项目采购负责协调和监控。因此，由品类采购经手的外购件的项目预算应算在品类采购头上，而项目采购要对所负责项目的全部外购件的项目预算负责，两者既有交叉，又有区别，与职责匹配，较为合理。"

延伸问答　提成可以激励采购员降本吗

学员问："我想用提成的方法激励采购员降本，但又担心采购员在价格上做文章，先升后降，我该怎么办？"

笔者答："坚决反对推行提成管理法。因为一味追求降本会让优秀供应商离场。采购在供应商关系的四种分类中（杠杆型、战略型、非关键型和瓶颈型），对于各供应商的价格要求并不相同。其中，对于杠杆型供应商，我们需要拿到市场上最低的价格；对于战略型供应商，我们要的是可持续的增值服务；对于非关键型供应商，我们要的是降低管理费用；对于瓶颈型供应商，我们要保障供应。可见，一味地追求最低价会让战略型供应商和瓶颈型供应商离场，使公司失去增值机会和供应保障。提成法会使非关键型供应商的管理费增加，只适合于杠杆型供应商。而对于杠杆型供应商，你完全可以通过支出分析、需求分析、市场分析、招投标等科学的方法进行价格专管，无须使用提成管理法。

"想要真正解决采购的降本压力，还要从源头找原因，要从一点、一纵和一横解决问题。一点是指对于绩效指标，企业不能只看降本，不看增值，不能把所有降本压力给到采购，降本指标要科学合理；一纵是指要预测未来的趋势，是一个增量市场还是存量市场，主要支出品类的供应环境是趋松还是趋紧，以此判断合理的降本趋势；一横是指与同行的横向对比，根据自己公司所占的市场份额和价格水平来判断当前采购价格的合理性和降本潜力。经过一点、一纵和一横分析之后，你提出的降本指标对上会更具说服力，对下会更加可行，从而让整个采购组织在科学方法的引导下运转，做到良性有序降本。

"至于担心采购员把价格先升后降，这是一道合规管理题，要从正面和反面两方面引导，让采购员不愿做、不敢做。只要领导者肯于深入到业务中，制定合理的定商定价策略，自然会对合理的价格有所把握，管控起来并不难。"

延伸问答　研发一定要背降本指标吗

学员问："姜老师，可否帮我们设计一套试用流程？"

笔者问："试用还要流程？"

学员答："因为我们没有评判试用结果的标准。"

笔者问："这个标准应该由哪个部门制定呢？"

学员答："使用部门。"

笔者问："使用部门能制订出来吗？不是应该研发部制订吗？"

学员答："这就是我们面临的问题，研发提供的参数太严，而实际上低于参数的物料经过试用也可以满足性能要求。"

笔者答："你是为了降本吧，那就与研发沟通修改参数。"

学员答："研发不同意，害怕承担风险。"

笔者答："那采购也不能绕过研发，与使用部门私自制订试用流程，这会导致采购的权力过大，是一种违规行为。"

学员有点激动，问："那怎么办呢？眼睁睁地看着降本的机会溜走？"

笔者思考片刻，终于想明白了，问："你们研发不背降本指标，是吧？"

学员答："是的。"

笔者点点头说："这不就是问题的根源吗？研发在做设计时，通常需要考虑性能、质量和成本，如果研发不背降本指标，只会考虑性能和质量，所定的参数必然保守，否则一旦出问题，所有人都会指责研发，采购无论如何也推不动。

"正确的方法是，采购只背3个点的商务降本，其余的降本压力给到研发，在这种情况下，研发自己会试用新材料，合理降低参数要求，完成自己背的降本指标，根本不需要采购着急。

"我之前所在的一家企业，三年实现降本25%，就是由研发和采购共担指标，一起降本，神奇的是，所有参与者都没觉得压力大，反而很轻松地完成了这个不可思议的目标。"

学员答："感谢姜老师，回头我会跟总经理说说，也让研发背降本指标。"

问答到此结束。

亲爱的读者朋友们，在物料价格极度透明的当今，企业如果只靠采购完成公司的降本指标根本不行，一定要由研发主导、采购辅助才能持续完成降本指标，而让研发背降本指标就是驱动研发主导降本的指挥棒。

延伸阅读 KPI 与 OKR 绩效指标的有机结合

在大量访谈中，笔者发现不同性质的企业对于制订绩效考核指标的理念截然不同。诸如某些公共事业单位，由于企业的特殊性质，员工往往只会执行书面的工作流程，因此这类企业采购部门的绩效考核指标非常之多，甚至多达 50 条以上，包括各种细化的降本指标、品质表现指标、交付表现指标、项目及时完成率、账期、甚至库存周转率等。而对于某些鼓励创新的企业，如高科技型民企，往往规定绩效指标不得多于十条，占绩效奖金的比例不得多于 60%，以便拿出不低于 40% 的绩效奖金鼓励采购员通过创新方法降本增效，如价值工程与价值分析、品类管理、修旧利废等，这种做法的本质是将 KPI（Key Performance Indicator，关键绩效指标）与 OKR（Objectives and Key Results，目标与关键成果法）有机结合，如图 5-3 所示，值得提倡。

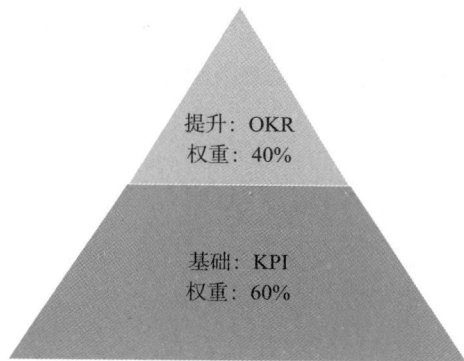

图 5-3 某高科技公司的 KPI 与 OKR 有机结合示意图

可见，绩效指标应该如何制订，没有统一的做法，领导者需要结合企业发展的需要量体裁衣。

外购件统计表

虽然担任采购部经理之职已经接近一年，但小明心里一直空落落的。

表面上，他在部门领导的岗位上指挥自如，但实际上，部门运转得如何，有多少零部件在量产，有多少零部件在开发，小明掌握的信息都很有限。而且他发现，财务部会经常找采购部要这样或那样的报告，导致采购员花费很多时间反复提供相同的内容，影响了工作效率。

尽管大家已经对这种工作方式习以为常，但是小明的眼里揉不得沙子，一直在思考改进的方法。

小明曾学过外购件统计表，什么是外购件统计表呢？

它是一张手工维护的，囊括了所有外购件和每个外购件的所有信息的大表，通过这张大表，采购领导者可以立即抓取数据，极为准确地制作报告，避免重复性工作。外购件统计表包括但不限于：

（1）序号；

（2）物料名称；

（3）物料号码；

（4）描述信息；

（5）上年价格；

（6）上年价格有效期；

（7）上年采购量；

（8）当前价格；

（9）当前价格有效期；

（10）今年有效期内累计采购量；

（11）今年有效期内预计采购量；

（12）今年降本目标%；

（13）供应商名称；

（14）包装方式（一次还是循环）；

（15）包装体积（长、宽、高）；

（16）包装毛重；

（17）包装净重；

（18）贸易条款；

（19）国产件还是进口件；

（20）供应商的性质（生产还是贸易）；

（21）关税比率（如果是进口件）；

（22）运费比率；

（23）产地；

（24）使用在哪个产品上；

（25）最小起订量；

（26）交货期；

（27）包装内的数量；

（28）供应商 ISO 证书过期时间；

（29）供货合同过期时间；

（30）新物料建立时间；

（31）供方资质过期时间，等等。

某五百强企业的外购件统计表模板，见表 5-1。

表 5-1 某五百强企业的外购件统计表模板

物料基本信息 / 商务信息

序号	物料名称	物料代码	版本	图号	量产时间	预计EO时间	描述	材质	规格	BOM层级	相关产品	单价	单位	币种	运费占比	贸易条款
1																
2																
3																
4																
5																
6																
7																

供应商信息 / 计划信息 / 库存信息 / 绩效管理

供应商名称	供应商代码	供应比例	供应商的性质（制造还是贸易）	产地	最小起订量	交货期	包装方式（一次性还是循环）	包装材料	包装体积（长×宽×高）	包装毛重	包装净重	包装内的数量	厂内安全库存	供应商安全库存	供应商长周期部件安全库存	VMI或寄售	降价目标	完成情况	累计购买数量

任何需要的信息都可以加入表中。通过以上数据，小明可以随时随地轻松制作以下报告：

（1）年度降本报告。

当前完成情况和对未来的预测。

（2）供应商关系报告。

在哪家供应商采购了多少金额。

（3）品类分析报告。

各品类采购额占比。

（4）本土化率。

进口件采购额和国产件采购额占比。

（5）SKU 控制表。

分析可以合并的物料。

（6）合同到期前的续约提醒等。

外购件统计表，既能帮助自己掌握采购部的所有必要信息，又可以方便部门制作报告，何乐而不为呢？

绩效指标仪表盘

在制定完从部门到个人的年度绩效指标后，小明想到在实际工作中存在着一个很严重的问题，就是获得绩效结果的滞后性。例如，想要知道某年第一季度的降本业绩，采购部需要等到 4 月底才能从财务部拿到结果。如果结果不甚理想，采购部需要时间采取整改措施，如与主要供应商谈判或引入新供应商，至于效果如何，要等到第三季度才能获知第二季度的绩效结果，这样整个上半年就过去了；一旦效果不理想，靠下半年再想办法可就来不及了。

为了解决这个问题，小明想到了使用绩效指标仪表盘，具体做法如下：

首先，通过外购件统计表，每两周抓取一次主要的绩效指标和部门日常考核指标，如降本、议价、平均账期、出勤率、5S 和下单及时率等。

其次，将指标换算为 90~100 分，比如降本指标为 5%，那么，可以把 5% 等同为绩效指标仪表盘中的 97.5 分，6% 视为 100 分，4% 视为 95 分，3% 视为 92.5 分，2% 视为 90 分，依此换算。

最后，将目标值标在蜘蛛图的固定位置上作为参考基准，上次的绩效要留在图中，本次的绩效也要标注在图中，如图 5-4 所示。

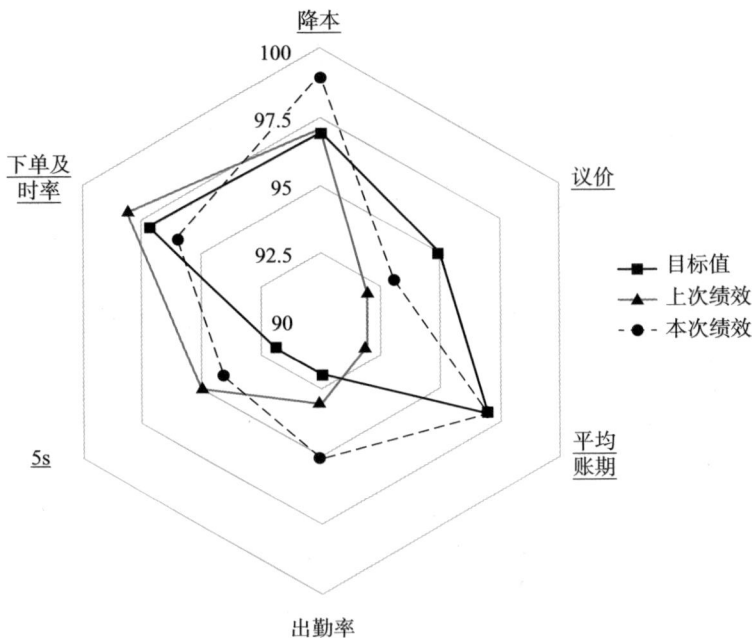

图 5-4　绩效指标仪表盘示例表

如果本次绩效大于上次绩效且大于目标值，则说明该绩效已经达标且一直向好，这是最好的结果；

如果本次绩效小于上次绩效但大于目标值，则说明虽然达标但是趋势不好，小明需要酌情考虑是否采取改善行动；

如果本次绩效大于上次绩效但仍小于目标值，则说明该指标绩效正处于改善之中，之前制定的改善方案或许在奏效，但是需要小明判断是否再采取一些措施以便尽快达标；

如果本次绩效小于上次绩效小于目标值，则说明该绩效指标不但没有达标，而且在恶化，这需要小明提交整改方案。

绩效指标使用方法如图 5-5 所示。

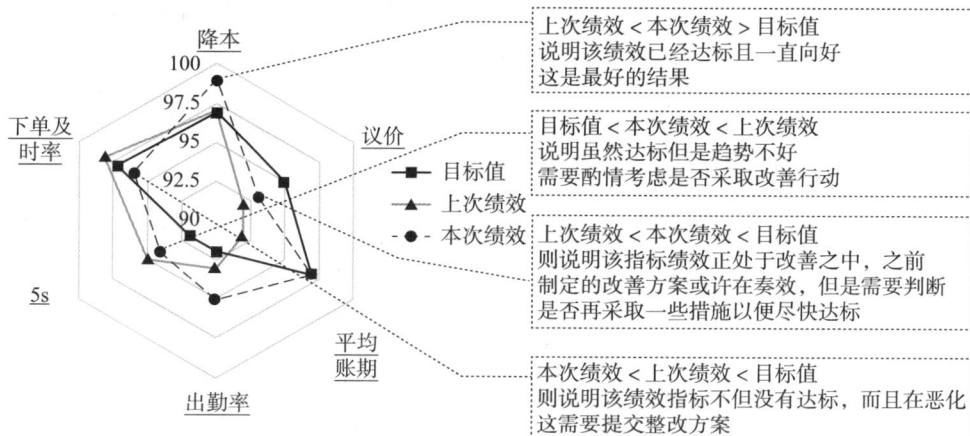

图 5-5 绩效指标仪表盘使用方法示意图

皮总监对小明发明的这张表赞赏有加，说道："我一直担心采购部的绩效会出问题，但有百事缠身，没有时间过问。这下方便了，采购部的绩效情况一目了然，哪里做得好，哪里需要改进都清清楚楚。每两周给我发一下吧。"

"有了这张表，我保证采购部全年的绩效都是满分。"小明拍着胸脯说。

QRQC 日清表

虽然有了绩效指标、外购件统计表、绩效指标仪表盘，使得绩效管理不再是难题，但是小明发现在很多跨部门的会议中，其他部门的经理会经常询问小明一些细节问题，这往往让小明措手不及。例如，某供应商的最新开发进度，某紧急采购物资的供货进度。如果小明没有在会前及时与负责该事项的采购员核实，就可能说错，遭到其他部门的质疑或纠正，显得自己管理工作没有做到位。

鉴于此，小明决定在部门内部实施 QRQC 日清表。

QRQC（Quick Response Quality Control，快速反馈质量控制）是来自汽车行业的现场管理方法，用来每日跟进质量问题，确保所有质量问题在第一时间被解决。

小明是这样使用 QRQC 日清表的。

每天早上邀请每一位采购员沟通昨天任务的完成情况和今天必须完成的任务，及时为下属提供解决方法，确保各项任务及时完成。QRQC 日清表，见表 5-2。

表 5-2　QRQC 日清表示例

QRQC 日清表						
序号	任务	提出日	负责人	行动方案	进度	截止日
1	提交电子类品类管理战略	2021/06/01	甲	统计上年各供应商的采购额和供货绩效；统计下年新增采购额；计算采购额在每家供应商的占比；决定新增还是缩减供应商		2021/06/30
2	外协塑料件	2021/06/07	乙	搜集新供应商信息；认证与评估；询价；定点；首样通过		2021/07/31
3	季度部门 KPI 报告	2021/06/10	丙	核对 ERP 系统中的信息是否完整；从系统导出 Excel 表整理数据；做成 PPT		2021/06/30

举例说明：

①针对表中的任务 1，小明每天了解一下进度，以便应对其他部门的询问；

②针对表中的任务 2，小明必须要知道在哪个环节进度受阻，例如在供应商的认证与评估环节，因为供应商质量工程师没有时间考察新供应商导致项目拖延，这时小明需要出面与质量部经理沟通，协调资源，之后让采购员乙继续主导项目；

③针对表中的任务 3，采购员丙已经无法完成，小明必须换人或者亲力亲为。

实施 QRQC 日清表后，小明迅速掌握了所有事项的进度信息并每日更新，在跨部门的会议中，他变被动为主动，反而能够推动其他部门提供资源推进项目进度，这些变化，皮总监都看在眼里，记在心头。

持续降本八步法

虽然通过合理设置绩效指标和实施快速提升绩效的三大工具（外购件统计表、绩效指标仪表盘和 QRQC 日清表），天波公司采购部的整体绩效有了很大提升，但是皮总监和总经理仍然不停地对小明施压，要求取得更大的降本业绩，要他远远超出年初制定的目标。

这种现象反映了广大采购领导者普遍面临的三个问题：

①降本无止境，没有哪位管理者会满足于已有的降本业绩，他们会不停地给采购领导者施压；

②很多降本机会都是采购领导者临时找的，管理者没有看到对降本机会的全面分析，觉得仍有余量；

③没有全员参与降本分析，团队缺少合作，采购领导者在单打独斗。

想清楚了这三点问题，小明也就知道想要继续降本，自己应该搭建一个透明而有效的流程，让每一位采购员都参与降本分析，找到所有可行的降本机会并立项。怎么做呢？小明总结了持续降本八步法，具体内容如下。

1. 界定范围

如果将降本的范围界定为所有直材，首先，需要整理所有直材的料号、前三年的采购额、今年和明年的预测量、重要部件的生产工艺要求以及主要成本的驱动因素等细节信息。

其次，集体讨论哪些料号降本的难度小、收益大，如图 5-6 所示，降本的优先次序应该是：

（1）特殊钢的进口转国产（难度小、收益大）；

（2）阀门国产化（难度小、收益小）；

（3）电子枪替代（难度大、收益小）。

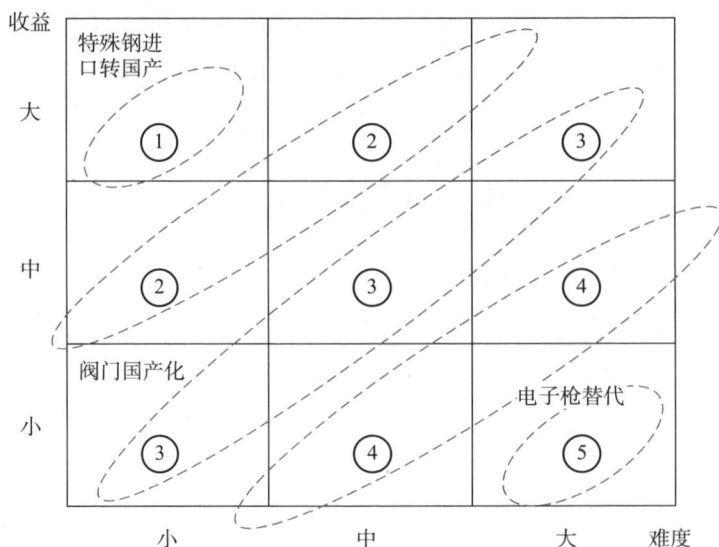

图 5-6　难度与收益模型

注：图中数字 1~5 代表了降本的优先次序。

最后，再依据岗位分工，将分析出来的降本机会分配给对应的采购员，由采购员规划项目所需的时间、重要的里程碑和所需要的资源，包括投资费、测试费、样品费，认证费、差旅费、人员工时费（如质量工程师、设计工程师）等。

读到这里，有的读者会问，我和团队成员怎么知道这么多信息？也没管理过项目。

答案是，如果大家都不知道，可以先开展一个项目，投入所有资源，把它做成样板，供其他项目参考。

2. 市场分析

这里主要是指利用波特五力模型（详见专著《我在 500 强企业做采购：资深采购经理手把手领你入行》中的品类管理五步法），分析供应市场的复杂度，并预见未来的降本趋势，如图 5-7 所示。

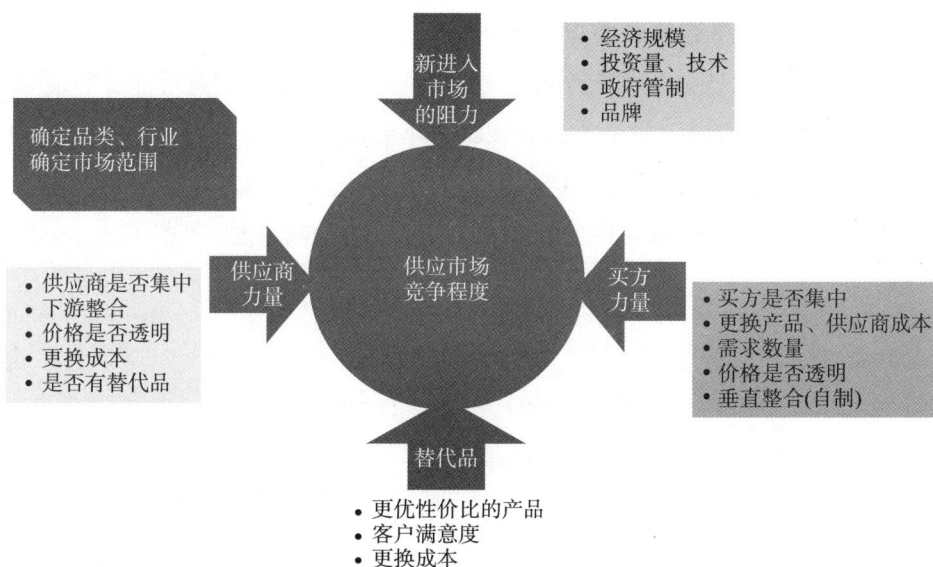

图 5-7　波特五力模型示意图

　　例如，我国的钢铁制造业正在从量变走向质变，在这个过程中，越来越多的进口钢材会被国产钢材替代，如果我们第一时间抓住机遇，就可以为企业带来很大的降本。例如，在 2020 年之前，某德国知名品牌洗衣机的滚筒一直使用德国产的钢材，价格比海尔等使用国产钢材的滚筒贵了 40%，而使用寿命和可靠性并无明显差别，迫于竞争压力，该品牌在 2020 年改用国产钢替代进口钢实现了大幅降本。

　　所以，对于高价值的原材料，是不是每年都应该做一次供应市场分析，抓住趋势红利和降本机遇呢？那么，除了抓住趋势红利，供应市场分析还有哪些作用呢？答案是，可以用来定义最理想供应商。

　　以一个有很多精密要求的大型焊接件的供应商举例。通过供应市场分析，会发现很多加工粗大笨的焊接件工厂，由于管理成本的优势和管理能力的提升，正在逐步替代传统精密型的焊接工厂。那么，我们在重新定义最理想供应商时，就可以放宽要求，甚至着重寻找这类处于上升期而且发展战略与公司相一致的供应商，通过转移部件实现持续的降本。

3. 现有供应商的信息调查与分析

有人会说，这些信息都在系统里啊。问题是，系统里的信息可能已经过时。

对于主要供应商，你是不是应该每一年都重新画像，做一次风险分析和信息更新呢？笔者认为有七个主要考察点及内容，见表5-3。

表5-3　对供应商开展调查的七个主要考察点

考察点	考察内容
人员情况	关键人员（管理层和接口人员）的稳定性； 工程师的数量、分工和能力
主要产品	是否有重大变化； 是否与你的产品难度相当或超过
工艺能力	哪些自制、哪些外协； 产能与投资计划
检测能力	哪些自检、哪些外发； 产能与投资计划
财务状况	前三年的销售额和利润率； 未来两年的经营目标和财务透明度（是上市企业主动披露，愿意提供第三方评估报告或第三方审计报告，还是不提供任何报告）
客户偏好	主要服务什么市场和客户； 是否与本公司的发展战略相一致
诉讼情况	近一年是否发生过诉讼、什么诉讼（通过查询企查查或天眼查获知）； 是否存在潜在的诉讼风险（现场问答）

目的是比较现有供应商与我们经过市场分析得到的最理想供应商的差距，分析切换供应商可能带来的降本机会。

4. 建立新供应商清单

在这里，伙伴们要记得做好以下六件事情：

（1）靠谱寻源；

（2）在第一时间与供应商签署保密协议；

（3）请供应商填写基本信息调查表（内容与步骤三：现有供应商的信息调查与分析雷同）；

（4）准备好公司介绍、项目介绍、产品介绍和供应商开发流程介绍，要让你的公司在第一时间令新供应商产生好感，说服供应商把最好的资源拿

来支持你的项目;

（5）记得把合同模板单独拿出来，请新供应商书面确认是否可以接受;

（6）使用相关性分析界定你的产品的关键工艺和质量管理要求，再与供应商的基本信息调查表做对比，以便决定哪家供应商值得拜访。

5. 深入评估新供应商

对于第四步分析出的符合关键要求的供应商，需要做好以下三件事:

（1）当面拜访，核实供应商提交的基本信息;

（2）评估供应商的综合能力和质量管理能力（需要供应商质量工程师参与）;

（3）对供应商做风险评估，针对发现的风险，考察是否有可行的规避措施。

6. 定商定价

详见本书第二章中小贴士：定商定价与合同管理。

7. 制订详细的项目计划

如果切换现有产品的供应商，需要做好以下准备:

（1）估算所需的投资、样品等费用;

（2）计划产品验证的流程和时长;

（3）计划所需的人力资源，如实验室测试员、设计工程师、质量工程师等。

拿着这份计划，采购需要提交公司的利益相关方审批，如采购组织决策人、设计组织决策人、质量组织决策人、财务组织决策人，最后才能获得预算，正式立项，按照计划实施项目。

8. 合同管理

与新供应商签署合同，将取得的降本成果通过合同锁定并得到执行。

通过定期实施持续降本八步法，采购部可以不断发现新的降本机会，不断立项，持续创造价值。

随着时间的推移，小明的管理能力在不断提升，采购部的降本绩效也在不断增加。渐渐地，在皮总监眼中，小明已经不再是那个很有潜力的年轻管理者，而是一个管理知识和实践经验都很丰富的实力派管理者。

于是，在一个草长莺飞、阳光明媚的下午，皮总监告知小明，为了搭建具有行业领先水平的供应链，天波公司决定成立供应链管理部，下辖采购部、计划部和物流部。公司高层想要在年轻干部中选拔既有出色的管理能力又有相当潜力的人担任供应链管理总监。经过讨论，管理层一致认为能够在短短一年多的时间里，把采购部的管理水平提升到行业领先水平的小明是最合适的人选，于是责成皮总监询问小明的意见。

此时的小明，知道自己对供应链管理的专业知识尚不精深，与业界专家相比只是一个小学生，但是，目标远大、勇气十足的小明毫不畏惧，决定抓住机会，站在一个更大的舞台上提升自己。

回想起自己从采购员到采购专家，再从采购专家到采购经理的成长经历，小明不禁感慨万千，幸有皮总监这样的贵人相助，再加上自己一直以来对自己的严格要求和一往无前的勇气，在每一次机会来临时，自己总能踮起脚尖够得着；而环顾身边的同龄人，很多人把希望寄托在运气上，一旦遇到困难就抱怨命运不公，却从没想过要比常人付出更多，更不会努力构建自己的能力，结果只能在职场上原地踏步、停滞不前。

经过这段时间的成长，小明认为，自己付出的一切努力都是值得的。在本书，小明的成长故事到此结束。

在任职供应链管理总监之后，小明还将遇到哪些挑战，获得哪些成长技能，如何一步一步将自己从一名卓越的采购领导者转型为卓越的供应链管理领导者呢？让我们拭目以待。

除了持续降本八步法，还有哪些降本方法值得学习呢？请您阅读以下三篇小贴士。

小贴士　利用信息差降本

学员问："姜老师，随着精益管理的普及，现在降本越来越难，如果没有降本机会了，做采购还有前途吗？"

　　笔者认为，这又是一个未来惶恐症的患者，杞人忧天，而实际情况是，随着时代的进步，总会出现新的降本机会。如果人不跟着进步，就无法跟上时代的步伐。

　　"你是否想过，降本的本质是什么？"笔者开始引导学员。

　　"买贵了。"学员不假思索，脱口而出。

　　笔者："怪不得你认为没有降本机会了，因为精益管理就是解决浪费问题，也就是没有买贵的可能性。而现在我看到的问题是，采购买'便宜'了，指在年年降本指标的压力之下，陷入质低价廉的误区，质量问题越来越多，给公司造成的隐患越来越大。因此，从今往后，采购再想从越来越透明的原材料中简单地削减成本已经不再可行，这个时候，你要通过信息差来降本。"

　　"什么是信息差呢？"学员不解。

　　笔者："信息差是一个人或者一个企业赚钱的根本。例如，在2021年，为了提振经济，美国政府率先印制大量钞票，这些钞票不会一下子分到每个人的手中，而是有一个流转的过程和时间，这就造成了信息差。通常，企业家会先从银行拿到钱，之后，为了赚钱或保值，他们可能会投资某些产业或者买房买地，这会导致房价和物价上涨，等这些钱最终流向普通百姓时，无非就是抵御通胀而已。在这个过程中，最赚钱的就是第一批接触到信息的人。"

　　"这与采购工作有何关系呢？"学员不解。

　　笔者："很多采购忙于日常的工作，忘记做一件最重要的事情，就是市场调研。例如，如果你负责采购设备，是不是应该定期参加行业展会，或者去了解同行里的佼佼者，他们都在更新哪些设备？会不会有些厂商在计划推出效率更高、占地更小或能耗更低的新设备呢？如果经过计算，会帮公司降本增效，是不是要做内部推荐呢？或者你要定期去做主要供应商的市场分析。例如，在菲律宾的印刷线路板厂的成本比国内低几个点？低在哪里？对于一些复杂的组装产品，是不是有一些工艺能力较强且管理费较低的民企可以替代外企？对于特殊材料，是否可以参加行业协会，了解新的趋势，或许正好有行业龙头想要进入特殊材料领域，可以在早期合作。"

学员："我听懂了。其实我也知道要做市场调查和市场分析，但是平时真的太忙了，直到降本指标无法完成才临时抱佛脚。"

笔者："这是一个工作习惯问题。有时间多去供应商那里，聊一聊行业信息和市场机会，或许更有收获。"

学员："这倒是。"

笔者："其实，采购的主要职责就是提早获取有价值的供应市场信息，再让信息尽快流动，让你的公司成为第一波吃到螃蟹的人，占据行业头部地位，这样才能带来持续的降本增效，所以，从这个角度理解，采购的降本工作永无止境。最后，我要提醒你，当考察供应商时，应该获取是整个供应市场的信息，而不是仅限于这一家供应商的信息，具体包括以下内容：

"（1）行业的头部玩家都是谁？

（2）他们的特点和优缺点都是什么？

（3）腰部玩家的机会在哪里？

（4）这个行业的赚钱模式是什么？

（5）进入行业的壁垒是什么？

（6）各玩家的护城河是什么？

（7）是否有替代品产生？

（8）行业的发展趋势是什么？

（9）行业的集中度如何？

（10）我能找到哪些降本增效的机会。

"同样的，作为采购组织的领导者，应该鼓励员工多到供应商处交流，多参加展会，甚至从咨询公司那里购买市场分析报告，预判市场动向，享受市场变化的第一波红利，给企业持续带来降本业绩。"

延伸问答 如何获知供应商和同行的关键信息

学员问："姜老师，领导让我搜集供应商和同行的关键信息，但我从网上能找到的信息很少，应该怎么办？"

笔者答："在这样一个信息化的时代，获取关键信息既是一种能力又是一种投资。我身边就有特别厉害的人，他在某一行业的人际关系资源较多，行业内标杆企业的组织、模式、机制等信息摸得很清楚，可以为企业提供有价值的建议；如果你不具备这种能力，就要说服企业投资。

"总之，在高度商业化的社会，企业不要再奢望免费获知准确而又全面的关键信息，可以雇佣情报专家或者给情报提供商付费获知。"

小贴士 供应商支持研发降本增效的八种能力

研发问："今年需要借用供应商的资源，帮助我们优化设计，节约工时，你们采购部有推荐吗？"

笔者答："有！"

研发问："怎么能让我们对供应商的能力一目了然呢？"

笔者答："这很简单，我可以把供应商对研发的支持能力进行分类，再统计到一张表中发给你。"

亲爱的读者朋友们，如果请你给供应商对研发的支持能力分类，会怎么分呢？

经过仔细分析，笔者把供应商对研发的支持能力分为以下八类：

（1）生产或销售标准件。

这类供应商可能是贸易商也可能是生产商，只能帮助研发选型，再无其他作用。

（2）开模生产定制件。

这类供应商可以给研发更多设计空间。

（3）通过优化设计来提升生产良率或者削减成本（DFM, Design for Manufacture，可制造性设计）。

这类供应商的作用是帮助研发纠错，以便提升良率，优化供应链。

（4）低复杂度组装。

这类供应商一般都是简单加工带组装，对研发的帮助不大。

（5）高复杂度组装。

很多时候，研发在确定装配尺寸、公差和测试要求时，需要向这类供应商学习。

（6）做快单。

这类供应商一般都有专机或专线做样品快单，可以帮助研发在最短时间内拿到样品，加快项目进度。

（7）能够画图、设计电路或研制配方。

这是研发最常合作的供应商，研发可以把自己的设计工作外包出去，是采购考察供应商设计能力的重点。

（8）能够根据产品概念做整体设计。

这类供应商在某种程度上可以替代研发，但是，如果你的公司在研发一个大系统，如整车，把里面的某个总成的设计和制造整体外包出去又是很常见的事情。

毫无疑问，为研发部提供满意的供应商，以便节约资源、优化输出，能够体现采购工作的价值。那么，你在考察供应商的成本和质量管理时，是不是可以顺带考察他们对研发的支持能力呢？

笔者极力推荐各公司的采购组织维护一张这样的表格，统计供应商的这八种能力，以便撮合供应商与研发进行更多的协同，为企业实现更多的降本增效。

小贴士　提升品质就是降成本

在很多采购领导者的思维中，品质与成本成正比，即品质越高，成本越高。

这么想没有错，但是在这种思维的引导下，采购降本的方向往往是降品质，如使用便宜材料、取消部分功能、降低使用寿命等，如果这种做法得不到扭转，最终企业生产的产品只能成为库存。

放眼望去，我们发现，在制造业所有赢得竞争的企业，都是依靠过硬的品质，走出"先做品质，后降成本，或者品质与成本同时下降"的路线，最终获得成功。例如，在二十世纪六十年代，很多日本汽车以低质低价著称，之后丰田等标杆企业狠抓精益生产并推出雷克萨斯等高档汽车品牌，才重新改变人们对日本汽车的认知，通过过硬的品质重新赢得国际市场，在有了销量之后，成本也便得到很好的控制。再例如小米生态链的产品，如电水壶、加湿器、九号平衡车等，都是在保证品质的前提下，制订有竞争力的价格赢得市场，同时狠抓降本。

回想笔者在医疗器械公司工作时见到的一个案例，当时有一款新产品要做白色高光的外壳，与公司长期合作的喷漆厂一直在抱怨要求太高，自己的环境不行，合格率低，要求涨价；而采购人员也被供应商说服，频频向设计师抱怨，设计师说是销售要求的，而销售说医院的医生喜欢白色高光外壳，这样做可以促进销量。

正在采购被供应商和内部利益相关方两头堵着，动弹不得之时，在一次偶然的新供应商访问中，我们发现该供应商在给商场用的广告机外壳喷漆，漆面质量特别好，整个工厂和喷漆房的环境控制也很好，于是我们邀请这家供应商试喷，结果一次性通过，报价并不比之前的供应商高，这个所谓的"品质过剩问题"也就解决了。

这件事情让笔者意识到，一家企业的发展一定是随着产品品质的提升而壮大。在这个过程中，采购不能只听供应商的一面之词，不能一味抱怨，要不断寻找更加优质的供应商，以便迎合企业和产品越来越高的品质要求，帮助企业用品质打赢市场竞争，再用批量控制成本。有了市场和批量，供应商自然会有多种方法降本，如学习曲线、设备升级、精益生产等。

所以，品质与成本只是在理论上成正比，但是在实际中，随着市场占有率的提升，品质上升、成本不变或者品质上升、成本下降都是有可能的。

品质提升还有一个潜在的好处是，客户投诉率、索赔率和产品返修率都会下降，企业能够获得永远的盈利而不是一时的盈利，可以把精力放在把产品做好做精上，而不是一边销售随时可能爆雷的产品，一边逼着采购降本。如果你是在这样的企业做采购领导者，与其被错误的价值观洗脑，看不到未来，还不如尽早提升能力，换一个环境，要知道，好的环境会加速你的成长，反之亦然。

采购绩效不是"管"出来的，而是"带"出来的

在采购管理咨询中，笔者经常会与不同采购组织的领导者打交道。大多数规模企业的采购领导者的专业能力都很强，视野也很开阔，有很多优秀实践值得学习，但是也有个别采购领导者思维怪异，喜欢钻牛角尖。笔者曾遇到一件奇怪的事情。

"姜老师，如何通过财务来管理供应商的成本？"这位采购高管习惯控场，总是首先抛出问题。

笔者没听明白问题的逻辑，于是主动澄清："供应商的成本与财务有什么关系？"

"姜老师你有所不知，我们公司的采购预算制度有问题，采购预算由采购来做，采购员没有成本压力呀。"

笔者认为，供应商的成本管理与财务的预算管理没有关系，于是分析说："采购的预算管理有三种做法，各有道理。第一种做法是由采购来提供预算，好处是一定能够完成，坏处是可能有点水分；第二种做法是由使用部门提供预算，采购部门负责控制使用部门制订的预算，好处是管办分离，不让采购自己做预算自己花，坏处是使用部门不专业，预算天上一脚地上一脚，令采购哭笑不得；第三种做法是由销售根据客户的降本要求通过财务来确定采购预算，再由采购来执行，好处是与市场联动，降本效果明显，坏处是由于压力巨大，采购从业人员的职业生涯往往不长，采购一把手往往一年更换一个。依我之见，现在贵司采取第一种做法，让采购员来做预算，有利于采购管理，其他两种做法更加不讲道理。"

"嗯嗯，我的诉求是怎么样给到采购员合理的成本压力，让他们贡献最大的价值。"

笔者"这个问题有多种解法，但不是依靠预算管理。首先，因为采购组织需要管理的绩效和事项特别多，采购预算既然容易完成，建议就不要花过多的精力折腾，而且公司的预算主管部门是财务部门，不是采购部门，所以采购不要操财务的心，要把重心放在从内部构建能力上。其次，你们为什么不在采购组织内部设立成本工程师的岗位，以便通过成本分解和应该成本模型等成本分析手段评估物料价格呢？当采购员询来的价格相比于估价过高或过低时，采购员就要查明原因，提供说明。还有一种做法，就是培养或招聘品类管理经理，让品类管理经理建立品类成本模型，对品类进行强管控。当然，想要招聘到一名优秀的成本工程师或品类管理经理需要支付很高的工资，因为它们都是高阶的采购专家岗位……"

"没问题，我们就应该设立这样的岗位，但我还是认为财务也应该有专业的人员来核价，增加一道防线。"

看到这位高管还没完全从自己的管理思路中走出，笔者继续引导说："财务有自己的核价方法，但与你想的不一样。他们通常会查看历史购买的数量和价格，与现今做对比。他们还会通过互联网快速搜索价格信息，如果是大宗物资，可以查询行情趋势；如果是品牌商品，可以查询淘宝或京东上的价格。但是财务人员绝对没有专业能力做任何成本分析或应该成本模型，他们在核价的职能上只能起到有限的作用，所以建议从采购组织内部构建分析供应商成本的能力，而不要指望财务。"

"好吧，那我还是想一想怎么在采购组织内部把供应商的成本管控得更好更严。"

对话到此结束。

在这个信息越来越透明的时代，一个采购组织只要投入足够多的资源，想要核算清楚供应商的成本并不难，难的是如何拿捏供应商关系。关于这一点，笔者建议供应商的成本问题要由采购组织自己做主，而不要依靠财务等其他部门把供应商的成本管死，否则采购组织只能沦为一个供应商成本的管理部门，而不可能成为一个采购价值创造部门和采购战略管理部门。

想要做到这一点，采购领导者的视野和格局一定要打开，不要总是想着怎么通过多种手段去盯死供应商，而是应该多听一听供应商怎么说，有哪些好的建议可以优化产品，如何与供应商一起研究出独家产品，扩大市场占有率，而不是一味通过成本分析逼得供应商每次只能以最低价把商品卖给你，甲乙双方除了简单的买卖关系再无瓜葛。

追求供应商成本强管控的后果往往就是牺牲质量（不合格品多）、交付（供应商频繁切换导致采购预测管理失效）和服务（关系对立），是典型的只见采购笑，不见质量和计划哭的现象。所以很多时候，采购领导者不应把主要精力放在对成本的管控上，而是应该引导供应商与客户协同，多创造一些增值服务，同时狠抓战略、流程、团队建设和人才培养，只有把视野放长，才能发现更加广阔的机会。要知道，优秀的采购绩效可不是"管"出来的，而是"带"出来的。

复盘总结

本章主要围绕采购绩效管理这一主题，分别介绍了合理设置绩效指标的方法，常用的十二个绩效指标，快速提升绩效的三大工具——外购件统计表、绩效指标仪表盘和QRQC日清表，持续降本八步法，利用信息差支持研发和提升品质来降本的方法，以及领导者要带领团队创造价值的理念，这些方法不仅能够帮助采购领导者又快又好地完成绩效，还能够保证绩效的可持续性。

接下来，您将学到卓越采购领导者必备的软技能，其中有一些曾发生在笔者身上的故事，颇有借鉴意义，请您继续阅读。

第六章

软技能

软技能是所有采购领导者都需要的通用能力，它要求每一位采购领导者都变成"接口"，能和其他人、其他组织更紧密地联系起来，就像每一片拼插积木，既是有功能的个体，又是一个"接口"，向其他个体释放邀请信号。

一句话概括，软技能代表了采购领导者的连接能力。

通过学习本章，采购领导者普遍关心的五个软技能问题将得到解答，它们分别是：

（1）卓越的采购领导者应具备哪些软技能？

（2）采购领导者应该如何增加自己的影响力，以便达到卓越领导者的标准？

（3）同理心、有效沟通和情绪管理如何帮助采购领导者获得大多数人支持，使采购领导者变得卓越不凡？

（4）采购领导者应该如何进行向上管理，以便获得更多支持？

（5）采购领导者应该如何写好年终总结，以便获得资源、创造价值？

影 响 力

影响力是一种以他人乐于接受的方式，改变他人的思想和行动的能力。

一名采购领导者如果掌握了影响力的艺术，在工作中就会更加容易获得上级、同级和下属的支持，是具备卓越领导力的有力表现。

那么，如何提高一个人的影响力呢？

有七个原则值得我们学习，分别是：

1. 好感

如果对方很讨厌你，那么想要影响他们就很难。要想成功影响别人，首先要让对方对你产生好感。那么，如何快速让别人对你产生好感呢？

赞美是一条捷径，因为赞美能消除敌意、修补关系。当听到有人对自己大加赞美时，任何人都会对赞美者产生好感。

2. 互惠

互惠是一种力量。当对方给予你好处时，你会觉得应该回报对方，如果不这么做，内心就会感到不安。推而广之，作为采购领导者，要主动关心员工，与员工谈心，这样才能获得员工的认可和信任。

3. 从众

从众是一种比较普遍的社会心理和行为现象，简单地解读就是："大家都这么认为，我也就这么认为；大家都这么做，我也就这么做。"利用这一心态，采购领导者在实施一项新举措之前，可以先找到一两位支持者，这样会更有把握赢得全员的支持。

4. 言行一致

人们倾向于言行一致、始终如一，如果他们对某一结果、目标、想法或某事作出承诺，那么他们更有可能履行承诺。在做绩效管理时，采购领导者要记得让员工对绩效目标做出承诺，再由员工按照承诺提交计划书，这样更加容易激发员工的主观能动性。

5. 权威

权威是指使人信从的力量和威望。人们总是认为权威人物是榜样和楷模，服从他们会给自己带来安全感，会增加做事情的保险系数。另外，人们往往认为权威人物的言行与社会规范相一致，如果模仿权威人物的言行，就更加容易获得别人的认可和赞许。所以对于采购领导者而言，你一定要在某一方面有所专长，这样才能令员工信服。在树立起威信之后，你的管理工作就会轻松许多。

6. 稀缺

稀有的总是最贵的，这一点我们采购从业者感同身受。当我们拥有一样东西，即使不觉得它有多重要，但是当有一天失去它时，我们也会感到惋惜，所以稀缺就是最大的价值。

采购领导者应该适当强调时间有限、机会有限、资源有限，只能给到突出贡献者，以此驱动员工努力工作。

7. 说服力

说服力是指在恰当的时机，通过一定的技巧和逻辑，在极短的时间内影响别人做出有利于你的决定的能力，是影响力的一种体现，可以为卓越的采购领导者赢得更多资源和支持。说服别人的过程就是影响别人的过程，常用的方法有开诚布公、做出承诺和指出对方的逻辑错误等。

增加影响力的七个原则，如图 6-1 所示。

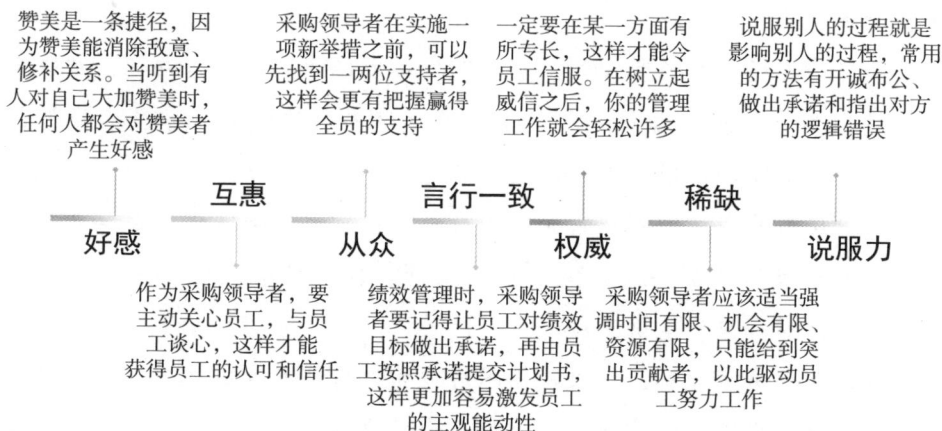

赞美是一条捷径，因为赞美能消除敌意、修补关系。当听到有人对自己大加赞美时，任何人都会对赞美者产生好感

采购领导者在实施一项新举措之前，可以先找到一两位支持者，这样会更有把握赢得全员的支持

一定要在某一方面有所专长，这样才能令员工信服。在树立起威信之后，你的管理工作就会轻松许多

说服别人的过程就是影响别人的过程，常用的方法有开诚布公、做出承诺和指出对方的逻辑错误

互惠　　言行一致　　稀缺

好感　　　从众　　　权威　　　说服力

作为采购领导者，要主动关心员工，与员工谈心，这样才能获得员工的认可和信任

绩效管理时，采购领导者要记得让员工对绩效目标做出承诺，再由员工按照承诺提交计划书，这样更加容易激发员工的主观能动性

采购领导者应该适当强调时间有限、机会有限、资源有限，只能给到突出贡献者，以此驱动员工努力工作

图 6-1　增加影响力的七个原则

关于更多影响力的应用场景，请您阅读以下三篇小贴士。

小贴士　我们要做供应商喜欢的客户

当供应商质问："为什么在图纸版本更新时，变更清单里没有注明新增的两个孔位？"

而设计工程师却毫不在意地说："你不会自己拿图纸比对吗？"

请问，作为旁观的采购，你此刻的心情是怎样的？

你应该站在哪一边呢？

你可能犹豫不决，因为如果站在供应商那边，不但得罪研发，还会引发风言风语；如果站在研发那边，不但问题得不到解决，自己在供应商面前的威信也会扫地。

这个时候，采购既不应该旗帜鲜明地支持谁，也不应该保持沉默，而是应该通过影响力推动研发和供应商走到一起，使得大家齐心协力解决问题并保证以后不犯相同的错误，而这个影响力就是——好感。

如何能让互不相让的两方（研发和供应商）彼此产生好感呢？

就靠这样一句正能量的话："我们要做供应商喜欢的客户。"

试问，谁不愿意成为别人眼里那个喜欢的人呢？谁又愿意被人怒目而视呢？

所以，面对这种矛盾，采购人员千万不能非黑即白，陷入无休止的辩论，而是要让各方彼此喜欢。

从设计工程师的角度理解，"我们要做供应商喜欢的客户"，意味着如果我们多为供应商着想一些，供应商就会多喜欢我们一些，大家彼此之间就会更加友好，毕竟大家要长期合作；

从供应商的角度理解，当采购人员说出："我们要做供应商喜欢的客户"，代表着甲方的态度、承诺和价值观，供应商会从内心深处认可采购的提议，对客户产生好感；

从采购的角度理解，如果我们尽力成为供应商喜欢的客户，就意味着供应商愿意提供更多资源与甲方合作，会给采购工作带来便利。

所以，当我们在工作中遇到争议时，当甲方内部存在轻视供应商或者因为工作不规范，影响供应商的绩效时，采购人员应该反复强调：我们要做供应商喜欢的客户。

采购人员只有树立正确的价值观，才能一点一点的影响其他部门做出积极的改变，而不是明显地袒护供应商，为供应商求情，导致别人都在用有色眼镜审视采购，事情却一点也没有改善。

同样的，作为采购领导者，当一些事情不是你能够立即改变的，就不要去钻牛角尖。

但是你要坚信，只要能够坚持不懈的影响他人，人们的思想就会渐渐改变，积极的事情就会慢慢发生，很多问题会得到根本性的解决。

而"我们要做供应商喜欢的客户"就是这样一句有影响力、有感染力和正能量的话。

所以，请从今天开始，坚定地这样去想，并把它挂在嘴边，努力影响利益相关方、影响供应商、影响下属做出积极的改变。

小贴士　当使用部门说买贵了，采购应该如何回应

学员问："姜老师，使用部门总是质疑价格贵，请问，我该怎么办？"

亲爱的采购伙伴们，如果换成是你，你该怎么回答？

向更多供应商询价，以便证明价格合理？完全错误！我们应该说服使用部门！

请问，当使用部门说你买贵了的时候，他们是基于什么说的呢？恐怕只是猜测。

而当你立即想办法自证清白，就是在一个不存在的假设之上，证明这个假设不成立，而对方仍会毫无依据地不断质疑你的价格，你们的讨论将陷入无休止的死循环，甚至是没完没了的争吵。

正确的做法是，当使用部门说买贵了，你应该立即反问："你是基于什么说买贵了呢？"（前提是你已经做了充分的调研，确信价格站得住脚）

这样问的好处是，你会化被动为主动，让使用部门负责举证。

其实，使用部门怎么可能有确凿的证据呢？难不成他们有某友商与供应商交易的签字盖章的合同或者订单？所以，当使用部门坚持说，我知道某某企业买这个东西比你的价格便宜时，你应该立即追问，你是怎么知道的？怎么证明你说的是对的？证据是什么？

这时，使用部门只能挠挠头说，我是听里面的朋友说的。

用嘴说的？这也能信？这证明不了任何事情。

之后，你可以微微一笑，礼貌地结束这段对话，而不再被动挨打。

这就是所有采购从业者及采购领导者都应该具备的能力——说服力。

怎么样，你学到了吗？

小贴士　如何使用 3C 分析法说服供应商降价

时至 2021 年 4 月底，深圳正午的气温已近 30℃，但是从北京来深圳出差的我还穿着长袖衬衫，与供应商厂区内来回穿梭的员工形成鲜明的反差。

好在会议室的空调开得很大，让笔者有了"幸好穿长袖"的小庆幸，而坐在办公桌对面的供应商的销售总监，好像怎么吹都不会冷，一直穿着短袖。

"这个项目已经量产十年，没有肉吃。"笔者用形象的比喻说出供应商的关注点，以便尽快赢得信任。"而且还不是我们最擅长的领域。"深圳的供应商比较务实，怎么想的就怎么说，丝毫不怕暴露缺点。

"所以，我们要在内部分析一下能不能接这个项目，毕竟需要近千万元的投资。"销售总监挠着光秃秃的脑袋说。

听到分析这两个字，笔者想起最近正在学习的 3C 分析法。

"你们想要怎么分析呢？"笔者来了兴致。

"嗯，主要是评估近期和远期的投入产出比，看一看划不划算，说服总经理。"销售总监思考了几秒钟，很快说出他的想法。

"这是不够的。你们应该使用 3C 分析法。"

"什么是 3C 分析法？"对方很好奇。

"3C 分析法是用来分析商业机会的最简单实用的方法。3C 是指 Customer（客户），Company（你的公司）和 Competitor（竞争对手），是决策商业机会的三个纬度。

"先说客户这块，因为现有供应商无法持续降本，价格竞争不过欧洲供应商，我们亚太区采购中心急需开发 QCDS（Quality 质量、Cost 成本、Delivery 交付、Service 服务）都过硬的新供应商替代现有供应商。话虽如此，但是现在只要你的价格给得更低，就能拿到这个项目，迈进高端医疗器械行业。这个机会千载难逢，因为我公司之前并不只看价格，以后也不会，但是迫于成本压力，现在这个项目会。将来我公司的供应链管理发展方向与其他高端医疗器械公司一致，就是外包高复杂的组装活，而组装是你们的长项。如果搭上这个项目的车，你还能赶上这一波外包。

"接着说竞争对手，已经有一些机械类的厂家，比你们早起步三到四年，进入高端医疗器械行业。据我观察，他们的特点是投入大，自动化程度高，销售额在近几年翻倍增长。相对于其他行业，医疗器械行业的竞争不算激烈，所以利润率较高，因此，我判断他们不会愿意牺牲合理利润对这个项目报价，这也就给了你们进入的机会。

"最后要说你们自己，我得听听你的想法。"我停止发言，微笑地看着销售总监。

销售总监说道，"高端医疗器械是我们的主要目标市场。新厂房下个月启用，场地不是问题，如果贵公司能给我们更多部件，让我们捆绑起来做，总经理会更加容易做出投资的决策。"

"我们是有信用背书的外企，如果你在这个项目上的价格足够有优势，我会推荐你参与两个新项目，这些最终都会落实到纸面，确保执行。"为了说服供应商，我建议采购要善用"如果"二字。

"好的，请给我一些时间说服总经理。我认为我们会投资的。"销售总监看起来有了些许把握。

"好，3C 分析的结果是，你们只有通过高投入和低利润才能迈入高端医疗器械行业的门槛，更具体点说，你胜出的唯一可能就是价格比别人低，相对于你的竞争对手，你要考虑你们背后的资金实力如何。在我看来，这几年制造业都在拼资金，为的是更快的更换设备，通过高度自动化来提高效率，实现降本增效。"笔者继续给他们分析利弊。

销售总监点点头，表示赞同。一周之后，供应商报出了最低价，比原报价足足低了 8%。

一流的采购要会做分析，而做分析的首要目的是说服别人接受你的观点。因此，当你需要说服供应商给你最低价格时，不妨使用 3C 分析法。

同 理 心

同理心是采购领导者管理团队，激发员工工作积极性的重要软技能。是站在对方的角度和位置上，客观地理解对方的内心感受，且把这种理解传达给对方的一种沟通交流方式。同理心就是将心比心，在同样的时间、地点和事件上，把对方换成自己，设身处地去感受、去体谅他人。

同理心的六个应用原则，如图 6-2 所示。

对待	理解	角度	修正	坦白	真情
• 我怎样对待别人，别人就怎样对待我； • 我替他人着想，他人才会替我着想	• 想要得到他人的理解，就要首先理解他人； • 只有将心比心，才会被人理解	• 别人眼中的自己，才是真正的自己； • 要学会以别人的角度来看问题，并据此改进自己在他人眼中的形象	• 只能修正自己，不能修正别人； • 想成功地与人相处，想让别人尊重自己，唯一的方法就是先改变自己	• 真诚坦白的人，才是值得信任的人； • 要不设防地，以最真实的一面示人	• 真情流露的人，才能得到真情回报； • 要抛弃面具，真诚对待每一个人

图 6-2　同理心的六个应用原则

想要了解同理心的应用场景，请您阅读小贴士：如何令领导对你产生好感。

小贴士 如何令领导对你产生好感

笔者曾经说过一句玩笑话，叫作"采购领导者最难说服的人就是新任总经理。"懂的人可能都会会心一笑。

可见，在职场，令领导对你产生好感的重要性不言而喻。

但是，如何做到，却是很多人的痛点。

方法很简单，就是利用同理心，想一想你自己会对什么样的人产生好感。

具体总结为四个字：帮、夸、懂、像。

（1）帮：帮助我们的人。

我的儿子今年刚上小学一年级。在入学的前几天，他不敢主动和同学说话，所以没有人和他一起玩，这让他感到好孤独。但是昨天，他突然说XXX小朋友是他的好朋友，我一问才知道，这个小朋友主动找他聊天，还给他零食吃，我的儿子自然就对那个同学产生好感了。

显然，那个朋友就是主动帮助他的人。

（2）夸：夸奖我们的人。

在职场，夸奖领导是一种能力，也是给领导赋能。

你无须露骨地说："老板你真英明！"

真正会夸的人会说："你改变了我。"让领导看到你对他的尊重与认可。

（3）懂：懂我们的人。

这个懂，就是理解。有时领导是出于无奈，给下属下达了一个不合理的要求，如今晚必须加班完成某个报告。不懂领导的人会发牢骚，而懂领导的人会想，如果换成是我，也只能这么做。

人们喜欢懂自己的人，懂才能把话说到位，把事办到位，才能真正帮到领导。

（4）像：像我们的人。

如果你发现，你的下属有着跟你一样的兴趣爱好，会不会有冲动想跟他聊上几句呢？然后你会认为，他与你很像。

在沟通中，如果你的语速很快，下属的语速很慢，你会不会觉得你们俩有距离呢？

所以，你要观察领导的行事风格，学习领导的优点，让领导从你的身上看到自己，才能对你产生好感。

有效沟通

沟通，从概念上讲，是为了一个设定的目标，把信息、思想和情感在特定个人或群体间传递，并且达成共识的过程。能够进行有效沟通，无疑是部门间各项工作顺利进行的前提，是领导者管人理事的有效工具。

一次有效的沟通常常由六部分组成，分别是：事前准备、确认需求、阐述观点、处理异议、达成共识、共同实施。

在采购工作中，领导者应该如何通过有效沟通来与其他部门达成共识呢？请您阅读小贴士：如何有效进行跨部门沟通。

小贴士　如何有效进行跨部门沟通

在笔者接触过的众多采购领导者中，大家普遍吐槽的沟通问题便是如何与利益相关部门进行有效沟通，如研发部、质量部和物流部，以便获得支持。

这是对采购领导者的沟通能力最好的考验，对于沟通高手来说，跨部门沟通从来就不是问题。

曾有一位来自央企的采购总监得意扬扬地向我说，她最擅长的就是跨部门沟通，为部门争取到很多资源。

大家一定想问，她是如何做到的呢？

经过详细了解，笔者总结为以下五点，值得每一位采购领导者学习。

（1）用对方的语言切入话题。

如果采购领导者只会自说自话，而不懂财务、研发或质量管理的常用术语和工具，在与之沟通时，对方就会觉得你不够专业或者不够重视他们的工作，从而就会产生不必要的隔阂，所以采购领导者要主动学习利益相关方的专业知识。

（2）提前了解对方的需求或痛点。

俗话说："知己知彼、百战不殆。"在跨部门的交往中，这句话同样适用。你的请求与对方的利益有什么关系？是否可以连带解决对方的痛点，帮助对方取得更好的绩效？这些都需要你提前分析清楚。

（3）先讲愿景、后讲方案。

例如，当你需要研发部提供资源修改图纸，以便降本时，先不要急于说具体的事项，而是先讲降本对于公司和每个人的重要性。因为降本会给公司带来更多利润和更多业务，回过头来，公司可以给员工提供更多的福利和发展机会，大家同坐一条船，都应该为公司创造降本业绩。像这样通过愿景说服研发部的领导之后，你再讲具体的方案，询问对方的意见。

（4）给对方充分地选择余地。

在商讨方案时，自己要事先考虑好所能接受的最好情况和最坏情况，以便给对方留有足够的余地做出选择，此时，你要维护好关系，细水长流，而不是不达目的不罢休，因为关系的建立重在常来常往，而不是一次性透支。

（5）尊重对方，绝不越级汇报。

即使在最坏的情况下，对方不愿给你任何支持，你也不要越级汇报。在职场，最没用的事情就是越级汇报。除了认为你性格不够成熟，处事不够圆滑，能力尚且不足，领导不会认为你有任何功劳，甚至有的领导会认为你再把难题推给他。毫无疑问，越级汇报还会得罪相关部门。所以即使在最坏的情况下，你也要尊重对方，绝不越级汇报，而是找对人、说对话，寻找影响对方的有效方法，细水长流。

当然，想要做好跨部门沟通，最重要的还是在平时多下功夫，例如，与相关部门团建，邀请相关部门与供应商一起用餐，主动给相关部门提供帮助等，而不是临时抱佛脚。

情绪管理

情绪管理，是指通过研究个体和群体对自身情绪和他人情绪的认知，培养驾驭情绪的能力，并由此产生良好的管理效果。

在职场，能否管理好情绪，是衡量采购领导者情商的重要指标。

卓越的管理者不但要善于接纳情绪，而且要善于调整情绪、表达情绪，甚至要善于利用情绪。

那么，有何方法帮助采购领导者管理情绪呢？请您阅读小贴士：好领导就是好销售。

小贴士　好领导就是好销售

在一次采购谈判培训中，笔者询问学员一个问题："当采购与销售谈判时，双方的地位对等吗？"

学员异口同声地说："不对等。"

笔者："哪里不对等呢？"

学员："授权不对等。"

笔者："没错。因为销售对外是乙方，对内是甲方，而采购对外是甲方，对内是乙方。销售往往能够整合全公司的资源为之服务，如果任何部门有阻力，都需要向销售解释做不到的原因；而采购却需要游说其他部门来配合，例如请求研发放宽公差，请求物流接受更大的最小起订量等，其他部门轻易地一句"没资源"或者"不同意"，就可以把采购拒之门外。所以，常常因为得不到内部支持，采购在谈判中落于下风。"

可见，想要做个好采购，就必须有能力获得公司内部的支持，只要获得公司内部的支持，就可以像销售人员那样整合资源。

如何获得支持呢？采购人员需要转换思维，学习销售与采购相处的方式，像销售那样管理好自己的情绪，真正获得别人的信任和喜爱，才能改变别人对采购的看法，真正获得支持。

这说起来容易，但做起来真难。

因为很多采购在外面当甲方习惯了，回到公司低不下头，稍微遇到问题和分歧，就喜欢指责和投诉别的部门，最终一定是被别的部门拆台。

例如，前几年，采购界流行这么一句话——产品80%的成本都是由设计决定的，意思是产品贵了，都怨设计。这句话论起来没错，但是你为什么不换位思考呢？

如果你是设计，听到这句话，你是什么感受，不是被冒犯了吗？以后还会愿意与采购合作吗？

你要接受一个事实，在所有公司里，设计是最宝贵的资源，而不是采购，所以即使你认为设计工程师的能力非常有限，你也要尊重他们，因为在领导眼里，大家的分工不同。

现在假设你是一名销售，遇到客户产品设计有问题，你会怎么说呢？

你在摆事实、讲道理的同时，一定会提出解决方案。比如建议在哪里进行怎样的修改。在讲的过程中，一定会从客户的利益出发，比如这么修改可以给你个人的绩效带来哪些好处，怎么样在公司里更有面子，把客户关系维护好，让客户乐于接受。

据笔者观察，很多采购不是没有能力得到内部支持，而是被供应商惯坏了、膨胀了，忘记了自己对内要扮演乙方的角色，把人得罪完了，那么无论是你的谈判结果还是降本业绩，肯定都不会太好。

人们常说设计部是采购部的死对头，但是我在做甲方时却与公司内的设计师相处得非常好。因为在与之打交道时，我始终把自己放在销售的角色上，关注设计师需要什么帮助，尽量解决他们的问题，如引入有画图能力的供应商帮设计师出主意，节省设计资源，设计师自然很高兴。

在选择供应商时，我会倾听设计师的意见，例如他们喜欢与哪个供应商配合。

这样选择的供应商，设计师会认为自己有一份承诺在里面。一旦遇到问题，更加愿意参与解决。

由此可见，很多时候真的不是这个世界在与你做对，而是你的心态问题。

其实，只要改变思维方式，你就会从"天寒地冻"走向"春暖花开"。而这一切，都从扮演销售的角色开始。所以，好采购，一定是个好销售。

同样的，作为采购组织的领导者，更要成为一名优秀的销售才能获得上级、平级和下属的支持，从平凡走向卓越。

向上管理

关于向上管理的名词解释，最为人接受的莫过于彼得·德鲁克先生的这句话："任何能影响自己绩效表现的人，都值得被管理。"

所以，作为采购领导者，除了管理好下属，还要管理好上级，目的是帮助你在职场上走得更远。

兵法云，上下同欲者胜。

想让上级和你彼此信任其实很简单，只要你能做到以下两点：

第一，成为值得他信赖的人；

第二，成为比别人更有能力解决问题的人。

做到以上两点，你的上级大概率会认真倾听你的每一条建议，甚至在他遇到问题时也会找你商量解决方案，这样无形之中上级下属的管理反转过来，就能达到向上管理的效果。

如何做到以上两点呢？你可以从以下四点着手：

（1）主动汇报，切勿少说多做。

（2）先说结果，确保逻辑严谨。

（3）觉察上级的立场，重点汇报他关心的问题。

（4）让上级做选择题，而不是问答题。

话虽如此，但是当上级在给你下达难以完成的任务时，应该怎么办呢？

请您阅读小贴士：当上级给我艰巨的任务时，我该怎么办？

小贴士　当上级给我艰巨的任务时，我该怎么办

在工作中，采购领导者经常会遇到上级交代一个超出你的权限、资源或能力的任务，出于迎合的目的，你只能满口答应，但是接下来应该怎么办呢？

吃不进去又吐不出来的滋味肯定不好受，难道就没有解决这种问题的良方吗？当然有！

想要解决艰巨的、超出能力范围的问题，采购领导者需要按照以下三步执行：

（1）师出有名。

上级从来没说过让你一个人或者一个部门完成任务，而是给你一个军令状，让你调动资源。所以你不要担心自己的职位不够或资源不足，大可利用平日积累的部门间的友好关系，打着上级的旗号，堂而皇之地请求其他部门派人派资源，帮你一起完成上级交代的任务，做到师出有名。

（2）项目管理。

既然时间紧、任务重，你就更加需要将任务具体化。例如，何时由谁完成什么事项？重要的里程碑是什么？一切按照项目的思路来管理，并及时向上级汇报进度，以便获得更大的支持，令上级满意。

（3）向上管理。

如果上级交代的任务果真超出了公司的能力或者必须是一把手工程，此时采购领导者千万不能直接说出口，因为这样会显得你情商不足，而是要摆事实拿数据，通过理性分析让上级明白，他的想法或做法行不通，让上级自己叫停此事。例如，上级（如总经理）要求将某个核心部件降本40%，采购领导者不可以说不行，而是应该拿出成本分析报告，指出原材料占比60%，加工费占比30%，其余10%是管理费和利润，想要降本40%，只能从设计的角度考虑削减材料费和加工费；而经过与设计沟通，该部件的精度要求很高，会影响整个产品的性能，无法节省材料费和加工费。据此，让总经理自己放弃不切实际的想法，而你的态度始终是高度迎合。

只有这样，才能完成上级交代的超难题，做好向上管理。

除了解决上级交代的难题，每到年初或年尾，采购领导者还要向领导提交年终总结，这其中有何注意事项呢？请您继续阅读小贴士：年终总结的正确写法。

小贴士　年终总结的正确写法

在写年终总结之前，你要做好以下七点：

（1）明确与业务的关系。

（2）使用专业术语，态度诚实坦白。

（3）把握阅读或汇报的时间，保证效率，避免长篇大论。

（4）分析管理者想要听到的内容，想要讨论的决策，自己想表达的观点，以及支持观点的论据。

（5）要图文并茂、一目了然。

（6）使用"明年将如何发展"，为总结收尾。

（7）当提出一个新想法时，要分析以前为什么没有这么做。

你可以使用以下方法完成年终总结：

（1）用短语说清目标，如将"生产部喜欢指定易耗品的供应商"修改为"生产部与采购部存在权力交叉"；

（2）目标→问题→分析→结论，如降本5%（目标）→电子料价格上涨（问题）→供应商竞争不充分（分析）→通过引入更多供应商实现降本（结论）；

（3）说清需要领导做什么，如梳理部门间的职责。

在年终总结的开头、中间和结尾，你可以借鉴以下方法。

开头：目的→重要性→预览，如降本是采购工作的重点（目的），决定了企业的盈利水平（重要性），今年预计超额完成1%（预览）。

中间：对比（目标与实际值），如5%（目标）对比6%（实际值）。

结尾：概述观点→推出行动计划→获得上级同意并听取建议→确定下一步怎么做，如明年市场形势将更加严峻（概述观点），需要通过价值工程与价值分析、供应商早期进入、引入新供应商等手段实现目标（推出行动计划），需要上司指导并协调研发和质量的资源（获得上级同意并听取建议），从 A 类部件开始执行（确定下一步怎么做）。

最后，工作总结的核心内容汇总如下：

①最重要的一点是，所有业绩都是团队协作的结果，而不是个人英雄主义；

②聚焦上级的痛点和公司的愿景；

③所有未解决的问题都要制定解决方案；

④对上级的要求一定要切实可行，不能让上级为难；

⑤确保简单易读；

⑥重新检查，找出不完美之处；

⑦不要攻击任何人和部门。

至于年终总结的具体内容，这会因不同公司的要求而异，请读者朋友们参考十个主要方面，分别是价格降低、降本手段、供应绩效、账期管理、紧急采购、流程优化、内审外审、风险管理、商业道德、员工成长。

复盘总结

本章主要围绕采购领导者必备的软实力这一主题分别介绍了影响力、同理心、有效沟通、情绪管理和向上管理，并对每一种技能通过案例展开讲解，让采购领导者充分理解它们的概念和使用方法，并潜移默化地应用到自己的工作场景中，切实提升自己的软实力。

接下来，您将学到与职场中的每个人都息息相关的重要内容——职业发展，请您继续阅读。

| 第七章 |

职业发展

在学习员工管理、组织架构、流程管理、业务管理、战略管理、绩效管理和软技能之后，笔者需要帮助采购领导者认清职场的本质，树立清晰的目标，体现个人价值，学习在职场成功的六大法则（接纳规则、三观端正、时间管理、人际关系、见贤思齐和三高职业），了解采购职业发展的路径，使大家在职业生涯发展中化被动为主动，从而掌控自己的命运。

通过学习本章，采购领导者普遍关心的七个职业发展问题将得到解答，它们分别是：

（1）职场的本质是什么。

（2）采购领导者应该如何找到属于自己的职业目标和人生目标。

（3）在职场，成功的法则是什么。

（4）采购领导者应该如何规划自己的职业生涯。

（5）在做职业选择时，采购领导者应该考虑什么。

（6）成为卓越采购领导者的十个要点是什么。

（7）是什么支撑采购领导者坚持学习、坚持进步，从平凡走向卓越。

认清职场本质的十条黄金法则

如果给职场中的大多数人画像，笔者想应该是这样的：

在度过学生生涯后，大多数人陆续走进职场，通过工作维持生计，在工作中寻找发展机会。在有了一定的阅历之后，很多人面临着是走还是留的抉择，有人对企业忠心耿耿，有人选择跳槽。但是无论怎么选，大多数人都像是原地打转的陀螺，永远转不出那个圈圈。

职场貌似充满了选择题，其实背后都是问答题，只有认清了职场的本质，人们才能跳出自己画的圈圈，在职场中快速跃迁。那么，职场的本质是什么？

以下便是笔者总结的认清职场本质的十条黄金法则。

①人们之所以有工作，是因为人们解决了某个问题，如采购解决了最基本的供应问题，因此，一个人的升迁与他的问题解决能力有关。

②人们从来都没有被剥削过，因为人们一直都有选择权。职场的本质是价值的交换，对于能够创造价值的人，职场会给你更多回报。

③要选择"长雪道"。巴菲特在专著《滚雪球》中说过，雪球的大小取决于雪道的长度。在选择行业和职业时，我们要考虑这个行业能够发展多久，这个职业能够存续多久，如操作型职业（如执行流程的采购员）容易被信息系统取代，而探索型职业（如战略采购、品类管理）更容易存续。

④做通才还是专才，取决于服务对象的要求。标准化的行业（如制造业）管理岗位多，适合通才；服务类的行业（如咨询业）专家地位高，适合专才。不要轻易地上"木桶理论"的当，浪费时间盲目弥补自己的短板，除非短板已经成为发展的阻碍。

⑤不行动，是最大的浪费。在职场中，每个人或长或短都会经历一段静默期，每天朝九晚五地上下班，看不到升迁的机会，这时要做好积

极的准备，主动学习甚至试错，而不要陷入"工作十年，等于一年"的窘境。

⑥你应该在哪里，就会在哪里。不要相信一切不符合实际的承诺，例如将来分红，导致你的期望过高，一旦无法实现，万念俱灰。

⑦区分承诺与态度。在职场，一切口头承诺只是表达领导的态度，比如我要重用你，我看好你；只有落实到纸面的承诺才算数，例如公司帮你交学费，学习采购知识。

⑧从消费型学习转向生产型学习。在职场，任何学习都不是为了让你身心愉悦，而是让你掌握更多解决问题的方法，给公司创造更大的回报，所以你的学习方向不是培养你的爱好，而是增加你的技能。

⑨在职场，女性要更加独立。由于家庭角色和生育需求，女性在职场中可能处于弱势地位，比如，一旦怀孕，容易失去升职加薪的机会。但是机会总是留给有准备的人，女性不能完全依赖企业，而要通过学习提升能力，这样才能更加独立。

⑩要打造自己的支持系统。要让领导认可你，愿意提拔你；要让同事信任你，愿意交换资源；要让下属支持你，愿意配合。这就需要你精心打造一个支持自己的系统，维护好上下左右的关系，不断扩大影响力，只有这样你才能获得更好的发展机会，实现从平凡到卓越的跃迁。

聊完职场的本质，接下来我们聊聊在职场为什么要树立清晰的目标，请您继续阅读。

树立清晰的目标

"五年之后，你希望自己在哪里，过着怎样的生活？"在一次企业内训中，我这样提问，学员们却有着三种截然不同的反应。

第一种学员能够立即说出自己想要什么；第二种学员在思考三十秒后，能够说清楚；而第三种学员想了很久，却始终说不出答案。

这三种学员就对应着这家企业的采购总监、采购经理和采购员。

当然，这只是一个偶然的巧合，并不会每次都发生，但是足以说明问题，就是树立清晰的目标对人的发展有多么重要。

有人会问："人生一定要有目标吗？"或者说："没有目标，我也过得很快乐。"诚然，人的成就不能等同于快乐，但问题是，你如果没有一个清晰的目标，别人就不知道应该如何帮助你，你就无法获得任何资源，只能在原地踏步。

这是一个整合资源的时代，而不再是一个单打独斗的时代，获得资源是赢得竞争的重要能力。从这个角度看，一个人应该树立清晰的目标，明确努力的方向，别人才可能有针对性地提供资源，帮助你实现目标。因此，任何人获得成长的第一步，就是树立清晰的目标。

那么问题来了，如何树立一个清晰的目标呢？

有三种方法供读者朋友们借鉴：

（1）觉知法。

拿出一段时间放空自己，不为俗事烦恼。在这种情况下，想一想自己往后想做的事情到底是什么，你就可能找到属于你的人生目标。

（2）叙事法。

把自己的人生想象成一部小说，毫无疑问，你是小说的作者和主人公。之前发生的所有一切都是铺垫，请你想一想，在这部小说中，接下来应该发生什么样的故事？故事的主人公是怎样的一个人？会过上怎样的生活？结局如何？之后，请你按照自己设定的故事情节努力奋斗。

（3）标杆法。

古今中外，如果有这样一个人，你特别想要成为他/她，你就应该研究他/她的生平过往，以他/她为标杆努力。例如，笔者的标杆是著名的企业战略管理专家、润米咨询的创始人刘润先生，看到刘润先生从坚持写作，到讲课，直到成为国内企业战略方面最有价值的商业顾问的经历，笔者有了明确的努力方向并立志成为国内最顶尖的实战型采购与供应链管理专家。

所以，试着使用以上三种方法，你的目标一定能够更加清晰明确。

延伸问答　实现目标是"三我"斗争的结果

请问，这个世界上有几个自己？

有人说，只有一个，因为每个人都是独一无二的。

客观来讲，这么说是对的。但是，从心理学的角度来说，这个世界上有三个自己，分别是本我、自我和超我。

本我，是指原始的自己，本性的自己，如懒床就是一种本我的表现；

自我，是指符合社会道德约束的自己，如担心被人责备，虽然想要懒床，但还是第一时间起床，按时上班；

超我，是指当本我和自我陷入极度矛盾与挣扎时，超我帮你战胜本我，成就自我，实现跃迁。例如，对于笔者来说，在睡眠与读书之间，读书常常能够战胜睡眠，这是超我起了作用，因为我想要尽快超越自己。

如果一个人获得持续进步的本质是自律，那么自律就是超我帮助自我战胜本我的过程。

其中，超我，给你动力；自我，给你目标；本我，给你惰性。

一个人想要进步，首先要了解自己，制订目标，再通过超我起到作用，迫使自己行动起来，如此才能早日达成目标。

接纳规则

职场是个大舞台，企业是个小社会。一个人想要在职场上平步青云，就必须了解和接纳职场的规则。

那么，读者朋友们，你眼中的职场有哪些角色？有着怎样的规则呢？

从本质上讲，职场中只有两种角色：一是参与者，二是决策者。参与者的权利主要是愉快地答应，而决策者却能够制定和修改规则，这就是职场的规则。

例如，在一个部门里，员工是参与者，经理是决策者；在一家公司里，部门经理是参与者，总经理是决策者。

可能有人会说，我有离开的权利，但问题是，你在一家公司没有解决的问题，到了另一家也会出现，你能总选择离开吗？

因为不能接纳规则而离开，这不是你的权利，而是你的失败，从这个角度来理解，你也得学着接纳职场的规则。

另外，在职场，我们总能听到有人抱怨公司或领导不好，请大家务必远离这些人。因为只有失败者才会抱怨，他们没有认清自己所扮演的角色，不懂得接纳规则，结果就是什么回报都没有。

而在职场上取得成功的人从来都会肯定公司、肯定别人，知道在领导面前如何愉快地答应。

三观端正

三观是指一个人的世界观、人生观和价值观。

在职场，我们经常会看到很多人做事推诿、行动迟缓、得过且过，这些人往往津津乐道于所谓的"性价比"，即少付出、多回报，结果却是白了头，空悲切。

透过表象，我们会发现这些人的三观不正，即不愿担事，没有责任心，逃避问题。

而正确的三观，应该是在面对问题时，学会解决而不是逃避。

只有通过不断地自我提升来增加解决问题的能力，一个人才能在职场不断获得晋升。

这里的关键点是自我提升解决问题的能力，如何做到呢？

请您阅读小贴士：在职场，如何体现你的个人价值。

小贴士　在职场，如何体现你的个人价值

什么是价值？有句话说得好，价值的本质就是商业的本质。

而所有成功商业模式的本质就是利他，即创造价值，再让价值流动。

同样的，在职场，无论你的资历如何，想要体现出个人价值，你首先要具备的思维方式就是——利他！

假如，你马上要打印一份文件，但是有位同事突然急急忙忙地赶过来，一脸焦急的样子问你什么时候能够打印完毕。在这种时候，你应该怎么想呢？你是认为凡事要有先来后到，还是根据事情的轻重缓急，请同事先打印，自己再等一等呢？

越是需要做出选择的时候，越能体现一个人的思维与格局，也就越能体现一个人的价值。

在这种时候，如果你想体现自己的价值，利他思维应该占据主导地位，请同事先打印。你的价值，也就可能被同事或者其他人看到、宣扬，即便同事没在意，别人没看到，你也没有任何损失。所以，利他，是体现一个人价值的最根本的思维方式。

但是，仅仅利他，只能给你带来人品好的评价，并不会令你与众不同。

这个时候，第二条思维方式就要上线了——靠谱。

这个靠谱，是指在做事情的过程中，你是否做到凡事有交代、件件有着落、事事有回音？有没有始于担当、勤于态度、成于才干、终于人品呢？

如果你能做到以上七点，你就是一个在上级和同事眼中相当靠谱的人。

如果长期坚持下来，除了赢得别人的信任，你还可以获得更多职业发展机会，更多人际关系资源。

在职场，做到利他和靠谱，虽然都能体现你的价值，但是未必能给你带来快速的晋升机会，尤其当你的竞争者也很优秀时，利他和靠谱不能保证你创造的价值和创造价值的能力远远超过其他人。那么，这个时候，你应该秉持什么样的思维方式，体现自己的核心能力和优势呢？

一个具备价值思维的职场人要透过要求看到真实的期待。因此，你要超出别人的预期，而不是干完收工而已。

相对于利他（态度）和靠谱（行为），超预期的本质是通过不断地自我提升来增加解决问题的能力，需要一定时间的学习和积累才能做到。

例如，你想在采购工作中取得超出上级预期的业绩，首先需要学习非常专业的采购管理知识，并在实际工作中充分运用，这样才能超额完成年度降本等任务。这就需要你树立较为长远的目标，制订切实可行的学习计划，循序渐进从量变到质变，实现工作能力的跃迁。

综上，在职场，你的价值体现在以下三点，如图7-1所示。

（1）利他，让人看到你的态度；

（2）靠谱，让人看到你的行为；

（3）超预期，通过学习而做到。不同的阶段，会体现不同的价值。

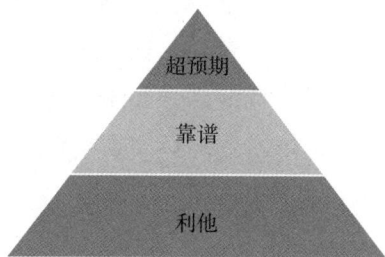

图7-1　职场上的三种价值示意图

如果利他＋靠谱＋超预期都能做到，你离升职加薪还远吗？

想要知道如何坚持学习，从而超出别人的预期，请您继续阅读小贴士：我们为什么要坚持学习。

小贴士　我们为什么要坚持学习

每到人生的某一节点，许多人都会总结以往的收获并憧憬未来的成长。回首从2019年初至今的成长历程，笔者感慨万千。笔者从没想过，怎么就成了咨询顾问、高管教练、作者和译者了呢？

此事还要从头说起。

2019 年初，在做一道职业生涯选择题时，笔者选择从大连来到北京，从汽车行业步入医疗器械行业。这是一份朝九晚五的工作，令笔者十分满意。但当时，刚满 35 岁的我在思考一个问题——我的第二个八小时应该怎样度过？何谓第二个八小时？这个理论是说，一个人的成就并不取决于第一个八小时，因为你在做与别人一样的工作，而是取决于你如何利用第二个八小时，找到适合自己的方向，不断精进，最终取得超越别人的成就。笔者的第二个八小时具体是指，从晚上七点开始，到凌晨三点结束，我将之戏称为"凌晨三点的北京。"做点什么呢？那个时候，出于兴趣，笔者有两个选择：一是写作，记录十余年的工作经验和所学；二是学吉他，丰富业余生活。当时笔者都选了。但是很遗憾，吉他很快就放弃了，可能是因为内心的怯懦——笔者从来就没有过文体方面的特长，但是写作却一直坚持了下来。有的伙伴会问："是不是你的语文水平高？"答案完全是否定的，因为笔者从小到大的语文成绩一直不好，之所以能够坚持下来，是在开始写作的时候，笔者得到了很多优秀采购人的指点和鼓励。通过阅读几部经典的写作指导书，如《麦肯锡教我的写作武器》，居然掌握了一些写作技巧。

例如，人的大脑分左右，也就有了场景和逻辑之分，为了使文章引人入胜，一般推荐从场景描写开始，再进入对事理的论述。诸如此类技巧还有很多，在此不一一赘述。

只知道技巧，但是不动笔，不会有任何提升。在刚开始的阶段，凭借已有的知识、案例和故事，笔者开始了写作。"负面、谬论、枯燥、说教、毒鸡汤"，笔者的写作之路一开始并不顺利，写出来的东西经常被人诟病，如果换成别人可能就放弃了，但笔者知道写作就是一个不断精进的过程。既然写得不好，那就多加修改。就这样，在 2019 年的上半年，我的很多文章修改了 30~40 遍，用时 20 多个小时才敢发出来，为的就是不挨骂。笔者对写作的投入换来的是家人的不理解，因为他们觉得我根本就不是这块料，笔者也从没想过自己可能会是这块料。只是觉得到了 35 岁的年纪，有必要把一些知识沉淀下来，多与别人交流专业知识，仅此而已。

就在笔者饱受质疑、毫无建树之际，笔者创作了一篇激励自己的文章，每当笔者想要放弃时，就会阅读一遍这篇文章，就能从中获得坚持的信念和勇气。

在这里，请允许笔者把这篇文章分享给读者朋友们，名字为"我们为什么要坚持学习"。

我常常能感受到一些人的颓废心态，那是一种深入骨髓的自我否定，好像无论怎么努力都没有希望，怎么思索都依然迷茫，与其痛苦地寻找出口，倒不如安逸地麻痹自己。直到最后麻木到失去痛感。

其实你也清楚地知道，这根本就不是你想要的生活，但只要提到改变，你就会习惯性地退缩，因为这改变在你看来根本就不值得。既然努力之后还是输，为什么还要努力呢？

当你在台灯下哭着说，好想赢一次的时候，其实你已经赢了，你赢得了自己。人生有时候就是需要当头棒喝，让你觉得有活着的痛感。痛就代表你依然在乎，而在乎就是一种希望，因为人生最怕的从来都不是输，而是根本就没有想赢的冲动。

当我还是一个小孩子，会因为一次考试第一而兴奋不已。长大之后我却发现，很多事情不是一时的输赢能够决定的。当我捡起沙滩上的贝壳扔进大海，想要挽救它的生命，旁边的人却在笑我做无用功，年轻时的我会挠着头说："对，就是这么一回事。"而随着年龄的增长，我却越来越喜欢另一句话，我们坚持做一件事情，不是因为这样做就会立即有效果，而是因为这样做是对的。

相信在正确的三观指导下，通过坚持学习，我们都能取得自己想要的成就。

延伸问答　如何精准地自我提升

采购经理问："在采购职业发展中，想要做到'人无我有、人有我精'，我应该学习什么知识？如何精准地自我提升呢？"

笔者答："你要绘制能力地图。能力地图是指想要胜任工作甚至比别人更快发展，你需要具备的工作能力。对照本书介绍的知识，作为一名卓越的采购领导者，你所要具备的工作能力包括员工管理、组织管理、流程管理、业务管理、战略管理、绩效管理和软技能。当然，你应该按照书中内容继续拆解出二级能力，才能精准对标。

"接着，你要把这些能力画在一张图上，标出自己欠缺的能力，你接下来所要提升的能力便一目了然，这张图就是你的能力地图。

"就拿我自己来说，在2019年我给自己画了能力地图，如图7-2所示，立志通过一万小时（五年）的学习和实践来弥补短板，让自己成长为国内顶尖的实战型采购专家。"

建议每一位读者都画出自己的能力地图，有针对性地制订学习计划，早日做到"人无我有、人有我精"。

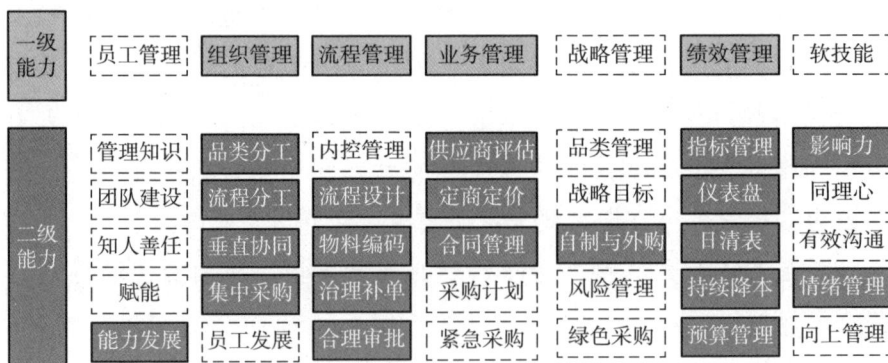

图 7-2　能力地图示意图

时间管理

关于时间管理，亲爱的读者朋友，除去满足生理需要的时间（吃喝拉撒睡）和维持生计的工作时间，在你的一天中，还有几个小时可以自由支配呢？

如果超过 2 个小时，你就已经很幸运了，因为很多人晚上要在公司加班，回家后要照顾小孩，完全没有个人时间。但即使你只有可怜的两个小时，你该如何使用呢？

我们把这段时间的用途分为两个大类：

一是消遣，如刷视频、看综艺、读小说、走亲访友；

二是学习，如学外语、提升学历、学习专业知识等，目的是提升你的问题解决能力，使你更早地升职加薪。

绝大多数人喜欢把时间用在消遣上，是因为在消遣上的任何投入都能换来即时的快乐，但是消遣之后，快乐也就烟消云散；而有些人之所以不喜欢学习，是觉得学习很枯燥，而且需要经历一个漫长的过程才能见效，让人觉得这样的时间投入根本就不值得。

每个人都有权决定自己把时间用来消遣还是学习。从时间管理的角度来看，在人生的不同阶段，因为使命不同，我们应该区别使用时间。

在少年时，人的大部分时间应该用来消遣，例如玩乐高、弹钢琴、学舞蹈、学美术，因为小孩子的心智尚未发育完全，不具备高效的学习能力，应该以培养兴趣为主。

在开始工作后，人的角色发生了变化，从一个被花钱养育的人，变成一个挣钱养家的人，这时，个人要用越来越多的时间学习工作技能，做到"人无我有，人有我精"。但遗憾的是，绝大多数人都是被动进入职场的。但他并没有对职场做过任何了解，也没有做好准备，而是依然迟到、懒散和被动，直到看到别人的进步，发现学习的收益，才明白其中的道理。

大量案例证明，在职场，一个人的职位和收入是随着技能的提升而提升的，这也就意味着，你在学习上的任何投入，都可能带来直接的回报。因此，一个人一旦进入职场，应该尽快调整时间的使用，缩短消遣的时间，用来学习技能。

总结下来，一个人对两种时间的管理应该遵循图 7-3 所示的曲线。

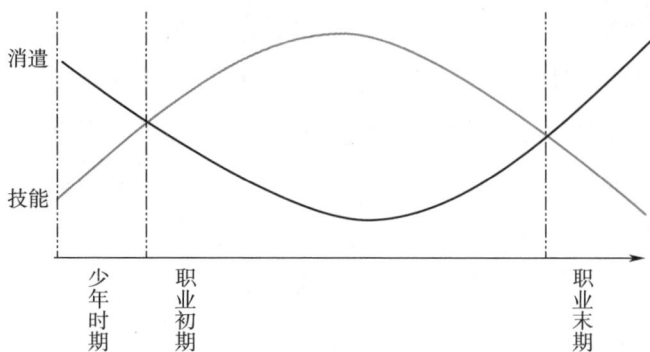

图 7-3　时间管理曲线

请读者朋友们依此调整自己的时间管理曲线，做好学习计划，尽快回到升职加薪的路径中。

在职场，很多人都会经历一段静默期，应该如何有效管理静默期的时间呢？请您阅读小贴士：在职场静默期，个人应该如何积极地做好准备。

小贴士　在职场静默期，个人应该如何积极地做好准备

职场静默期是指每个人在职业发展的某一阶段，都会进入的一段瓶颈期，即日复一日地做着重复工作，看不到升职加薪的希望，例如：

①小陈大学毕业之后，进入 500 强企业，他发现部门经理只有 33 岁，毕业就来到公司，做了十年。部门员工的工龄依次是 9、8……2、1，也就是说，这是一个论资排辈的采购组织，如果前面的人不离职或者不升迁，小陈绝对没有机会，这也意味着，小陈要排队很多年，才可能做到部门经理的位置，那么，这段时间对于小陈来说，就是静默期，于是焦急的

小陈很快产生了负面情绪。

②老李已经在一家民企做了 3 年的采购部经理，公司的总经理虽然一年一换，但是没有人会想要提拔一个管采购的经理，所以，对于老李来说，最好的结局就是在采购部经理的位子上做到退休，看不到下一步的发展机会。而老李还想在职场上更上一层楼，故而心生郁闷。

③小张是采购部的助理经理，工作能力突出，做事很有方法，在采购部经理离职后，获得晋升的呼声很高，但是不知道出于何种原因，总经理和人力资源经理最终决定外聘采购部经理，这样，何时能够轮到小张担任采购部经理，就是一个未知数。而小张自己也很气馁，抱怨命运不公。

可以说，在职场中的绝大多数人都处在静默期，尤其是很多行业把人视为成本而非资本，那么，我们应该怎么办？难道我们就这样自暴自弃，怨天尤人，把一切问题归罪于大环境？不要抱有不切实际的幻想！

因为成年人的世界没有抱怨，只有行动。我们应该在更大的圈子里找到自己的位置，甚至发展自己的副业。

例如，如果你是一名读书爱好者，可以加入当地的各种读书组织，结识各行各业的朋友，开阔眼界，增加你的认知，更重要的是，找到与你志同道合的群体，互相勉励，一同进步。

当今世界是个知识泛滥的世界，最便宜的是知识（没有人真的买不起几十元一本的书），最珍贵的是时间。

处于职场静默期的你，意味着需要拿出更多时间来学习知识，甚至秀出知识。

关于学习，笔者的体会是，最高效的办法还是读书和总结，同时动笔和动脑，养成习惯，自己的知识、技能、思维、视野和格局就会随着你所阅读的书的品位和格调一起提升。

关于秀出自己，这是一个自媒体时代，有太多平台可供选择，无论是文字、音频还是视频，只要你做得足够好，或者坚持得足够久，总会有人关注你，要知道，天道酬勤。

关于学什么，答案因人而异，对于大多数不具备文艺特长的人来说，还是学工作技能比较稳妥，这样一旦职场上出现机会，你会比别人更有竞争力，可以获得更多回报；对于少数人面临所从事的职业与自己的兴趣、能力和价值观不匹配的情况，建议不断试错，直到找到至少与你的兴趣、能力和价值观中的两项相匹配的事情，无论是主业还是副业，再不断精进。

总之，在职场静默期，我们需要学起来、动起来，扩展视野，利用有限的时间，为下一步的发展找到合适的方向和机会，积极地做好准备。

人际关系

在职场，领导者想要拥有很好的生存发展空间，除了具备出色的问题解决能力并做好时间管理外，更要维护良好的人际关系。

其中的道理很简单，如果自己说自己好，那是王婆卖瓜，自卖自夸；而别人说你好，才是真的好。

因此，为了维护良好的人际关系，领导者需要做到以下四点：

（1）礼尚往来。

职场中有一条永不过时的真理，就是这个世界上没有免费的午餐。我们不要把别人的帮助视作理所当然，而在别人需要帮助时，自己却不愿意伸出援手。

正确的做法是，在别人遇到困难时，我们应当主动伸出援手，即使不归自己管，也要想方设法找到合适的人帮助对方解决问题；在别人帮你时，我们要心存感激，不忘报答。

只有礼尚往来，增加彼此的信任，才能拥有更好的人际关系。

（2）成人之美。

不愿意承认别人的优秀，不喜欢赞美别人便无法得到别人的支持。

正确的做法是，当身边的人获得嘉奖或升迁时，你应该主动宣扬他的贡献并赞美他，从而获得他的支持，切不可自视清高，认为别人不如你，产生不必要的隔阂。

（3）保守秘密。

在职场，职位越高的人，接触到公司的核心机密就会越多，公司自然期待这个人能够严守秘密。

与同事间的相处也是这样，没有人希望在对你敞开心扉之后，你把他的秘密告诉别人。

我们看到，那些不善于保守秘密的人，在职场往往得不到任何机会，而且人们都远离他们，所以，善于保守秘密是维护人际关系、获得升迁的前提。

（4）赞美上级。

职场中有很多类型的上级，有的上级不苟言笑，只要结果，有的上级关爱他人，情感丰富。应对不同类型的上级，你的表现的侧重点也不一样。

但是，在职场中有一条亘古不变的道理，就是无论上级是哪一种类型，他们都愿意听到赞美之词，只是有的上级的反应不够明显罢了。

关于赞美上级，有的人天生就会，有的人总是碍于情面不愿说。其实，你不需要违心地说假话，有时很简单的一句话，如"您的新发型真精神"、"最近健身了？"或"这件衣服很合身"就足以给上级带来一整天的好心情，这样上级对你的印象自然会更加正面。

为了更好地理解人际关系对于采购领导者的重要性，请您阅读小贴士：为什么有些采购领导者的工作能力很强，却得不到升迁？

小贴士　为什么有些采购领导者的工作能力很强，却得不到升迁

为什么有些采购领导者，工作能力明明很强，但就是得不到老板的器重，没有升迁的机会呢？这是因为他没有把握好做人做事的尺度。

有的采购领导者的工作能力很强，一心想着降本，不顾及使用部门的感受，以为靠着过硬的业绩和身正不怕影斜的道理就能得到老板的认可，殊不知人的认知都是主观的，主观的最大问题是不能确定客观的好与坏，因此人都有疑心。老板也是人，他对下属的认知不仅仅来自下属一个人的报告，还来自相关利益方的评价。

大家都知道采购工作是个既敏感又容易得罪人的工作，采购领导者在不顾人际关系更换供应商，把价格压到最低之后，往往会陷入典型的无解之局，就是所有人都在老板面前说采购领导者不好，例如说某新供应商是采购领导者的老关系，这会导致众口铄金、积毁销骨。退一步讲，即使老板认可采购领导者的业绩，相信他的清白，但是为了平衡内部关系，老板也不会轻易地给采购领导者升迁。

之所以会犯这个错误，是因为采购领导者没有理解职场的规则，没有处理好人际关系。

在职场，采购领导者做业绩要循序渐进，要兼顾内部利益相关方的感受，要在与之做好沟通并达成一致后再向前推进；在取得业绩时，要懂得感谢利益相关方的贡献，在老板面前赞扬利益相关方的大力支持，让所有人都从中受益。

如果你不相信笔者所言，请你观察公司里的高管都是怎样为人处事的，你就会明白在职场中主动维护人际关系的重要性了。

见贤思齐

在职场待久了，你会发现，每一家公司都有自己的价值观，而公司的价值观与个人的价值观往往有着很大的差异。例如，一些自命清高的人，他们会远离办公室"政治"；而符合企业文化的人，会以企业发展为己任，获得快速晋升。

因此，你一旦发现身边的人获得晋升，就应该立即从价值观、工作技能和人际关系这三个维度与之对标，找到自己的差距，及时调整自己的价值观、工作技能和人际关系来适应公司提拔员工的标准并尽快识别企业文化。

为了更快地融入企业中，请您阅读小贴士：前任领导的承诺，是否要找新任领导兑现。

小贴士　前任领导的承诺，是否要找新任领导兑现

学员问："一年前我来到一家新公司做采购主管，由于业绩突出，年底领导承诺给我升职加薪，但是由于组织架构调整，领导离职。新任领导刚刚入职，要找我谈话，我是否要求新任领导兑现前任的承诺？"

笔者答："这是一个好问题。从大道理上讲，一家公司应该贯彻统一的管理，不应该因为领导更换改变给到员工的承诺。但是，我们需要具体情况具体分析，例如：

"（1）前任领导的承诺进展如何？

如果已经走到人力资源部负责人（HR）签字环节，你可以向新任领导如实交代此事，说明自己去年的贡献，表达对新任领导的谢意，请求新任领导批准。

"试问，哪位领导不爱惜优秀的人才呢？而且这件事对于新任领导来说不过是件顺水人情的好事，大多数新任领导都会同意。

"但是，如果前任领导只是对你做了口头承诺，问题就复杂了，请看第二个问题。

"（2）前任领导去哪了？

如果是在内部升职，毫无疑问，你可以请求他继续履行承诺，因为前任领导已经成为新任领导的老板或高一级别的人。

"但是，如你所说的情况，因为组织架构调整，前任领导负气离开，那么新任领导很可能受高层之托，进行人员调整，至少新官上任要烧三把火！在这个时候，你跟他说前任领导的承诺，一旦表达不好，会给新任领导两个意思：

"（1）你是前任领导的人；

"（2）你在'逼宫'。

"新任领导可能刚好在考虑寻找新鲜血液，替换现有人员，而你却一再坚持履行前任领导的承诺，不是正好撞到枪口上了吗？"

学员点头表示赞同，之后接着问："我该怎么办呢？"

笔者答：

"（1）面对现实，寻找切实可行的方法。如恰当的、客气地提及此事，重点不是让新任领导兑现承诺，而是让他知道你的能力和贡献，树立骨干的良好形象；

"（2）如果没有十足的把握，就不要提了，而是尽快了解新任领导的价值观和用人标准，成为组织变革的"弄潮儿"，尽早获得新任领导的认可。"

三高职业

由于专业的职业生涯指导在国内尚未普及，导致绝大多数人都是被动进入职场，也就意味着很多人的第一份工作都是盲目选择的。在拥有一定的职场阅历之后，很多人会对自己重新定位，也就需要重新择业。

在这个过程中，由于没有把握好职业选择的正确原则，很多人只会在职场上团团转。

这所谓的职业选择的正确原则，就是"三高"职业，是指在满足更高的工资、更高的社会地位和更有前景的行业这三个选项的前提下，选择与自己的特质相匹配的职业。

例如，曾有一位资深的采购员向我请教，她的一家供应商请她去做采购经理，工资翻倍，去还是不去？答案肯定是不去，因为如果应该去，她自己就会做决定，而不是权衡再三，向我请教。

我们按照三高职业的标准对这个案例进行分析：

①工资高，符合√；

②社会地位高，供应商是垃圾设备处理行业，比她现在的上市企业的社会地位低，职级虽然变高，但是小公司的采购经理又能拥有什么资源呢？不符合 ×；

③行业前景未必比现在更好，不符合 ×。

一个符合，两个不符合，答案自然就清楚了，就是不跳槽。

在当前的存量经济下，市场上符合"三高"特征的职位很少，如果没有十足的把握，我劝读者朋友不要轻易跳槽，尤其不要因为工资高而跳槽，因为很多人不知道的是，衡量收入高低的正确标准是时薪而不是月薪。

笔者的建议是，如果没有很大的经济压力就选朝九晚五，这样你还有时间学习，还有更大的提升空间，而不是陷入月薪陷阱，时间被买断，成为一部干活机器，透支你的未来。

那么，在择业过程中，我们应该如何探知雇主的虚实，判断是否符合"三高"职业的标准呢？请您阅读小贴士：择业时要问的三个问题。

小贴士　择业时要问的三个问题

笔者在担任某汽车零部件工厂的采购部经理时，曾有猎头隔三差五地给我打电话，介绍更加"诱人"的工作机会。

"这是一家外企，在招聘中国区采购总监，它在国内有四家工厂，管理 4 名部门经理和 30 多名采购员。"猎头在热情洋溢地做着介绍。

"你现在只管理一家工厂的采购部，这个机会更有利于你的职业发展。"猎头貌似很替我着想。

这个机会既让我心动，又让我疑惑。心动是因为这等同于升职加薪，看上去是一个更大的舞台；疑惑是因为这么重要的岗位，猎头为什么邀请一位采购经理呢？

"我可以问三个问题吗？"笔者非常谨慎，需要了解三个问题。

"请讲！"

"一、既然这不是一个新设置的岗位，之前的采购总监为什么要离职？"

"没有离职。"

"没有离职？那为什么要招聘呢？"笔者更加疑惑了。

"这是秘密招聘。之前的采购总监没有完成降本指标，年底公司会让他走人。"这么残酷？笔者心想。

"二、这个职位汇报给谁？"

"汇报给三个人。"

"三个人？"这么多？

"对，中国区运营副总、中国区总经理和美国总部的采购副总。"

很明显，权责不清，笔者对这个机会的看法越来越负面。

"三、公司这几年的经营状况如何？高管稳定吗？"

"公司这几年不增长，高管流动频繁。"看到所有问题都切中要害，猎头的情绪开始低落了。

"感谢你的坦诚，我决定放弃这个机会。"

"理解，有好机会再联系。"

对话到此结束。

总结一下，我们在择业时一定要问以下三个问题：

（1）前任去哪了？

（2）我汇报给谁？

（3）经营得怎样？

只有全部得到正面回答，才能考虑跳槽，否则绝不以身试险。

在择业时，还有一种尴尬的情况，就是面对心仪的机会，有些人不是能力不行，而是简历不行，连面试的机会都得不到。想要解决简历不行的问题，请您继续阅读小贴士：简历是怎么一回事。

小贴士　简历是怎么一回事

有很多采购朋友找我优化简历，我发现大家都有一个共性问题，就是不懂简历，不知道简历到底是怎么一回事，只会流水账似的记录自己的工作履历，毫无亮点，这样的简历怎么可能帮你进入面试环节呢？所以，在本文，我就给大家讲一讲，简历是怎么一回事。

首先你要学会反向思考，想一想，面试官看重的是什么？

有人会说是能力。经验尚浅的面试官，着急用人的面试官，的确看重能力，但是那些经验丰富的面试官，懂行的面试官，更看重意愿，尤其是采购岗位，因为比较敏感；还会看重你的动机，你来这的目的是什么，你想要得到什么？

因此，在你的简历中，首先应该体现你的意愿，你为什么想来，想要获得什么；然后是你的能力，你能为企业贡献什么；最后是案例，包括你的工作履历、工作亮点、项目案例和技能，证明你有能力。

所以，你的简历内容一定是一个金字塔层级结构，如图7-4所示，开头直接说明你意向应聘的职位和来工作的意愿，打消面试官的疑虑；接着介绍你的情况，包括姓名、住址、年龄、性别、联系方式，别忘了放一张近期拍的商务照，让面试官对你产生好感；之后是你的自我评价。注意，自我评价要与面试岗位的要求匹配，不要出现人家想要一个做采购战略的人，而你写的是寻源管理专家，这就不对劲了。

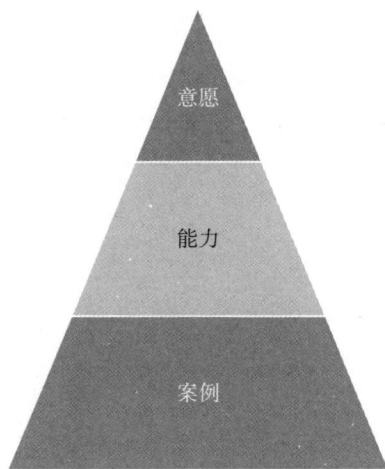

图7-4 简历的金字塔层级结构

简历读到这里，面试官会想，看起来你是我想要的人，但是你都做过什么呀？所以，接下来你要写出工作经历了。在写工作经历的时候，不要流水账，而要具体明确，例如，你是做寻源管理的，供应商管理的还是采购计划管理的？具体是做哪些细分的工作？记得要用专业术语描述，不要写自己负责跟单，显得很低级，根本拿不到更好的机会，而是应该写自己负责采购计划部分的订料管理、交付管理和付款管理。请你感受一下两者的区别，是不是会给面试官完全不同的印象呢？

在写完每一段工作经历之后，你要提炼出亮点。这部分的确比较难，考验一个人的语言能力、专业能力和总结能力，可以请人帮你归纳和总结。

在写完工作经历之后，你要把做过的项目详细列出来，包括但不限于新供应商开发、流程再造、团队建设、培训等等，尽可能定量地表达你的成绩，证明你有能力。

最后，把你的学历和技能证书都列出来，证明自己的能力。

一份合格的简历模板，如图7-5所示。

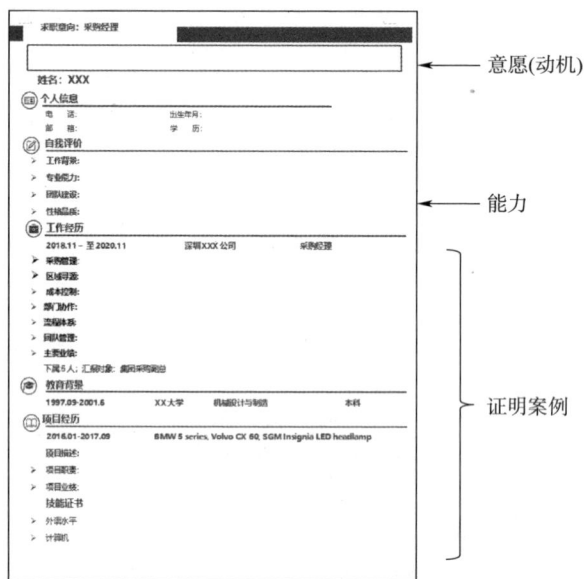

图 7-5　合格的简历模板

读到现在，恭喜你，你终于明白一份合格简历的结构和内容了。

至于面试环节，就要考验你的真才实学了，这也是本书的价值之一，它提供最实际的工作场景、最全面的方法论和最落地的实践案例，帮你在面试中脱颖而出。

采购人的三阶发展路径

如果给大多数采购人的职业生涯分为三个阶段，我想应该是这样的：

（1）入行。

（2）成为专家或领导。

（3）去创业、做咨询或是当讲师。

在入行时，采购要了解岗位的分工和发展路径，找到适合自己的选择。

我们可以将采购工作按照品类划分为直接材料（简称直材）采购、固定资产采购和 MRO 采购三种。

直材采购注重流程管理和供应商关系管理，采购需要学习供应商开发、询比价、谈判、合同管理、供应商管理，甚至项目管理、战略采购等商务技能和战略分析技能，要有扎实的直材专业背景。一般来说，直材采购的升迁机会最多，因为组织庞大，精通管理。

固定资产采购和 MRO 采购注重满足需求和内部协同，采购需要对品类精通，要有很强的沟通能力、抗压能力和情商。

将采购工作按照工种划分，除了以上介绍的三种品类采购，还有项目采购和战略采购。

项目采购是项目经理与品类采购员之间的沟通桥梁，在项目经理和部门经理的授权下，承担控制外购件的价格，保证按时按质交付等职能。想要胜任项目采购工作，采购需要具备一定的项目管理知识和品类采购经验，可以被视为直材采购的专家发展路径。

战略采购需要帮助采购领导者制定战略并分解到具体人和具体事上。战略采购通过对需求信息进行收集和归类，对品类支出进行分析，建立应该成本模型，制定品类管理策略并优化供应策略等手段，帮助每一位采购员制定保障供应、降本增效的方案。想要胜任战略采购工作，采购需要具备数据分析、成本分析甚至流程管理和供应链管理知识，可以被视为直材采购的专家发展路径。

其实无论你的选择是什么，在成功入行之后，经过多年的发展，大多数采购人往往能够走到第二阶段，即成为专家或领导。遗憾的是，只有少数企业会有专家发展路径，在绝大多数企业中，采购只能往领导者发展。

在成为专家或领导一段时间后，很多人会认为在职场遇到天花板，再也看不到进一步的发展机会。在这种情况下，很多采购朋友会思考自己应该选择去创业、做咨询还是当讲师。

关于创业，我看到很多采购人常犯的错误是为了逃避职场而创业，结果血本无归。

2019年，笔者的一位好朋友因为在职场受了委屈，毅然裸辞，开了一家奶茶加盟店。我问他为什么选择奶茶这个品类，他说："自己不知道该干什么，刚好有一个朋友在这家奶茶品牌总店负责招商，我很信任他。总店会教我奶茶制备技术，出装修方案。总店说十个月就能回本，在回本后我招聘一名店长打理就行。"

这就是创业时犯的三大典型错误，表现为：

（1）把赚钱想得过于简单；

（2）依靠人情，不愿动脑；

（3）想要占便宜，却吃了大亏。

笔者进一步剖析他决策失误的原因，归结为没有做到理性分析，体现为：

（1）没有研究营收数据就做决策；

（2）没有做成本调查和成本分析。

例如，该品牌的主打奶茶是杨枝甘露，市场价为22元1瓶，在开业前三天进行买一赠一促销，即单价11元每瓶，其中塑料瓶总店按1.8元卖给他，材料和水果要分摊4元，在不包含人工、水电、店租、税金和设备摊销的情况下，他的直接支出已经达到5.8元每瓶，占比56%，突破了餐饮行业原材料费不得超过30%的红线，所以按照11元每瓶销售他是赔本赚吆喝。

朋友自嘲地说："这是为了吸引客户。"而这再次犯了没有理性决策的错误。

请读者朋友想一想到底什么样的人是客户？

只有那些认同你的产品，给你带来利润的人才是客户，这些人才是值得你认真服务的对象。

朋友在买一赠一的情况下吸引了很多人来喝茶，当恢复原价时这些人又回到自己楼下的奶茶店喝茶，请问这些人是值得服务的客户吗？

另外笔者发现，总店提供的包装瓶在淘宝就能买到，8 毛钱一个，总店却卖他 1.8 元。所以选择加盟其实是在变相打工，只是自己没有发觉罢了。

那么笔者身边有没有创业成功的朋友呢？有！

笔者的一位朋友是模具工程师出身，特别用心钻研业务，很快成了模具专家。他制作的模具又快又好，很快在业界成为名人。于是私下找他设计和制作模具的公司络绎不绝，他自己买材料，利用公司的设备做副业，赚得第一桶金（只讲真相，不论是非）。很快的，他发现做副业的收入比打工多不止十倍，于是干脆辞职，用第一桶金租厂房，买设备，自己创业，而且越做越大。

读者朋友们可以看到，这位朋友选择创业以及创业成功并不是他一开始就想创业，而是在他成为某一领域的专家后，为了更加有效地利用时间增加收入，只能辞职创业，符合理性决策的特征。因此，笔者将一个人创业成功的过程总结为：努力提升能力→做到人无我有，人有我精→有客户主动来找你→发展更多客户→成为拥有财富的人。

如果你一开始就本末倒置，总想占便宜而不通过努力来提升自己的能力，那你肯定不会创业成功。

关于做咨询，对于绝大多数采购来讲只是看上去很美的事情。

原因是咨询公司分为两种，一种是顶尖的咨询公司，如麦肯锡、波士顿、科尔尼、埃森哲等，这些咨询公司选才极为严格，往往只会选择出类拔萃的专家，而这种专家一定是极少数的，所以绝大多数采购没有机会。

另一种咨询公司比较低端，客户也很低端，在你积累了丰富的采购管理经验和行业经验后是进得去的，但是你的工作强度非常大，收入并不高，算一下性价比，并不比做采购更好。

所以，是否选择咨询作为自己的高阶职业发展方向，要结合自己的情况，要有正确的认知。（更多咨询工作的细节和要求，请您阅读小贴士：咨询是个什么活）

关于当讲师，有学员问："我看到有讲师班，要不要报名？"

笔者反问："有个逻辑问题，我始终搞不清楚——给讲师班讲课的名师从没参加过讲师班学习，参加讲师班的学员没有几个成名的，这是为什么？"

这是因为名师要有原创性。

这就如同歌星与模仿者的关系，某人长得再像明星，歌声也一样，也只能是个十八线歌手，因为他没有差异性。同样的，你说我师从某名师，讲得跟名师一模一样，那么客户说我们不差钱，我们请名师来讲；或者客户说名师的出场费超预算，但是名师的弟子很多，最多给你 2 000 元 / 天。请问你有议价能力吗？

给一家企业做培训不是讲课那么简单，要听需求、做分析、出方案、签合同，一般需要准备 7~14 天。2 000 元 / 天的讲课费看上去很美但是算下来还没有打工高，请问你怎么能够坚持下去呢？

其实无论选择去创业、做咨询还是当讲师，都是看上去很美但很不容易做到的事情，只适合能力和意志力都很强的人。

那么，到底有没有适合所有采购人的发展路径呢？

笔者总结了两条，与采购伙伴们共勉：

（1）成年人的世界没有选择题，你要考虑的从来都不是选 A 还是选 B，而是应该都走一走，试一试，直到找到那个与你匹配的方向；

（2）面对迷茫，最佳的策略是把眼前能做的事情做到极致，这样，下一步的行动路线自然就会出现（出自美国斯坦福大学教育和心理学教授约翰·克朗伯兹。）。

小贴士　咨询是个什么活

做咨询是笔者不甘于写作和讲课，决定自我挑战而做出的选择。起初，我以为咨询就是建立模型、讲方法论，实际上完全不是。

咨询是个什么活？

首先，咨询是个细致活，要低下头、弯下腰，探得足够深才行。像我这种在某一领域有一定专业度的人，在刚开始做咨询时最容易犯的错误就是还没搞清楚客户的工作习惯和痛点问题的来龙去脉，就轻易下结论，而且还振振有词。客户很容易被我说得哑口无言，只能被迫承认我说得对，接着就要求我出解决方案。在调研解决方案的过程中，我才发现客户根本没有我说的问题，这个时候顾问就会骑虎难下。对于脸皮厚的顾问（像我这种），立即纠正也就算了；而对于一根筋的顾问，就会一条道走到黑，解决不是问题的问题。因此，顾问一定要把自己的姿态放低，向客户学习，而不是死要面子装老师。但是，有一点顾问必须要超过客户，就是你的思维深度永远要比客户多一层。例如，当客户问如何快速统计呆滞料时，你要问都有哪些呆滞料，以及现行的统计方法，并揣摩客户想要的答案是什么。比如，想要更快地统计呆滞料，最快的办法就是增加人手，但这肯定不是客户对顾问的期待，因为谁都想得到，而且不可行。这个时候，你要思考呆滞料产生的原因，如何从源头解决问题，这就需要跟客户坐下来梳理流程和部门职责，最后发现是销售临时砍单导致物料呆滞；接下来，顾问需要到销售那边去理解临时砍单的业务场景，对销售建立惩罚措施，从而提升订单的准确率，缓解呆滞物料过多的问题。

综上所述，在把咨询做细致的过程中，有三点值得反复强调：

（1）顾问一定要放低姿态，脸皮一定要厚，不要羞于向客户请教问题。

因为你不可能比客户更了解企业的历史、现状，甚至顾问对行业的了解都不及客户。因此，顾问要在项目初期深入客户现场，与各级员工访谈，直到完全了解客户，仿佛自己就是客户的老员工，才能看得懂、玩得转。

（2）客户说什么仅做参考，最终都要用数字证明。

例如，有的客户吐槽供应商不服从管理，不按时交付，希望顾问推荐新供应商，貌似是个寻源活。这个时候，顾问需提问，有几家供应商是这样，占总供应商数量的比例是多少，供应什么部件，评估问题的范围和严重性；

然后从供应商选择的策略和绩效考核的机制入手，建立优胜劣汰的机制，从源头上解决问题，而不是被客户带到沟里去。

（3）在咨询期间，顾问一定要专注。

这个过程就如同演员拍戏。一部好戏一定是演员高度投入的结果，观众看着也过瘾，而不是走个过场。因此，在这个阶段，顾问脑子里应该不停地围绕收集的信息刷新自己对客户的认知。这是一个不断修正自己甚至颠覆自己的过程，刚开始很不适应，但是坚持下来会有对客户越看越准的感觉，挺有意思。

其次，咨询是个框架活。上文提及的内容适合较为初级的顾问快速上手，而一个顾问想要从初级走向高级，除了咨询经验的积累，更要提升搭建框架的能力。

框架是指顾问对问题认知的高度和广度。例如，客户想要采购组织具备持续创造价值的能力，但又说不出来具体的要求是什么。这个时候，就需要高级顾问通过访谈梳理现状，最终从组织架构，如成立战略采购部；从流程管理，如搭建3、4、5级流程；从人员能力，如辅导品类管理；从绩效指标，如精细化制定二级三级绩效指标等层面帮助客户搭建管理框架，实现持续创造价值的目标。这绝不是一个简单的过程，因为顾问还要揣度客户的认知和真实需要，判断哪些事项必须做，哪些不能碰，这就考验一个顾问的情商和沟通能力了。

再次，咨询是个逻辑活。这个逻辑包括两个方面，一方面是对所要表达的内容或解决方案进行滴水不漏的举证。例如，客户想知道某个重要品类的价格是否合理，顾问不是找一些供应商比一比价格就完事了，而是要从全球视野出发，从原料价格、设备、劳动力、关税、运费、政治环境等方面逐渐缩小寻源范围，锁定最优产地，再从中筛选出与客户的采购额相匹配的若干供应商进行询比价，最后用数字证明客户的价格是否合理，打消客户所有的疑虑，令客户对结果深信不疑。另一方面是表达。在很多时候，即使是在顾问之间，读起对方的报告都会发现晦涩难懂之处，更不用提客户的体验。如果客户看不懂你的报告，就难以理解你的意思，就会产生不必要的麻烦，所以，顾问在措辞上要反复斟酌，最好具备用通俗语言讲出大道理的能力，把报告做到任何人都能读懂的程度才算理想。

最后，咨询是个表现活。一名优秀的顾问一定要自信，即如果我错了，我就干脆地承认错误，但这不代表我没有能力为你做出解决方案（这好像还是脸皮厚啊），而且相信自己一定会通过学习和思考，最终拿出令客户满意的方案。有了这样的心理建设，顾问才会更加容易获得客户的认同。当然，在与客户的沟通过程中，主动提问和表达观点也会给客户留下良好的印象。因此，顾问要有一定的表现力和影响力才行。

以上是笔者做咨询顾问的感悟。经过实践，我发现咨询是个有深度、有广度、有高度、要主动的活。一名顾问如果只在某一方面扎得太深而缺乏广度，只能解决在某一方面存在的有限的问题；如果有了广度而缺乏高度，只能解决当前存在的问题，无法支撑客户的发展战略；如果深度、广度、高度三者兼备却不主动，有可能无法获得客户的认同，会有怀才不遇之感。所以，想要做个好顾问，深度、广度、高度和主动性缺一不可。

成为卓越采购领导者的十件要事

在本书临近尾声之际，笔者对一个人从平凡的采购员成长为卓越的采购领导者需要做的十件要事加以总结，帮助伙伴们厘清思路，找到正确的行动方向。

（1）提前准备。

要知道，在职场上的持续投入，换来的不是线性的回报，而是指数的回报。想要做到这一点，你要学会凡事提前分析，做好准备，因为机会总会留给有准备的人。

（2）分清主次。

每个人的时间都是有限的，我们在工作中要把握 2/8 原则，即重要的事情只占你所要处理的所有事情的 20%，分清什么重要、什么不重要，利用有限的时间做最重要的事，才能得到最大的回报。

（3）终身学习、越早越好。

没有哪个成功人士不热爱学习。在职业发展的不同阶段，我们需要学习的内容也不一样，尤其是采购领导者，更要博学广识，才能应对各种情况。

（4）长远的规划。

人无远虑、必有近忧。想要团队有发展、个人有进步，没有长远的规划，结果一定无法持续。

（5）和优秀的人在一起。

近朱者赤、近墨者黑。想要持续进步，采购领导者就要寻找比自己更优秀的人，并学习他们的思维方式和言行举止，这样才能快速提升自己的领导力。

（6）发扬自己的优势。

不要相信木桶理论，浪费时间弥补自己的短板，要懂得扬长避短，利用自身的优势赢得职场上的竞争。

（7）保持乐观的心态。

采购领导者会面临很多压力，如果无法控制自己的情绪，会将负面情绪传递给整个团队，给团队带来不良影响，如骨干离职。因此，采购领导者遇事要保持乐观，才能更好地带领团队完成任务。

（8）多学心理学定律。

人是复杂的、主观的动物，想要有效驱动下属、同事和上司，采购领导者需要多学心理学定律，巧妙地影响他人，达到自己的目的。

（9）持续读书。

我们要感谢这个时代，购买一本几十元的书，就可以获得很多有用的知识，丰富我们的大脑，而这个费用任何人都负担得起。

（10）行动永远不晚。

不行动是我们最大的敌人，是空想者与实干家的边界。我们的一切道理和想法，最终都要通过行动来实现。

复盘总结

本章主要围绕职业发展这一主题分别介绍了什么是职场的本质，如何树立清晰的目标，什么是职场的规则，为什么要三观端正，如何在职场体现个人价值，如何做好时间管理，如何发展良好的人际关系，为什么要见贤思齐，什么是"三高"职业，采购人的三阶发展路径以及笔者个人的成长感悟，帮助读者朋友在职场上少走弯路、拥有独立人格，最终成为职场和人生的双料赢家。

领导者，为师者也

宋代著名的文学家、教育家韩愈先生在《师说》中提出："师者，所以传道授业解惑也。"意思是说，老师是传授知识、教授学业并解答疑惑的人。

同样的，作为一名卓越的采购领导者，一定是愿意培养优秀人才，甘当绿叶，一心想要成就他人的辅助者，而不是一味贬低他人，自诩为英雄，这一点与为师者很像。

我们容易发现，在很多行业存在着一个有趣的现象，就是行业内很多优秀的领导者都曾经被某一个人领导过，经过他的点拨，获得快速成长。例如，在英语培训领域，大量的创业者和优秀讲师都出自新东方，这与新东方的创始人俞敏洪先生的坦荡心胸与个人魅力密不可分。更值得钦佩的是，俞敏洪先生在年近 60 岁时带领团队抓住直播带货的风口再度创业成功，新东方的市值也从不到 30 亿元迅速上涨到接近 300 亿元（2022 年 7 月 22 日统计）。类似的案例在各行各业时有发生，举不胜举。这说明卓越的领导者所起的作用，会随着时间的积累成指数放大，令很多人甚至整个行业受益。

如果一个人的成长需要经历以下三个阶段，分别是：

（1）知道自己不是世界的中心；

（2）知道即使再怎么努力终究有些事还是令人无能为力；

（3）明知道有些事可能会无能为力，但还是会尽力争取。

那么，我要说，从卓越的领导者的角度来看，一个人的成长还应该经历第四个阶段，就是在努力掌控自己命运的同时，努力成就他人，通过真诚的传道、授业、解惑，帮助上司、同事和员工共同成长，最终实现自我蜕变，将自己的领导力从平凡跃迁到卓越，使自己能够为员工、企业、行业和社会创造出最大价值。

在这个过程中，领导者要学会诸如本书中提及的员工管理、组织管理、流程管理、业务管理、战略管理、绩效管理、软技能和职业发展的所有知识，为自己打下坚实的基础，并通过卓越的领导力成功打造行业领先的采购组织。

当你发现自己已经发生以下十个转变时，你的领导力就已经发生了质的改变。

（1）从知识匮乏变为学识渊博；

（2）从控制员工变为影响员工；

（3）从单向指挥变为多向支持；

（4）从任用能人变为任用众人；

（5）从情感维系变为目标驱动；

（6）从依赖经验变为管理流程；

（7）从到处救火变为洞察风险；

（8）从被动挨打变为掌控大局；

（9）从敌我分明变为人人敬仰；

（10）从个人成长变为集体进步。

一句话总结：领导者，为师者也。

只有能够成就他人的领导者，才是真正卓越的领导者。

一切美好，只会呈现给更有耐心的追求者

亲爱的读者朋友，

大家好！

时光荏苒，岁月如梭，自 2020 年 7 月我的第一部专著《我在 500 强企业做采购：资深采购经理手把手领你入行》出版发行，2021 年 2 月我的第二部专著《采购谈判：高效赢得谈判的实战指南》出版发行，2022 年 8 月我的第三部专著《采购与供应链管理：采购人 1000 天的奇迹》出版发行，2023 年 8 月，我的第四部专著《卓越领导力：实战型采购专家手把手教你做管理》亦会出版发行。

了解我的朋友都知道，我的改变源自五年前，当时年满三十五岁，管理着一年几十亿元的采购额和一支建制齐全的采购部门的我，在职场受挫，彻彻底底地被新任总经理打败。

当时我感到很痛苦，现在却感到很幸运。

因为当我遭遇职业危机时我明白了，在这个世界上唯一需要对我负责的人只有我自己。

每一个人的路，都只能依靠自己的双脚走。

每一个人的困难，都只能依靠自己解决。

因此，我只能通过学习和实践，一点一点变强，慢慢走出低谷。

所幸，从此我不再依赖任何人，我有了说"不"的自由。

话虽如此，在我刚开始写公众号文章的时候，并没有想到出书、讲课和做咨询，只是觉得企业对采购的要求越来越高，我如果不主动提升解决问题的能力，迟早会遇到更大的问题。而且，年过三十五岁，对我来说，最宝贵的不是享乐，而是如何利用好有限的时间。

我知道成长的过程，就是不断与更优秀的人相遇相知的过程，因此，只有努力把自己变得优秀，才能遇见优秀的世界。

在努力了一段时间后，我发现，生命的美妙之处在于，很多事情在我没做到一定程度之前，是完全无法理解的。

努力的目的不是为了成功，而是为了成为一个有价值的人。

一个人的价值不在于知道什么，而在于输出什么。

一旦做到持续输出，一个人的能力就会从量变到质变，而一旦发生质变，就会如阳光一般，照亮同路人。

从这五年的经历中，我领悟到，在这个世界上，从来不会无路可走。

没有绝望的处境，只有对处境绝望的人。

即使陷入低谷、举步维艰，努力的人披荆斩棘，伤痕累累也会艰难地走过去。

如果错过日落余晖，还有满天星辰。零星地变好，最后也会和星河一样璀璨。

不管命运怎样，每个人都得找到那么一件事，去热爱，去坚持，当趣味和忙碌塞满生活的角落，哪有时间去孤独，去迷茫。

既然生，便要如夏花般绚烂。

虽然很多事情还无法做到完美，但如果愿意，每个人总是可以做得更好，总是可以在过程中成长。

不要在绝望和焦虑中浪费时间，因为这个世界上根本没有正确的选择，我们只不过是要努力奋斗，使当初的选择变得正确。

因此，无论这个世界如何对待我们，我们都要一如既往地努力、勇敢、充满希望，因为我们眼中的佼佼者，都是一直在拼命努力的普通人。

总之，能慢慢找到自己在这个世界的位置，确实是一件幸福的事。

希望我的成长能让你明白，这世间的一切美好，只会呈现给更有耐心的追求者。

永远不要急于求成，人生必不可缺的从来都不是胜利，而是拼尽全力。

不断实践、不断推翻，再不断优化，才能不断接近目标。

努力践行一万小时定律的我，接下来一定会带来更加优秀的作品。同时，我也期待与优秀的你早日相遇！

因为我深信，这世上有两种光芒最耀眼：一是太阳，二是我们努力时的样子。

希望本书能让每一位读者朋友感到物超所值。

希望你通过学以致用，真正提升你的领导力，实现从平凡到卓越的跃迁！

在此，鸣谢鼓励和陪伴我在采购管理专业道路上前行的好友们（西门子集团金勇总、用友集团骆英豪总、"间采荟"发起人朱海峰总、知名讲师、顾问邢庆峰老师等）；鸣谢认可我的专业能力，欣赏我的作品的客户们（科瑞恩集团戚春燕总、邦普循环李晓春总、蓝箭航天陈天香总等）；鸣谢采购实战家微信学习群和写作群的小伙伴的集体讨论！

鸣谢中国铁道出版社有限公司的资深编辑王佩老师！

最后，由衷地感谢我的家人，我爱你们！